Kirgistan entdecken

Zu den Gipfeln von Tien-Schan und Pamir
Aufgezeichnet von Thomas Scholl

Trescher
Reihe Reisen

1. Auflage 2003

Reinhardtstraße 9
10117 Berlin
www.trescherverlag.de
post@trescherverlag.de

ISBN 3-89794-028-0

Trescher-Reihe Reisen
Herausgegeben von Sabine Fach
und Bernd Schwenkros
Reihenentwurf: Robert Schumann
Satz und Bildbearbeitung:
Martina Sailer, Tom Schülke
Lektorat: Sabine Fach
Stadtpläne: Gerald Sorg
Übersichtskarten: Johann Maria Just
Fotos: Thomas Scholl, außer:
Claude Rapaud: 9, 26, 28, 30, 50 o., 50 l.u., 79, 115, 129, 142, 191.
Ingrid Malden: 32, 36, 40, 42, 50 r.u., 52 o., 59.
Dr. Marie Carin von Gumppenberg: 34, 37, 63, 64, 69, 73, 98, 118, 148.
Günther Kapelle: 46, 74, 78, 90, 104, 111, 112, 114, 174, 175.
Ernst Ischovits: 121, 122.
Dr. Beate Eschmont: 116, 120, 179.
Katja Mielke: 38, 48, 146, 147, 150.

Gedruckt auf chlorfrei gebleichtem Papier

Printed in Germany

Vorwort

Der Tien-Schan ist der Mittelpunkt eines Gebirgsgürtels, der sich von der Ägäis bis zum Pazifik über Asien legt. Er ist das mächtigste Bergmassiv in den mittleren Breiten des Kontinents. Zwischen seinen westlichen Ausläufern, die sich in die Wüste Kyzylkum vortasten, und dem an die Wüste Gobi angrenzenden Osten erstreckt sich der Tien-Schan über 2500 Kilometer. Damit ist er doppelt so lang wie die Alpen. Im Norden fällt er zur Kasachensteppe hin ab, und im Südwesten greifen seine ausfächernden Ketten in die noch gewaltigeren des Pamir. Östlich davon öffnet sich die Weite der Taklamakan-Wüste. In seinem Zentrum türmt sich der Tien-Schan zu einem gewaltigen Gebirgsknoten mit dem nördlichsten Siebentausender und dem zweitgrößten Gebirgssee der Welt.

Viele Völker zogen über Jahrtausende an diesem Gebirge vorbei, wenige hindurch. Der Strom einer wechselvollen Geschichte trug sie fort in die Vergangenheit. Spuren haben sie hinterlassen, doch wir wissen nicht, wie sie die Berge nannten. Bis heute erhalten hat sich der poetische Name, den ihnen die Chinesen gaben: Tien-Schan bedeutet ›Himmelsberge‹.

Die westliche Hälfte dieses Gebirges wird von Kirgistan eingenommen – dem Land der Kirgisen. Dieses Land ist im Westen wenig bekannt, denn es ist entlegen und unwegsam. Außerdem existiert es als unabhängiger Staat erst seit 1991, als die Sowjetunion zerbröckelte. Zu deren Zeiten waren nur wenige leicht zugängliche Orte für einheimische Touristen und solche aus kommunistischen ›Bruderländern‹ erschlossen, denn Kirgistan hatte einen 800 Kilometer langen Anteil an der heiklen Grenze zu China, dem Rivalen der Sowjetunion bei der Verwirklichung des Kommunismus. Grenzgebiete bis zu einer Tiefe von 50 Kilometern galten als eine Gegend, in der Sowjetbürger, geschweige denn Ausländer nichts zu suchen hatten. Die Bergsteiger wiederum interessierten sich nur für die höchsten, prestigeträchtigsten Berge. So blieben die abgelegenen Hochsteppen eine Domäne der Hirten – Nachkommen nomadisierender Reitervölker, denen die goldenen Kuppeln des Kreml so exotisch schienen wie uns die Minarette von Samarkand. Auf der Weltkarte hängt Kirgistan in den Weiten Asiens als Klecks am Rand der ehemaligen UdSSR, doch hat es einen der schönsten Flecken des verblichenen Riesenreiches abbekommen und ist fünfmal so groß wie die Schweiz.

Kirgistans Grenzen folgen überwiegend natürlichen Grenzen und stoßen – neben China – an drei weitere ehemalige Sowjetrepubliken: Kasachstan im Norden, Usbekistan im Westen und Tadschikistan im Südwesten. Kirgistan liegt zwischen 39° und 43° nördlicher Breite. Auf Europa übertragen entspricht dies Spanien von Toledo bis zur Biskaya. Der Tien-Schan nimmt zwei Drittel des Landes ein, es wird von 90 Bergketten durchzogen. Zwischen dem niedrigsten Punkt in der Wüste im Südwesten und den Gipfeln im ewigen Eis an der Grenze zu China besteht ein Höhenunterschied von über sieben Kilometern.

Kirgistan und die umliegenden Länder werden meist in den losen Begriff ›Mittelasien‹ einbezogen. Auch der aus dem Englischen übernommene Begriff ›Zentralasien‹ wird häufig verwendet. Es ist geographisch nicht korrekt, diese Region Asiens so zu nennen, denn der von allen Küsten entfernteste Punkt des Kontinents liegt in Tuwa – einer kleinen Teilrepublik Russlands zwischen der Mongolei und Sibirien. Doch gilt das hier beschriebene Gebiet zu Recht als ein Brennpunkt des Erdteils, in dem die Kulturen der Nomaden und Sesshaften, der Moslems und Buddhisten (und die vieler anderer) aufeinandertrafen – im Krieg und im Frieden. Die kulturelle Vielfalt der Völker war immer groß. Da sie alle ihre Identität bewahren konnten, ist Zentralasien aber kein Schmelztiegel, auch wenn man die Utopie, den Sowjetmenschen zu schaffen, hier wie anderswo mit rücksichtsloser Brutalität verwirklichen wollte.

Eines allerdings ist bei allen Völkern der ehemaligen Sowjetunion gleich: die Gastfreundschaft. Ob man an einem russischen Küchentisch sitzt, der kaum die versammelten Köstlichkeiten tragen kann, oder auf den Filzteppichen einer Jurte vor einem dampfenden Kessel mit Nudeln und Pferdefleisch hockt, umringt von kulleräugigen Steppkes, Gebirgscowboys und zerfurchten Greisen mit schütteren Bärten – stets wird dem Gast eine Ehre erwiesen, die selbst den nüchternsten Globetrotter zutiefst rührt. Es ist keine falsche Eitelkeit, wenn ein Kirgise, Usbeke oder Russe sein Volk als ›das gastfreundlichste der Welt‹ bezeichnet.

Kirgistan lockt neben toleranten, aufgeschlossenen Menschen mit den Spuren einer bewegten Geschichte, gestreift von weltprägenden Eroberungen, und einer grandiosen, vielfältigen Natur. Nachdem eine der bestgehüteten Grenzen der Welt gefallen ist, bereitet es seinen Besuchern einen touristisch nicht perfekten, aber immer individuellen und herzlichen Empfang.

Hinweise zur Benutzung

Im ersten Teil des Buches finden sich ausführliche Informationen zur Geschichte und Kultur Kirgistans. Ein kleiner Sprachführer Kirgisisch/Russisch soll helfen, eine elementare Verständigung zu ermöglichen.

Der zweite Teil beschreibt das Land in verschiedenen Touren. Zu größeren Städten gibt es Stadtpläne und Infokästen mit Hinweisen zu Übernachtung, Verpflegung, Souvenirs etc. Die Übersichtskarten dienen einer ersten Orientierung und ersetzen keinesfalls detailliertes Kartenmaterial, vor allem, wenn man auf eigene Faust reisen möchte. Unbedingt sind die Sicherheitshinweise zu beachten, dies gilt vor allem für das kirgisisch-tadschikische Grenzgebiet.

Im Anhang gibt es wichtige Tipps zur Reiseplanung und -vorbereitung sowie zahlreiche Adressen von Veranstaltern und Organisationen, die bei der Durchführung einer Reise nach Kirgistan hilfreich sein könnten.

Literatur- und Internethinweise sollen weitere Informationen zugänglich machen.

Viele Landkarten basieren auf sowjetischem Material oder werden von russischen Verlagen herausgegeben. Manchmal wird auch die englische Variante benutzt, so dass es teilweise mehrere Schreibweisen für ein und denselben Ort gibt. In diesem Buch wurden überwiegend die russischen Ortsnamen verwendet und in Klammern (soweit vorhanden) der kirgisische Name angegeben. In Fällen, in denen sich der kirgisische Name durchgesetzt hat, wurde dieser verwendet. Dieser Prozess ist noch nicht abgeschlossen, weswegen es oft mehrere Varianten gibt. Am Ende des Buches findet sich ein russisch-kirgisisches Register der wichtigsten Namen. In dieser Liste stehen auch wichtige usbekischen Eigennamen.

Das Kirgisische nutzt ebenso wie das Russische das kyrillische Alphabet, für das es aber unterschiedliche gebräuchliche Übertragungen gibt, was erfahrungsgemäß zu Verwirrungen führen kann. Das Buch folgt der wissenschaftlichen Transliteration (mit Ausnahme der Hauptstadt Bischkek), da diese keinen Zweifel über die Schreibweise des Originals aufkommen läßt und jeder Begriff problemlos ›rekonstruiert‹ werden kann. Diese Transliteration ist im Sprachführer in diesem Buch und in jedem Rechtschreibduden zu finden. Wichtige Ortsnamen werden in diesem Buch in Klammern immer auch auf Kyrillisch angegeben, ebenso sind die Übersichtskarten lateinisch und kyrillisch beschriftet.

Alle Angaben basieren auf aktuellen Recherchen. Die Zeit ist aber bekanntlich schnellebig, deswegen sind Autor und Verlag für Hinweise jeglicher Art dankbar.

Zeichenlegende

 Information

 Theater, Kino- und Konzerthäuser

 Hotel, Pensionen

 Einkaufsmöglichkeiten

 Restaurant

Familie vor ihrer Jurte, in der sie Kymys, das Nationalgetränk aus vergorener Stutenmilch verkauft

Kirgistan lockt mit grandiosen Landschaften und bereitet Besuchern, die auf Komfort verzichten können, einen herzlichen Empfang.

Land und Leute

Geologie

Gewaltige Kräfte formten die Landschaften Kirgistans und komprimierten auf kleinem Gebiet vielfältige geologische Formen. Ihre Entstehungsgeschichte begann tausende von Kilometern südlich mit dem Anprall Indiens vor 30 Millionen Jahren. An der Schweißnaht wurde der Himalaya in die Höhe gedrückt, und die Kraft reichte noch in hunderten von Kilometern Entfernung aus, mehrere Siebentausender himmelwärts zu treiben – den nördlichsten der Welt in Kirgistan.

Im Tien-Schan wurde die Erdkruste zunächst in breiter Front von Süden her so gestaucht, dass die Bergketten in west-östlicher Richtung verlaufen. Dann setzte ein Schub ein, der etwa im rechten Winkel hierzu weitere, kürzere Bergketten auffaltete. Im Osten liegen sie dicht gebündelt aneinander, nach Westen fächern sie immer weiter auf, bis sich das Gebirge in einen nördlichen und einen südlichen Arm spaltet. Diese legen sich um das Fergana-Becken, neben der Senke des Issyk-Kul-Sees die einzige größere Niederung im Tien-Schan. Die Bergrücken werden von Hochsteppen und Trogtälern getrennt. Die längsten liegen im zentralen Tien-Schan, sind über 100 Kilometer lang und verlaufen wie die parallelen Bergketten entlang der Breitengrade. Trogtäler entlang der Längengrade sind mit drei bis 35 Kilometern bedeutend kürzer.

In der Mitte des Gebirges laufen die Bergketten zu einem Knoten mit hohen Gipfeln (Khan-Tengri, Pik Pobedy/Džengiš Čokusu) zusammen. Hier trafen die sich auftürmenden Massen auf mächtige Austritte alter kristalliner und metamorpher Gesteine. Dies führte zu einem vermischten geologischen Aufbau. Der Tien-Schan ist aus Schiefern, Sandsteinen, Kalkstein, Marmor, Gneisen und Graniten aufgebaut. Die Gesteine stammen aus den geologischen Epochen des Präkambriums, Paläozoikums und Mesozoikums.

Das Territorium Kirgistans gehört zum ural-mongolischen Faltengebirgsgürtel. Von Nordwesten nach Südosten verläuft quer durch das ganze Land der 350 Kilometer lange Talas-Fergana-Bruch. Die Berge entlang seiner Achse erreichen ihren höchsten Punkt mit dem 4940 Meter hohen Uč-Sejt im äußersten Südosten des Ferganabeckens. Westlich des Bruchs herrschen Meeresablagerungen aus dem Paläogen vor. Im Osten überwiegen Granit-Intrusionen (Durchdringung anderer Gesteinsarten durch Magma), die während des Paläozoikums gefaltet wurden. Geologisch – wie auch bei seiner Vegetation – ist der Tien-Schan in klar trennbare Höhenzonen aufgeteilt.

Im Tien-Schan trifft man durch Kälte erzeugte Reliefformen häufig an, und zwar allgemein über 3000 Metern, unter für langjährige Vereisung günstigen Umständen schon ab 2700 Metern. Die Fläche langjährig gefrorener Böden, sogenannter Permafrost, beträgt 67 000 Quadratkilometer.

Felsformation im Alaj-Tal

Die Anhebung des Tien-Schan setzt sich bie heute fort. Die Kräfte im Erdinneren haben die Gestaltung der Berge nicht dem Widerstreit zwischen Eis und Sonne überlassen. Immer wieder erinnern Beben aus der Tiefe an die Macht, welche vor Jahrmillionen diese Gebirge formte und weiter formt: Kirgistan liegt in einer Zone erhöhter seismischer Aktivität mit potentiellen Erdbebenstärken von 8 im Norden und 9 im Süden.

Flüsse und Seen

Ohne die Berge, die atmosphärische Feuchtigkeit ausfiltern, könnten in den Weiten Zentralasiens keine Flüsse und Seen entstehen. Deren Hauptquelle ist Tauwasser aus Schneefeldern und Gletschern – es stellt bis zu 80 Prozent der Gesamtmenge des Wassers mancher Flüsse. 40 bis 50 Gletscher pro Fluss sind keine Seltenheit.

Auf seine Gewässer bezogen zerfällt Kirgistan in zwei Gebiete: Entstehungs- und Abflusszone. Die höherliegenden Bereiche zählen zur Entstehungszone. Sie nimmt aufgrund der allgemeinen Erhebung 87 Prozent der Landesfläche ein. Hier herrschen wegen der Höhenunterschiede starke Gefälle. Auf das Gebiet, in dem die Gewässer abfließen und sich zerstreuen, entfallen die restlichen 13 Prozent der Fläche Kirgistans. Die Flüsse fließen durch steile Schluchten und fächern dann in der Ebene aus. Ihre Ablagerungen aus fein zermahlenem Gestein und Pflanzenteilen sind die Grundlage für fruchtbaren Boden. An solchen Orten haben sich daher vielfach Oasen in den Wüsten und Steppen am Fuße der Berge angesiedelt. Erst in der Neuzeit ließ sich das technische und hydroenergetische Potential der größten Flüsse anzapfen, man schätzt es auf 78 Milliarden Kilowatt.

Im Zentrum des Landes entspringt die wichtigste Wasserader Kirgistans: der Naryn. Sein Einzugsgebiet bedeckt über ein Viertel der Landesfläche. 535 Kilometer unterhalb seiner Quelle mündet er im usbekischen Teil des Ferganabeckens in den Syr-Darja.

Der Syr-Darja war schon in der Antike ein bekannter und wichtiger Grenzfluss. Die Griechen, die unter Alexander dem Großen weite Teile Asiens eroberten, nannten den Fluss Jaxartes. Er begrenzt im Norden den Landstrich, den die Griechen ›Transoxanien‹ nannten – das Land jenseits des Oxus, womit der Amu-Darja gemeint war. Die Araber übernahmen diesen Begriff, sie nannten das Land ›Mawarannahr‹: Land zwischen den Flüssen. Der Syr-Darja berührt Kirgistan selbst nicht. Doch sein Stromgebiet nimmt über die Hälfte Kirgistans ein, denn außer dem mächtigen Naryn gehen noch viele kleinere Flüsse in ihm auf. Fast aus jeder Schlucht rund um die Ferganasenke kommt ein Bach oder Fluss, und alle vereinigen sich im Syr-Darja. Schon hier, in einem der am dichtesten besiedelten Gebiete der ehemaligen Sowjetunion, wird viel Wasser für Obstplantagen und Baumwollfelder abgezweigt. Nach diesem ersten Aderlass sammelt sich der Syr-Darja im großen Kairakum-Reservoir in Nordtadschikistan (an dessen Ufern der

Ein Zufluss des Čatkal

tadschikische Regisseur Bahtijar Hodunajzarov den Film ›Luna Papa‹ mit Moritz Bleibtreu drehte) und macht sich weiter auf die Reise durch Kasachstan. Wieder und wieder muss er Wegezoll zahlen – viel Wasser fließt auf die Felder der ehemaligen ›Baumwollkolonie Moskaus‹ und kaum etwas wieder zurück in den Fluss. Was von einem der mächtigsten Ströme Mittelasiens übriggeblieben ist, wenn er die endlosen Äcker in der Wüste hinter sich lässt und im Aralsee mündet, ist nur noch ein mit Salzen und Chemikalien verschmutztes Rinnsal. Ebenso ergeht es dem Amu-Darja, der unter anderem vom kirgisischen Fluss Kyzyl-Suu (nahe der Grenze zu Tadschikistan) gespeist wird und die Grenze zwischen Usbekistan und Turkmenistan entlangfließt. Der Aralsee verschwindet deshalb allmählich von der Landkarte und hinterläßt eine vergiftete Wüste.

Dem Wasser der kirgisischen Flüsse Ču und Talas ist ein ähnliches Los beschieden wie den großen Strömen, jedoch nicht von Menschenhand. Sie fließen in nördlicher Richtung nach Kasachstan – der Ču in die Hungersteppe, der Talas in die Wüste Mujun-kum. Dort, weit von den Bergen und ohne weitere Zuflüsse, versickern sie im Sand.

1923 Seen bedecken eine Gesamtfläche von 6836 Quadratkilometern, das entspricht 3,4 Prozent der Fläche Kirgistans; etwa neun Zehntel davon entfallen auf einen einzigen See – den Issyk-Kul. Fast alle liegen im Hochgebirge, und nur 16 sind größer als ein Quadratkilometer.

Es gibt vier Gruppen von Seen:

- tektonische, die durch Verschiebungen in der Erdkruste, also durch das Aufstellen von Platten und das Öffnen von Spalten entstanden. Hierzu gehören die drei größten Seen Issyk-Kul, Song-Kul und Čatyr-Kul.
- in der mittleren Gebirgszone durch Bergrutsche zugeschüttete Flusstäler, wie zum Beispiel Sary-Čelek.
- von Gletschern ausgehobelte; sie sind klein und am meisten zwischen 2500 und 4000 Metern verbreitet.
- hydrogene, erzeugt von unterirdischem Wasser. Sie sind typisch für Syrten und Permafrostboden, wo an die Oberfläche drängendes oder schmelzendes Wasser nicht ablaufen kann.

Zudem wurden Flüsse zu insgesamt 34 Reservoirs angestaut. Der Toktogul-Stausee am Fluss Naryn ist sogar das zweitgrößte Gewässer Kirgistans. Die erzeugte hydroelektrische Energie wird zum Teil in Nachbarländer exportiert. Auch erzielt man durch die Rückhaltung der saisonal stark schwankenden Wassermenge der Flüsse eine gleichmäßigere Bewässerung des Anbaulandes. Seit dem Ende der Sowjetunion gibt es allerdings deswegen Streitigkeiten mit Usbekistan, auf dessen Gebiet der kirgisische Hauptfluss Naryn in den Syr-Darja mündet.

Klima

Das Klima in Kirgistan ist bekömmlich, aber wechselhaft. Der überwiegende Teil Kirgistans liegt in den gemäßigten, der Süden in subtropischen Breiten. Die Lage im Inneren Eurasiens, die große Entfernung von den Ozeanen und die Wüsten ringsum bedingen ein generell kontinentales, trockenes Klima mit klar ausgeprägten Jahreszeiten. Durch die starke Zergliederung, die extremen Höhenunterschiede und die Wassermasse des Issyk-Kul gibt es jedoch unterschiedliche Zonen von stark kontinental bis fast maritim. Auf das Klima in den umliegenden Wüsten wirken die hohen Berge wiederum mildernd, auch fördern sie Wolkenbildung und Niederschläge. Doch meistens scheint die Sonne: Das Hochtal des oberen Naryn zum Beispiel liegt mit 2965 Stunden Sonnenschein im Jahr fast an der Spitze in Zentralasien.

Die Temperaturen umfassen solche Extreme von Hitze und Frost, dass mittlere Werte über das Klima wenig aussagen. Die Schwankungen der mittleren Temperaturen übers Jahr betragen bis zu 40 °C. Das durchschnittliche Minimum ist im Januar erreicht, das Maximum im Juli. Die größten Unterschiede innerhalb eines Tages von bis zu 23 °C misst man im September. In die niedrigen Täler von Ču und Talas bläst der Wüstenwind und treibt die Temperaturen im Sommer auf bis zu 44 °C. In den Bergen sinkt die Temperatur alle 300 Höhenmeter um 2 °C.

Am kältesten ist es im Winter nicht etwa auf den höchsten Gipfeln, sondern am Grund der Hochgebirgstäler, in deren Senken sich Kaltluft hält. Der Schnee reflektiert die Sonnenstrahlen, und ständig fließt Kälte aus der freien Atmosphäre nach. Der ›Kältepol‹ Kirgistans liegt im Hochtal Ak-Saj an der Grenze zu China – dort wurden einmal 53,6 °C Frost gemessen.

Die Zeit mit durchschnittlichen Tagestemperaturen über dem Gefrierpunkt ist bedeutsam als Vegetationsperiode für die Weiden und einige Kulturpflanzen. Im Hochgebirge zählt man etwa 130 solcher Tage im Jahr, in den Niederungen 250 bis 310 Tage. Der Übergang findet am frühesten, nämlich Mitte Februar, im tief und geschützt liegenden Ferganabecken statt – über 2500 Meter erst Mitte Mai. Nur 40 bis 60 Tage im Hochgebirge und 170 bis 190 Tage in niedrigen Lagen steigt das Tagesmittel über 10 °C. In diese Zeit fällt die Wachstumsperiode von Baumwolle, Trauben und Zuckerrüben.

In den mittleren und oberen Schichten der Troposphäre fließen Luftmassen von Westen ein. Im Winter wechselt der Einfluss subtropischer Luft aus Afghanistan und dem Iran mit dem arktischer Kaltluft. Im Frühling bringen Mittelmeerzyklone instabiles Wetter mit vielen Niederschlägen. Durch das Einströmen von Eismeerluft kann es noch im Frühjahr zu Frösten kommen. Das Wetter im Sommer wird von subtropischer trockener Luft bestimmt. Niederschläge fallen vorwiegend im Hochgebirge, wo sich mächtige Konvektionsströmungen entwickeln und die Luft durch Verdunstung aus Gletschern und Schneefelder befeuchtet wird. Gegen Ende des Sommers verstärken sich Regen und Wind.

Anders als das übrige Zentralasien erhält Kirgistan dank seiner allgemeinen Erhebung und Zergliederung ausreichend Feuchtigkeit. Seine Berge stellen sich den Wolken entgegen, die über das ausgedörrte Land ringsum hinwegsegeln. An den Hängen, die Barrieren für vorherrschende Luftströmungen sind und die Luftfeuchtigkeit herausfiltern, fallen bedeutende Niederschläge. Die größten Mengen von 1500 bis 2000 Millimeter pro Jahr gehen im Südwesten der Ferganakette und im nördlichen Kirgiskij-Alatoo nieder. Dort fällt Ende Oktober auch der erste Schnee in Kirgistan.

Auf dem Weg ins Gebirge verlieren die Luftmassen ihre Feuchtigkeit. Am trockensten ist es im westlichen Teil der großen Senke des Issyk-Kul. Dort sind die jahreszeitlichen Unterschiede am ausgeprägtesten: 100 bis 120 Millimeter Niederschlag im Sommer stehen nur zwei bis 15 Millimeter im Winter gegenüber.

Stark auf das Klima wirkt sich die Schneedecke aus. Die größte Mächtigkeit erreicht sie mit 150 Zentimetern an den Hängen um das Ferganatal. Sie reflektiert die Sonne, bewahrt jedoch gleichzeitig den Boden vor stärkerer Durchfrierung. Die Grenze des ewigen Schnees liegt im Nordwesten zwischen 3600 und 3800, im Osten zwischen 4200 und 4600 Metern.

Im inneren Tien-Schan liegen neben Tälern mit relativ mächtiger Schneedekke solche, wo nur wenig Schnee fällt. Sie werden als Winterweiden genutzt. Nach dem Winter bricht die Schneedecke zuerst in den Niederungen der Flüsse Ču und Talas nach einer Liegezeit von 50 Tagen auf. Hohe Lagen bleiben bis zu 215 Tage im Jahr unter der weißen Decke.

Der Wind im Alaj-Tal ist so rauh wie die Landschaft

Die Lawinen, die im Hochgebirge von den Bergflanken herabstürzen, verdichten sich zu Eisströmen, die sich durch die Schluchten und Täler wälzen. Fast 6600 Gletscher bedecken gut 8000 Quadratkilometer, das sind gut vier Prozent des Landes. In ihnen sind schätzungsweise 650 Milliarden Kubikmeter Wasser gebunden, durch den Kreislauf von Tauen, Verdunsten und Niederschlag eine sich ständig erneuernde Ressource für Wasserversorgung und Erzeugung hydroelektrischer Energie. Ihr Schmelzwasser enthält wenig Mineralien und eignet sich gut zur Bewässerung und Aufbereitung als Trinkwasser. Die Hälfte der Gletscher spendet ihr Wasser dem Syr-Darja, einer der großen Lebensadern Zentralasiens, dessen Einzugsgebiet fast völlig in Kirgistan liegt. Ein Viertel des Stromgebiets des Flusses Sary-Džas, der nach China fließt, ist von Eis und Firn bedeckt. Hier, im zentralen Tien-Schan, liegen die größten Gletscher: Jenilček, Kajyndy, Muškeltova und Semënova.

Nur die größten Eisströme nähern sich der Baumgrenze, die bei 2800 Metern verläuft. Die Fergana-Kette erhält zwar überdurchschnittlich viel Niederschläge, ist aber nicht ausreichend hoch, als dass sich ausgedehnte Gletscher bilden könnten.

Umweltschutz

Kirgistan ist trotz seiner herrlichen Landschaft kein Naturparadies. Es trägt am Erbe der sowjetischen Kollektivierung und Tonnenideologie.

Es gibt allerdings über 60 Naturparks (russisch: zakaznik) und drei Naturschutzgebiete (zapovednik). In den letztgenannten ist die Natur unter besonders strengen Schutz gestellt. 1948 wurde als erster ›zapovednik‹ der See Issyk-Kul einschließlich eines zwei Kilometer breiten Uferstreifens unter Naturschutz gestellt. Leider ist das natürliche Gleichgewicht im See dadurch gestört, dass die Armenische Forelle ausgesetzt wurde, die sich stärker vermehrt, als man sie fischen kann. Außerdem wird der Issyk-Kul auch touristisch genutzt.

Das zweite Naturschutzgebiet wurde 1959 mit dem See Sary-Čelek als Mittelpunkt gegründet. In den Bergen um den kleinen See wachsen einmalige Nuss- und Apfelwälder, die zahlreichen zum Teil seltenen Tieren und Pflanzen einen Lebensraum bieten. Dieses Gebiet wird am strengsten von allen drei Naturschutzzonen behütet, was wegen der Lage im schroffen Gebirge ohne besonderen Aufwand möglich ist.

Die bislang letzte Gründung eines kirgisischen ›zapovednik‹ fand 1979 statt, als 18200 Hektar im nordwestlichen Tien-Schan unter dem Namen ›Beš-Aral‹ in einer Schutzzone zusammengefasst wurden. Es umfasst die Seen und Hochgebirgssteppen am Fluss Čatkal mit vielen nur hier vorkommenden Gräsern und Sträuchern. In den Bergen leben Rotwolf, Schneeleopard und Berggans.

Umweltfreundlicher Brennstoffvorrat aus Kuhfladen

In der Sowjetunion gab es ein ›Rotes Buch‹, eine Liste gefährdeter Tiere und Pflanzen. Auch für die einzelnen Republiken gab es jeweils Rote Bücher. In dem von Kirgistan aus dem Jahre 1985 waren 15 Prozent der Säugetiere und zehn Prozent der Vögel als vom Aussterben bedroht genannt. Der Mensch ist auch in Kirgistan in den Lebensraum wilder Tiere eingedrungen. Die Urbarmachung des Landes und die in den Steppen dazu notwendige Bewässerung verändern die Existenzgrundlagen von an Trockenzonen angepassten Tiere. Die Zahl der Reptilien hat in den letzten Jahren stark abgenommen. Die vielen Schafe und Ziegen sind durch intensive Nutzung der Weideflächen zu Futterkonkurrenten ihrer wildlebenden Verwandten geworden. Auch der Schneeleopard leidet darunter – für ihn gibt es weniger Jagdwild, und wenn er Tiere der Hirten reißt, lauern ihm diese bald mit dem Gewehr auf. Leider sind Jäger aus dem Westen bereit, viel Geld für eine seltene Trophäe von einem bedrohten Tier zu zahlen, und nicht jeder Kirgise kann der Verlockung widerstehen, auf einen Schlag mehrere tausend Dollar für eine Jagdbegleitung einzustreichen.

1930 gab es etwa 1,2 Millionen Hektar Wald. Vor allem in den Kriegsjahren wurde Raubbau getrieben, bis Kriegsende war nur noch die Hälfte der Waldfläche erhalten. Den Kirgisen lag als Volk von Reitern und Viehzüchtern nicht viel am Wald. Ihre Herden verbissen die jungen Triebe. Die Wälder sind überaltert, da seit dem Krieg nur kranke Bäume gefällt werden durften. Die Forstmethoden sind primitiv und nicht schonend, Holz wird mit schwerem Gerät gerückt, das die dünne

Humusdecke aufreißt. Der Zustand des Waldes begünstigt Erosion, Erdrutsche und Lawinen.

Auch durch die starke Überweidung sind die Berghänge erodiert. Schuld daran waren die sowjetischen Planvorgaben, aufgrund derer sich von 1941 bis 1991 die Zahl der Schafe vervierfachte. Die Landwirtschaft belastet die Umwelt mit Chemikalien, die üppig eingesetzt werden; unter anderem werden Schädlinge mit dem vielerorts längst verbotenen DDT bekämpft. In der Bevölkerung sind in den entsprechenden Gebieten Krankheiten verbreitet, die durch Wasserverschmutzung und die steigende Bodenversalzung aufgrund primitiver Bewässerungsmethoden hervorgerufen werden.

Aufgrund der Initiative des ehemaligen DDR-Umweltministers und Biologieprofessors Dr. Michael Succow (Vizepräsident des NABU) kam 1998 ein großer Teil Ostkirgistans unter den strengen Schutz eines Biosphärenreservats der UNESCO. Die wirtschaftlichen Probleme des Landes machen es schwierig, aufgrund dessen die Nutzung als Wirtschaftsland einzuschränken. Succow hält dem entgegen, dass vor allem die noch immer getreu sowjetischer Tradition konzentrierte Massentierhaltung schädlich sei, weil sie Überweidung und Erosion fördere. Kleine Herden könnten auch im Naturschutzgebiet ausreichend umweltfreundlich gehalten werden. Auch die Energieversorgung soll umweltfreundlicher werden. Elektrizität wird bereits seit Sowjetzeiten überwiegend in Wasserkraftwerken erzeugt, darüberhinaus werden die Anwendungsmöglichkeiten alternativer Energiequellen in Kirgistan erkundet. Außerdem zielen Kleinprojekte verschiedener Geber darauf ab, die produzierte Energie effektiver zu nutzen, zum

Gebirgssteppe mit Lilienschweifen

Beispiel durch den Bau besser isolierter Häuser oder mit Warmwasseraufbereitungsanlagen in Pensionaten am Issyk-Kul.

Kirgistan hat also seinen Anteil an der sowjetischen Erblast von Umweltsünden. Die schlimmste wurde in Mailuu-Suu begangen, 50 Kilometer nördlich der usbekischen Stadt Andižan im Ferganabecken. Dort wurde bis 1968 Uran abgebaut. 1,4 Millionen Kubikmeter radioaktiver Müll sind im Verwaltungsbezirk Mailuu-Suu vergraben. Kürzlich veröffentlichte Unterlagen bezeichnen 28 Deponien. Mindestens eine davon wird als gefährlich eingestuft, da sie unweit des Flusses liegt, der Mailuu-Suu mit Trinkwasser versorgt: in einem von Erdbeben und Bergrutschen bedrohten Gebiet eine Zeitbombe.

Die rücksichtslose sowjetische Hauruck-Industrialisierung hat in Kirgistan unter anderem 34 Millionen Tonnen Abraum aus dem Uranbergbau hinterlassen. Glücklicherweise bemüht sich die Regierung seit der Unabhängigkeit um eine Lösung des Problems und macht die Öffentlichkeit darauf aufmerksam. Auch sucht sie die Mitarbeit internationaler Organisationen, zum Beispiel des UNHCR, um Bewohner ökologischer Krisenzonen umzusiedeln.

Dass die Goldförderung im Hochgebirge ebenfalls Gefahren für die Umwelt birgt, illustriert ein Vorfall vom Mai 1998: Ein Lastwagen, beladen mit der hochgiftigen Chemikalie Natriumzyanid, stürzte auf dem Weg zu den Minen Kum Tor in einen Fluss, der in den Issyk-Kul mündet. Fast 200 Menschen, die von dem vergifteten Wasser getrunken hatten, mussten im Krankenhaus behandelt werden.

Pflanzen- und Tierwelt

In Kirgistan wachsen etwa 4000 Pflanzenarten. Häufig kommen der langstielige Eremurus (Lilienschweif) vor und das in Europa selten gewordene Edelweiß – auf manchen Hochweiden wie am Song-Kul-See wächst die kleine Blume gleich quadratkilometerweise. Darüberhinaus sind 67 Arten von Lauch, 15 Heilpflanzen und 20 wilde Tulpenarten bekannt, die als bedroht im Roten Buch eingetragen sind und unter Naturschutz stehen, da sie nur hier vorkommen.

Aufgrund der großen Höhenunterschiede ist die Vegetation in folgende Zonen unterteilt: Wüste, Steppe, Grasland, Buschland und Wald. Auf etwa 1500 Metern findet man trockene Bergsteppen mit Wermut und Federgräsern, mit zunehmender Höhe Wiesensteppen, subalpine und alpine Wiesen mit Trollblumen und Knöterich. Ab 3800 Metern beginnt Hochgebirgstundra mit Polsterpflanzen und Mooren. Die Baumgrenze liegt bei 2800 Metern. Wald bedeckt nur spärliche vier Prozent der Landesfläche. Er bevorzugt Schluchten, Flussauen und Schattenhänge. Bewirtschaftet wird er von staatlichen Forstwirtschaften. 316000 Hektar bestehen aus Wacholderbäumen (kirgisisch Arča). Auf 608500 Hektar wachsen Nussbäume

– die größten Wälder dieser Art auf der Erde. Dort werden jedes Jahr bis zu 1500 Tonnen Walnüsse geerntet. An nördlich ausgerichteten Gebirgshängen kommen Tannen vor. Diese Wälder mit einer Gesamtfläche von 24 000 Hektar sind im Süden Kirgistans selten. Weiter gibt es Fichten, darunter Ahorn, Pappeln, die nur hier vorkommende Semënov-Fichte, Birken und Ulmen. In den Wäldern ernten die Bauern Äpfel, Birnen, Kirschen, wilde Mirabellen und Beeren. Auf insgesamt 26 000 Hektar der Ferganasenke und im Čatkal-Tal wachsen Pistazien. Obst- und Nusswälder findet man im Ferganatal noch in ihrer Urform im Naturwald.

In Kirgistan hat man etwa 2200 Arten von Arthropoden (Insekten und Spinnentiere) gezählt und fast 500 Arten von Wirbeltieren: 49 Fisch-, 3 Amphibien-, 25 Reptilien-, 335 Vogel- und 83 Säugetierarten. Von den Säugetieren sind für Kirgistan charakteristisch: Maralhirsch, Marco-Polo-Schaf, Sibirischer Steinbock, Isabell-Braunbär, Menzbier-Murmeltier, Schneeleopard, Mittelasiatischer Otter und Turkestanischer Luchs. Die drei letztgenannten Tiere sind vom Aussterben bedroht und im Roten Buch eingetragen. Man schätzt, dass noch etwa 400 Schneeleoparden die einsamen Höhen durchstreifen; das sind drei Viertel des Weltbestandes. Im Dezember 2000 wurde ein verletzter Schneeleopard vor Wilderern gerettet und auf Initiative der deutschen Gesellschaft für Technische Zusammenarbeit in den Wildpark Lüneburger Heide überführt.

Der König der Vögel über dem Tien-Schan ist der Berkut – der Adler. Die Kirgisen und Kasachen richten ihn seit langem zur Jagd auf Pelztiere ab. Gerne schmücken sich die ›Berkutči‹ mit Mützen und Jacken aus den Pelzen der Beute ihres Raubvogels, der bis zu zwölf Kilogramm schwer wird und ein Alter von 30 Jahren erreichen kann.

Erdhörnchen auf einer Hochweide

Kirgistan in Zahlen

offizieller Name
Kirgisische Republik
(Kyrgyz Republikasy)

Amtssprachen
Kirgisisch, Russisch

Währung
1 Kirgistan-Som – 100 Tyin

Fläche
198 500 Quadratkilometer (knapp fünfmal größer als die Schweiz)

größte Ausdehnung
Nord-Süd 435 Kilometer,
West-Ost 900 Kilometer

mittlere Erhebung über dem Meeresspiegel
2750 Meter

Bevölkerung
4,8 Millionen (1999)

mittlere Bevölkerungsdichte
24 Personen/Quadratkilometer

Verhältnis Land-/Stadtbevölkerung
64/36 %

jährliches Bevölkerungswachstum
1,5 %

durchschnittliche Lebenserwartung
67 Jahre
Männer 63 Jahre
Frauen 73 Jahre

Analphabetenrate
3 %

Bevölkerungsanteil unter 15 Jahren
37,5 %

Säuglingsterblichkeit
5,3 %

Bruttosozialprodukt
270 US-Dollar

Anteil der Einwohner unter der Armutsgrenze
19%

wichtigste Exportländer
Deutschland 32,7 %,
Rußland 15,6 %, Usbekistan 10,3 %,
Kasachstan 9,9 %, VR China 5,6 %

Nationalitäten
Kirgisen 56,5 %, Russen 12,5 %,
Usbeken 13,1 %, Ukrainer 2,5 %
sowie Deutsche, Tataren, Uighuren, Koreaner und andere (jeweils unter 2 %)

Religionen
Moslems 70 %, Russ.-Orthod. 28 %,
andere 2 %

Wirtschaft

Die abgeschlossene geografische Lage, das Erbe von Jahrzehnten der Planwirtschaft und eine unzureichende Infrastruktur sind die wichtigsten Probleme der kirgisischen Wirtschaft. Kirgistan gilt aber in der Region als führend bei den Wirtschaftsreformen und nimmt bereitwillig ausländische Investionen und politische Unterstützung auf.

Seit alters waren die Bergtäler Weiden für Schaf- und Pferdeherden. Die Viehzucht gab den Nomaden alles, was sie zum Leben brauchten: Nahrung, Kleidung, Obdach und Transportmittel. Das Klima im Tien-Schan duldete nur den Anbau widerstandsfähiger Getreide wie Hirse und Gerste; Weizen wuchs kaum. Während der Zeit der Seidenstraße reisten aus Ostturkestan Händler an. Aus Russland gelangten besonders seit dem 18. Jahrhundert Tuch, Leder und Eisenwaren ins Land. Örtliche Handwerker verarbeiteten die Produkte der Viehzucht und stellten Gegenstände für den Bedarf des Nomadenlebens her wie Zaumzeug und Jurten. In der unzugänglichen Bergwelt mit der Höhenzonierung ihrer Vegetation zogen die Nomaden nicht auf ausgedehnten Flächen umher, sondern bewegten sich in einem begrenzten Gebiet je nach Jahreszeit auf höher oder tiefer gelegene Weiden. Die Viehzucht der Steppen- und Gebirgsnomaden war wichtig für die sesshaften Bezirke Mittelasiens, auf deren Basaren Vieh und tierische Erzeugnisse verkauft wurden. Großherdenbesitzer besaßen auch den meisten Weidegrund. Familien mit wenigen Tieren konnten den Lebensunterhalt nicht selbst bestreiten. Armut zwang sie oft, sesshaft zu werden und einem anderem Broterwerb nachzugehen. Sie gingen in Anstellung bei reichen Herdenbesitzern und konnten als Entlohnung Erzeugnisse der Tiere behalten, mussten aber die Vergrößerung der Herden garantieren. Der Stammesadel besaß oft keine eigenen Herden und lebte dann von den Abgaben seiner Lehensleute.

Um der Kollektivierung durch die Sowjets Anfang der dreißiger Jahre zu entgehen, schlachteten die Hirten ihre Herden massenhaft ab. Dies zog nicht nur drakonische Strafen wegen Sabotage nach sich, sondern führte sie in eine noch tiefere Abhängigkeit gegenüber den neuen Machthabern.

Unter der Sowjetmacht wurden traditionelle Wirtschaftszweige verstaatlicht und kollektiviert und in den Republiken Zentralasiens neue Industrien angesiedelt. Das Zentrum Moskau organisierte die Umverteilung der Erzeugnisse der einzelnen Republiken, die unter künstlicher Preisfestlegung Rohstoffe und Produkte miteinander tauschten (Barter). Auch die Kommunikations- und Transportverbindungen basierten auf den alten Kolonialrouten durch das Zarenreich. Die verarbeitende Industrie in den einzelnen Sowjetrepubliken wurde deshalb vor allem an der Peripherie, der Zentralasien angehörte, nicht ausreichend diversifiziert. Am

21. Dezember 1991 fand im Zuge des Auseinanderbrechens der Sowjetunion ein Treffen in Almaty statt, auf dem die Erklärung herausgegeben wurde, dass die Republiken souverän und unabhängig sind und die volle Eigenkontrolle über ihre Ressourcen haben. Damit fielen aber auch die Organisationen weg, die den Austausch zwischen den Teilrepubliken sowie die Preise regulierten und Subventionen verteilten. Seitdem müssen die neuen Staaten ihre Produkte auf dem Weltmarkt anbieten und dort wie auch voneinander zu Weltmarktpreisen einkaufen. Gleichzeitig war eine Umstellung der Produktion nötig, die vielfach für den militärisch-industriellen Komplex bestimmt war, dessen Erzeugnisse nun niemand mehr brauchte.

Neben Deutschland sind Haupthandelspartner Kirgistans nach wie vor die ehemaligen Sowjetrepubliken, vor allem Russland, die Ukraine, Usbekistan und Kasachstan. Ein Problem der zentralasiatischen Region ist, dass kein Land direkte Verbindung zu den Weltmeeren hat. Im Westen liegt das Kaspische Meer, dahinter der krisengeschüttelte Kaukasus, im Süden Afghanistan, im Osten die instabile und unterentwickelte chinesische Provinz Sinkiang. Gegen Investitionen in die kürzeste Route nach Westen über den Iran sind die Vereinigten Staaten eingestellt. Technologie und Infrastruktur sind unterentwickelt. Der Gütertransport ist mangels Eisenbahnnetz und schiffbaren Flüssen fast nur mit Lkw möglich, so dass fast neun Zehntel des Frachtaufkommens in Kirgistan auf der Straße befördert werden. Viele Großbetriebe ehemals wichtiger Industriezweige stehen wegen Materialknappheit und Absatzproblemen überwiegend still: Nahrungsmittelverarbeitung, Metallurgie, Landmaschinenbau, Textilien, Elektronik, Zement, Schuhe, Holzverarbeitung, Kühlschränke, Möbel.

An Bodenschätzen besitzt Kirgistan Öl, Gas, Kohle, Quecksilber, Antimon (ehemals größter Produzent in der UdSSR), Zinn, Wolfram, Bauxit und Blei, außerdem Granit, Marmor, Kalkstein und Mineralwasserquellen. Ihre Ausbeutung ist ein Schwerpunkt in der Wirtschaft, doch sie ist schwierig, denn die schroffe Landschaft, das Klima und die ständige Erdbebengefahr erschweren die Erschließung. Goldvorkommen liegen am Pass Kum-Tor aund werden von Unternehmen aus Kanada (mit 45 Prozent der größte Investor) und den USA erschlossen. Kum-Tor ist die siebtgrößte Goldmine der Erde. Das auf 4400 Meter liegende Vorkommen wurde 1978 entdeckt, 1996 wurde dort erstmals Gold gefördert. Man rechnet mit 288 Tonnen Gold bei einem Gehalt von 3,57 Gramm pro Tonne Erz. Die Jahresproduktion von 18,6 Tonnen Gold trägt 20 Prozent zum BIP Kirgistans bei. Unter den GUS-Staaten, die Gold produzieren, steht Kirgistan an dritter Stelle. Mit einer jährlichen Förderung von 12 Kilogramm pro Bergmann nimmt die Kum-Tor-Mine den vierten Platz in der Welt ein. Große Goldvorkommen liegen in Mischerzen vor, die technisch schwierig und teilweise unwirtschaftlich zu extrahieren sind, vor allem angesichts des verfallenden Goldpreises.

Die Bodenschätze sind Hauptexportgut Kirgistans, außerdem Schafwolle und Elektrizität. Etwa 30 Prozent der erzeugten Energie können an Nachbarländer abgegeben werden, seit 1992 auch an China.

In den Jahren von 1989 bis 1995 sank das Bruttoinlandsprodukt Kirgistans um 61 Prozent bei einem durchschnittlichen Einbruch in der Region um 40 Prozent. In den Folgejahren setzte sich die Abwärtsbewegung fort: Das Bruttoinlandsprodukt BIP betrug 1994 pro Kopf 1800 US-Dollar (USA: 25 000 US-Dollar), sank aber offiziell auf 220 US-Dollar im Jahre 1999. Inzwischen geht es wieder aufwärts: im Jahr 2002 wurde ein Wachstum von vier Prozent festgestellt. Ein Drittel des BIP wird vom Privatsektor erwirtschaftet. Aufgrund der wirtschaftlichen Schwierigkeiten misstraut die Bevölkerung der Privatisierung staatlicher Betriebe, Kirgistan verfolgt diesen Weg aber unbeirrt weiter.

1994 gründete Kirgistan eine Freihandelszone mit Usbekistan und Kasachstan und wurde im Oktober 1998 als erste ehemalige Sowjetrepublik Mitglied der Welthandelsorganisation WTO. Ein Gesetz über ausländische Investitionen räumt Firmen, die in den kirgisischen Markt vorstoßen, Steuerbefreiung und Zollprivilegien ein. Etwa 100 Firmen allein aus Deutschland engagieren sich in den unterschiedlichsten Branchen auf dem kirgisischen Markt. Leider hat die politische Entwicklung in der Region nach dem 11. September 2001 ausländische Investitionen verringert. Auch die Bundesregierung unterstützt die Entwicklung von Marktwirtschaft und Demokratie mit einem Hilfsprogramm, das vor allem die soziale Komponente des Reformprozesses fördern soll.

Die Landwirtschaft ist der wichtigste Erwerbszweig des Landes

Viele Betriebe in Kirgistan bieten einen solchen Anblick

Wie zu Sowjetzeiten erbringen Privatanbauer 60 Prozent der gesamten Agrarproduktion. Die Landwirtschaft ist mit einem Drittel des Bruttosozialprodukts der Hauptwirtschaftszweig Kirgistans geblieben. Die Hälfte des Landes wird landwirtschaftlich genutzt, nur 7 Prozent der Fläche sind allerdings für Ackerbau geeignet. Der Eigenbedarf an Lebensmitteln ist deshalb nicht gedeckt. Die Getreideernte ist allerdings mittlerweile ausreichend. Der Baumwollanbau kann wegen klimatischer Bedingungen nicht gesteigert werden und ist umweltschädlich wegen des hohen Wasserverbrauchs und Chemieeinsatzes. Bedeutsam sind die Erzeugung von Fleisch und Tierprodukten (auch Honig), Tabak-, Obst- und Gemüseanbau.

Heute werden die Staatsgüter aufgelöst, die Kirgisen kehren zur Haltung kleiner Herden und ihrer ursprünglichen Lebens- und Wirtschaftsweise zurück, und der Staat stärkt den Agrarsektor durch Privatisierung und Landvergabe. Dass die hier besonders stark vertretenen Kirgisen daher am stärksten von der Neuverteilung ehemaligen Volkseigentums profitieren, ruft Unmut bei Angehörigen der nicht-kirgisischen Bevölkerung hervor, die meist in anderen Wirtschaftszweigen beschäftigt sind.

Als erste ehemalige Sowjetrepublik Zentralasiens führte Kirgistan 1993 seine eigene Währung – den Som – ein und koppelte sich von der immer steiler werdenden Inflation der alten sowjetischen Einheitswährung Rubel ab. Vorübergehend erzeugte dies Spannungen mit den Nachbarländern, die jedoch bald selbst diesem Beispiel folgten. Der kirgisische Som ist das Hätschelkind des Internationalen Währungsfonds (IWF): Stützprogramme und der Erlass von Staatsschulden haben ihn vor den katastrophalen Wertverlusten bewahrt, welche die ebenfalls nach und nach eingeführten Währungen der Nachbarländer fast schon am Ausgabetag begannen aufzuzehren. Die Inflation lag 2002 bei 7 Prozent.

Von den ehemaligen Sowjetrepubliken lebt nur in Tadschikistan ein größerer Anteil der Bevölkerung außerhalb der städtischen Siedlungsgebiete. Nach der offiziellen Statistik vergrößert sich dieser Anteil weiter, es gibt aber Hinweise darauf, dass dies nicht stimmt, denn angeblich soll zum Beispiel Bischkek ein Drittel

Für lange Winter wird beizeiten ein Brennholzvorrat angelegt

mehr Einwohner haben als dort registriert sind. Beschäftigte sind von der Industrie zu Landwirtschaft, Handel und Dienstleistung abgewandert. Die Landflucht bedingt hohe Arbeitslosigkeit; die offizielle Quote liegt bei 4 Prozent, als realistisch gilt nach anderen Meinungen das Fünf- bis Sechsfache. Unter der Anleitung von GTZ und UNHCR wurden örtliche Job-Börsen eingerichtet. Die stärkste Ab- und vor allem Auswanderung findet aus der Ču-Region und Bischkek statt, da dort der größte Anteil von Angehörigen anderer Nationalitäten lebt. 1995 lebten mehr als 60 Prozent der Bevölkerung in ländlichen Gebieten. Die Lebenserwartung betrug 73 Jahre für Frauen und 65 Jahre für Männer. Im Durchschnitt leben 24 Einwohner pro Quadratkilometer – ein theoretischer Wert in einem solch gebirgszerklüfteten Land.

Das kirgisische Volk

Die Bezeichnung des Landes wird, da es für einige Buchstaben des kyrillischen Alphabets im Deutschen keine Entsprechung gibt, unter anderem mit Kirgistan, Kirgisistan, Kirgisien oder Kyrgyzstan wiedergegeben. Etwas verwirrend ist auch, dass die Russen vorübergehend die Kasachen Kirgisen nannten, um sie von den Kosaken zu unterscheiden und die eigentlichen Kirgisen als Kara-, also schwarze Kirgisen bezeichneten.

So vielfältig wie die Schreibweisen sind auch die Versuche, die Herkunft des Namens zu erklären: Kommt er von kirk kys (40 Mädchen), vom türkischen kyr gizmek (Wiese plus nomadisieren), oder sind die Kirgisen die Nachkommen von kirk oguz (40 Klane) oder einfach khir oguz (Hochlandstämme)?

Das Ethnonym wurde erstmals 201 vor unserer Zeit erwähnt, als Kirgisen in der Mongolei von Ogus-Khan, dem Begründer des Hunnenreiches, geschlagen wurden.

In der Geschichte Zentralasiens geschah es häufig, dass zuwandernde Stämme den Namen einer Gegend übernahmen, die früher nach einem anderen Volk benannt war. Je länger ein Ethnoterminus ein Gebiet bezeichnete, desto weniger stimmte die anfängliche Benennung mit den späteren Bewohnern überein. Dies trifft auch auf die Bezeichnung ›Kirgisen‹ zu, mit der sich im 1. Jahrtausend ein Stammesverband am Jenissej benannte. Mahmud Al-Kaschgari, der erste Turkologe und Verfasser eines Wörterbuchs der türkischen Sprache, nannte die Kirgisen als einen der 22 turksprachigen Stämme, ohne allerdings ihr Siedlungsgebiet zu bezeichnen.

Für Ethnologen sind die Tien-Schan-Kirgisen nicht identisch mit denen, die seit dem 4. bis 5. Jahrhundert am sibirischen Fluß Jenissej siedelten. Jene trugen nur einen Teil zum heutigen kirgisischen Volk bei. 840 warfen sie das Reich der Uighuren nieder und gründeten ein Khanat, das sich vom Baikalsee bis zum Tien-Schan und vom heutigen Krasnojarsk bis zur Chinesischen Mauer erstreckte. Sie kehrten im 10. Jahrhundert an den Jenissej zurück, hinterließen jedoch Truppen, die von den Kiptschaken assimiliert wurden, aber die Bezeichnung ›Kirgisen‹ erhielten. Der Ursprung der Tien-Schan-Kirgisen ist unter den Kiptschaken und anderen Stämmen zu suchen, die im und östlich des Altaj lebten. Ihre Wanderbewegungen, durch die Mongoleninvasion angestoßen, führten sie von der Nordmongolei in den Ost-Tien-Schan, der zum Schmelztiegel des heutigen kirgisischen Volkes wurde – aus örtlichen türkischen Stämmen und solchen aus Südsibirien und der Mongolei. Eine Massenwanderung des gesamten Volkes vom Jenissej in den Tien-Schan fand nicht statt. Auch andere Forscher, die dem unbestritten vorhandenen Bestandteil der Jenissej-Kirgisen mehr Bedeutung einräu-

Kirgisische Jugendliche

men, erklären, dass das kirgisische Volk sich aus vielen ethnischen und sprachlichen Elementen zusammenfügte. Das heutige kirgisische Volk begann mit den Nachfolgekämpfen der mongolischen Tschagatai im 15. bis 16. Jahrhundert Form anzunehmen. Anfang des 17. Jahrhunderts war das Volk in drei Horden unterteilt: Die große, mittlere und kleine, diese wiederum in Stämme und Sippen.

Die kirgisische Sprache

Die kirgisische Sprache ist turk-altajisch, gehört also zum nordwestlichen Zweig der Turksprachen wie auch Kasachisch und das in West-Usbekistan gesprochene Karakalpakisch. Sie entstand im Mittelalter unter fortgesetzter Wechselwirkung mit Altaj-Kiptschak-Sprachen und unter den Einflüssen von Arabisch, Mongolisch, Tatarisch und schließlich Russisch.

Die Vorfahren der Kirgisen schrieben mit dem uighurischen Alphabet, das aus syrischen Buchstaben gebildet worden war, die nestorianische Christen aus Persien mitgebracht hatten. Im uighurischen Alphabet wurde im 11. Jahrhundert das erste türkische Wörterbuch von Mahmud Al-Kaschgari geschrieben, ebenso die Lehrgedichte ›Kutagdu Bilik‹ von Jusuf Has-Hacib Balasaguni. Jene bestätigen die Einheit von zwei Kulturen im Leben der Urahnen der Kirgisen – die Schriftkultur der Sesshaften und die mündliche Überlieferung der Nomaden.

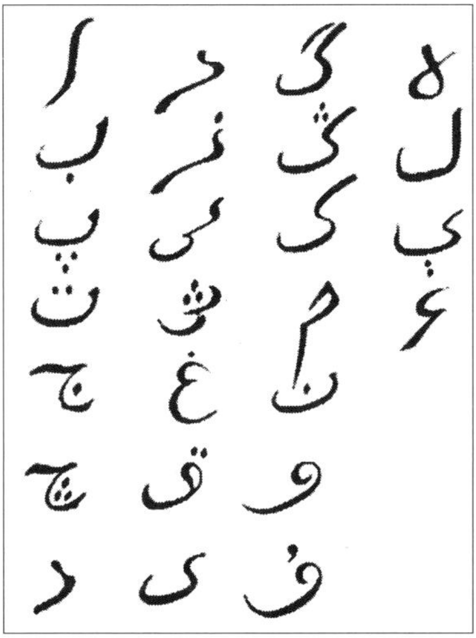

1

2

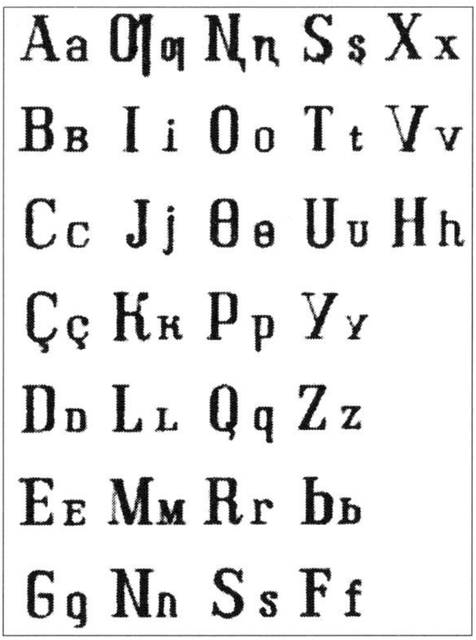

3

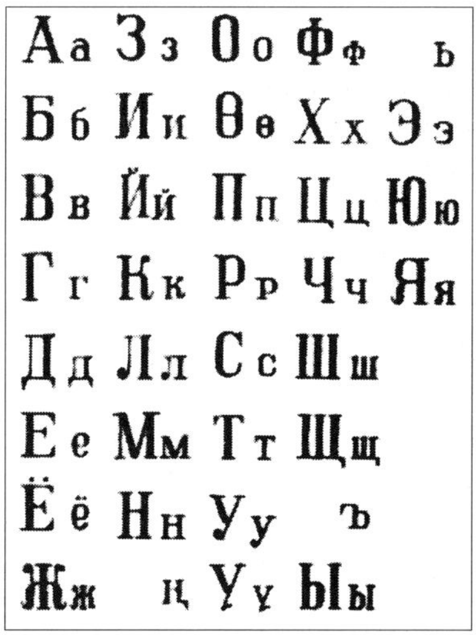

4

1 Arabisches Alphabet (1924–1927)
2 Lateinisch-Kirgisisches Alphabet (1928)
3 Lateinisch-Kirgisisches Alphabet (1929–1940)
4 Kyrillisch-Kirgisisches Alphabet (seit 1940)

1924 wurde die neuzeitliche kirgisische Sprache erstmals schriftlich niedergelegt, und zwar in einer Zeitung mit arabischer Schrift. 1929 stellte man auf das lateinische Alphabet um. 1937 verfügte Stalin, dass alle Sprachen der Sowjetvölker mit kyrillischen Buchstaben geschrieben werden müßten, wovon nur Georgisch, Armenisch und Jiddisch ausgenommen blieben. Seit 1940 wird Kirgisisch deshalb in derselben Schrift wie Russisch geschrieben, es werden jedoch Zusatzbuchstaben zur Wiedergabe einiger Laute benötigt – wie auch bei den Sprachen der anderen zentralasiatischen Republiken. Anders als zum Beispiel in Usbekistan wurde nach der Unabhängigkeit Kirgisisch nicht auf das lateinische Alphabet umgestellt.

Die russische Sprache, universelles Verständigungsmittel in der Sowjetunion, beherrschten noch 1970 nur 19 Prozent der Kirgisen. Nach einer Reihe von Konferenzen zur Verbesserung des Russischunterrichts änderte sich das. 1989 konnten schon 35 Prozent Russisch. Seit dem Ende der Sowjetunion nimmt diese Zahl wieder ab, doch ist Russisch Lingua franca unter den Angehörigen der verschiedenen Völker geblieben. 1996 beschloss das Parlament, das Russische zur zweiten Amtssprache zu erheben. Damit soll verhindert werden, dass qualifizierte russischsprachige Arbeitskräfte abwandern.

1897 waren nur drei Prozent der Bevölkerung alphabetisiert. Bis 1959 hatte sich das Verhältnis umgekehrt: 97 Prozent der Einwohner konnten lesen und schreiben. Dieser Stand hat sich bis heute gehalten.

Jungen aus Sary-Taš

Die Nestorianer

Nestorianische Christen brachten das syrische Alphabet nach Zentralasien, aus dem sich das Alphabet der Vorfahren der Kirgisen entwickelte. Die Lehre des Nestorianismus gründet sich auf Nestorius, der 428 bis 431 Patriarch von Konstantinopel war.

Nestorius behauptete entgegen der orthodoxen Auffassung, in Christus gäbe es eine göttliche und eine menschliche Person, die sich aber nicht zu einer einzigen verbunden hätten. Deshalb dürfe Maria nicht Mutter Gottes genannt werden, denn ihr Sohn sei als Mensch geboren und seine göttliche Natur stamme von Joseph, der ihn gezeugt habe.

Diese Lehren verbreiteten sich im frühen 5. Jahrhundert im ganzen Byzantinischen Reich und führten zu heftigen Auseinandersetzungen. 431 erklärte das Konzil von Ephesus unter der Leitung von Cyrill, dem Patriarchen von Alexandria, die Ansichten von Nestorius zur Häresie und setzte ihn ab. Im Jahre 489 floh ein großer Teil der Nestorianer vor den Verfolgungen im Römischen Reich nach Persien und bildete dort eine von der Reichskirche getrennte religiöse Gemeinschaft, danach entstanden auch in Arabien und Indien nestorianische Diözesen. Auch in Persien wurden die Nestorianer zunächst verfolgt, nach der Eroberung Persiens durch die Araber 637 wurde ihnen jedoch von den Moslems gesetzlicher Schutz gewährt.

Aufgrund ihrer erfolgreichen Missionstätigkeit konnten die Nestorianer zwischen dem 7. und 14. Jahrhundert weitere Gemeinschaften in Zentralasien, China und der Mongolei gründen. Bis zum Ende des 14. Jahrhunderts gehörten der auch ›Alte Apostolische Kirche des Ostens‹ genannten Glaubensrichtung etwa 80 Millionen Gläubige in 230 über ganz Asien verbreiteten Diözesen an, unter anderem auch Uighuren, Malayen, Tibetaner und Inder. Im Mittelalter erreichte der nestorianische Glaube die größte geographische Ausbreitung aller christlichen Kirchen. Die meisten Nestorianer traten jedoch im Laufe der Zeit zum Islam über, in Indien zum Katholizismus oder im Iran zur russisch-orthodoxen Kirche. Durch Verfolgungen im 1. Weltkrieg starben etwa ein Drittel der verbliebenen Nestorianer den Hungertod oder wurden von Türken und Kurden getötet.

Heute gibt es noch insgesamt etwa 175 000 Nestorianer: im Irak, in Syrien und im Iran, wo sie als Assyrer bezeichnet werden. Ihr Oberhaupt ist der Patriarch mit Sitz im Irak.

Der kirgisische Staat

Der offizielle Name des Landes lautet ›Kirgisische Republik‹. Das Land ist in sechs Regionen und den Hauptstadtbezirk gegliedert. Die Staatsform ist die der Präsidialen Republik. Der Präsident wird in freien und geheimen Wahlen gewählt. Er ernennt den Regierungschef, Minister, Richter und die Gouverneure der Landesregionen. Das politische System ist pluralistisch und umfasst 31 registrierte Parteien, die wichtigsten sind die Sozialdemokratische Partei, die Partei der Kommunisten und die demokratische Partei Freies Kirgistan. Das oberste gesetzgebende Organ ist das Parlament, das aus der Gesetzgebenden Kammer mit 60 Sitzen und der Volkskammer mit 45 Sitzen besteht. Das Parlament und der Staatspräsident werden alle fünf Jahre gewählt.

Das Parlamentsgebäude in Bischkek

Die Verfassung Kirgistans vom Mai 1993 ist an westlichen Vorbildern, vor allem dem deutschen Grundgesetz orientiert. Sie sichert den Bürgern viele Grundrechte zu, zum Beispiel auf Privateigentum (außer Grundbesitz, der staatlich bleibt), sie verbietet die Gründung religiöser Parteien und sieht ein gewaltenteilendes Regierungssystem mit einer starken Stellung des Staatspräsidenten vor. Durch Volksabstimmungen zur Verfassungsänderung im Februar 1996 und Oktober 1998 wurde die ohnehin starke Stellung des Präsidenten zu Lasten des Parlaments weiter ausgebaut und der Trend zur autoritären Präsidialdemokratie bestätigt.

Soziale und gesellschaftliche Struktur

In Kirgistan spiegeln sich die wechselhafte Geschichte und Heterogenität Zentralasiens wider: Gegensätze zwischen verschiedenen Ethnien, sozialökonomische und kulturelle Trennlinien, eine regional unterschiedlich verlaufene Kolonisierung, Islamisierung und (sich dem fremden Auge kaum erschließende) Stammesdifferenzierung.

Die ethnische Vielfalt vergrößerte sich in der Neuzeit durch die Zuwanderung von Siedlern und Kosaken Ende des 19. Jahrhunderts und in der Stalinzeit durch die Deportation von Deutschen, Koreanern und Tataren. 1941 ließ Stalin die Wolgadeutschen nach Zentralasien deportieren. So lebten 1949 schon 40 000 Deutsche in Kirgistan. Bis 1979 waren es 101 000, doch schon in den Jahren 1989 bis 1991 wanderten 41 400 Deutsche aus. Heute wird die Zahl der verbliebenen Deutschstämmigen auf knapp unter 20 000 geschätzt. Durch überdurchschnittliches Bevölkerungswachstum unter den islamischen Nationen, für die Kinder der größte Reichtum sind, blieben die Russen in den zentralasiatischen Republiken in der Minderheit. Die 4,6 Millionen Einwohner Kirgistans gehören zu 80 verschiedenen Völkern und ethnischen Gruppen.

Ab 1925 wurden gemäß Stalins Idee Territorialnationen definiert. Dies geschah auf der Basis von Stämmen, wobei durch Kollektivierung und Sesshaftmachung gerade die Strukturen und Lebensgrundlagen der Stammeskultur zerschlagen wurden. Nationalität war bis dahin in dieser Region eine unbekannte Kategorie gemeinschaftlichen Selbstbewußtseins. Bestimmend war die lokale Identität: nomadische gegenüber sesshafter Lebensweise, Sprache, moslemischer Glaube gegenüber russisch-orthodoxem Christentum.

Man versuchte, die staatstragenden ›Nationen‹ im alten Kulturboden des jeweils festgelegten Gebietes zu verwurzeln, indem man ihre Herkunft von längst untergegangenen Völkern Zentralasiens erklärte. Dabei wurde die sozialistische Ideologie des Klassenkampfes in die Vergangenheit projiziert, und alte Völker und historische Personen wurden rückblickend an diesem Maßstab gemessen als gut oder schlecht hingestellt. Dominante Bevölkerungsgruppen wurden selektiv gefördert, Lokaldialekte wurden bei Bedarf verschmolzen, um eine solche Gruppe zu bilden.

Oberflächlich betrachtet wurde damals ein fest umrissener Raum für jedes Volk festgelegt, doch zog man Grenzlinien absichtlich mitten durch die Gebiete verschiedener Ethnien, die dann außer in der Republik, die ihren Namen erhielt, als bedeutende Minderheiten in einer oder mehreren Nachbarrepubliken lebten. Daher rührt eine gewisse Widersprüchlichkeit bei der Identitätsfindung all der von Moskau unabhängig gewordenen Staaten, die als von dcn Sowjets postulierte, künstliche Nationen entstanden.

Auf die Stabilität der zentralasiatischen Länder wirkt sich deshalb nicht nur aus, was innerhalb ihrer Grenzen passiert. Da alle Grenzen Siedlungsbereiche verschiedener Völker zerschneiden, befürchten die Regierungen jedes Landes, einzelne Volksgruppen könnten Autonomie fordern, sich mit ihren ›Verwandten‹ auf der anderen Seite der Grenze zusammenschließen und die Staatsgrenzen zu sprengen versuchen. Im Juli 1992 zum Beispiel hielt die Partei für die Unabhängigkeit Uighurstans in Bischkek eine Konferenz ab. Die Uighuren sind ein mit den Usbeken verwandtes Turkvolk und leben größtenteils in der chinesischen Provinz Sinkiang. Nicht zu befürchten sind solche Bestrebungen von solchen Minderheiten, die sich keinem direkt angrenzenden Land verbunden fühlen: Russen, Ukrainern, Deutschstämmigen und Koreanern. Diese wählen eher die Auswanderung.

Mit ihrer Unabhängigkeit sind die ehemaligen Sowjetrepubliken Zentralasiens in ein Kraftfeld der konkurrierenden Bemühungen angrenzender Länder geraten, hier die politische und wirtschaftliche Neuordnung zu beeinflussen. Nach Jahrzehnten der Fernsteuerung durch den Kreml haben sich die Staaten dem Ausland geöffnet, wehren sich aber gegen neue Dominanz von außen. Die Regierungen peilten bei der Orientierung und auf der Suche nach einer nationalen Identität wie eine Kompassnadel in verschiedene Himmelsrichtungen – nach Westen zur Türkei, mit der gemeinsame kulturelle und sprachliche Wurzeln bestehen und die den als Vorbild verstandenen säkularisierten islamischen Staat verkörpert; südwärts zu Pakistan und Indien mit ihren Häfen, von denen die im Kontinent versteckten

An der kirgisisch-tadschikischen Grenze auf dem Kyzyl-Art-Pass in 4280 Metern Höhe

Friedhof am Südufer des Issyk-Kul

Länder ihre Güter verschiffen könnten – sofern sich die Lage in Afghanistan stabilisiert; nach Osten zu China, einem sich entfaltenden Wirtschaftsriesen, dessen angrenzende Region Sinkiang aber ebenfalls schlecht entwickelt ist. Der Iran, aber auch Pakistan werden mit Distanz betrachtet, denn die dortige Ausprägung des Islam wird als bedrohlich für das fragile Gefüge der vielen Völker im ex-sowjetischen Zentralasien gesehen.

Nach dem Ende des Sozialismus sind sämtliche Lebensbereiche in Umwandlung – der Aufbau eines Rechtsstaats und einer bürgerlichen Gesellschaft gehören dazu. Die wirtschaftlichen Probleme führen dazu, dass etwa 70 Prozent der Bevölkerung unterhalb der Armutsgrenze leben, und aus Sowjetzeiten eingefleischte Vorstellungen und das Wiederaufleben althergebrachter Traditionen lassen diesen Prozess nicht so reibungslos ablaufen, wie sich das viele Einheimische und Beobachter und Berater aus dem Ausland wünschen würden. Die überkommene tolerante Glaubenshaltung der Kirgisen sowie die säkulare Orientierung des Staates gewährleisten der Bevölkerung gesetzlich und praktisch Religionsfreiheit, gegen fundamental-islamische Gruppen geht der Staat aber konsequent vor.

Der moslemische Glaube der Kirgisen räumt dem Mann zwar die Vorrangstellung im gesellschaftlichen Leben ein, doch durch die überlieferten Anforderungen des Nomadenlebens und die weniger strenge Form der Religionsausübung tritt die Frau freier, selbständiger und im gesellschaftlichen Leben präsenter auf als in manch anderem islamischen Land.

Religion und Tradition

Die Kirgisen sind sunnitische Moslems. Der Norden des Landes ist wie das benachbarte Kasachstan wenig islamisiert; im Süden, rund um das Pilgerziel Oš, besteht hingegen eine starke islamische Tradition. Gemäß Aufzeichnungen des russischen Generalgouvernats gab es Ende des 19. Jahrhunderts 14 Mekteben (von Moscheen unterhaltene Schulen) im Hauptstadtbezirk und elf am Issyk-Kul, jedoch 169 im Süden des Landes.

Der im russischen Auftrag reisende Forscher Šokan Valihanov schrieb: »Der Islam kann in einem Volk ohne Schrifttum und ohne Mullahs keine Wurzeln schlagen. Er ist hier nur eine Umhüllung, die über alte schamanische Glaubensinhalte gelegt wurde«. Im Unterschied zum ›Hochislam‹ hielt sich auch in der Sowjetzeit ein solcher Volksislam, der enorm widerstandsfähig gegen den staatlich verordneten Atheismus war. Er bringt Naturphänomene, denen man Wunderwirkung zuschreibt, mit dem Leben des Propheten oder dem Wirken von Sufi-Scheichen in Verbindung. Abergläubische Vorstellungen vermischen sich mit überlieferten islamischen Bräuchen. Zum Beispiel sieht man häufig ›heilige‹ Bäume mit daran geknoteten Lappen, die Wünsche und Gebete symbolisieren. In Kirgistan wird eine sehr tolerante Form des Glaubens gepflegt, der vor allem bei Hochzeiten, Begräbnissen, Beschneidungen und Pilgerfahrten zutage tritt, sonst aber eher als Tradition denn als Religion verstanden wird. Alkohol und Schweinefleisch werden offen verkauft und genossen, selbst traditionell gesinnte Kirgisinnen tragen nicht immer Kopftuch und die weniger traditionell gesinnten zeigen sich auf Bischkeks Straßen in zum Teil sehr gewagter Kleidung. Der Staat versteht sich als säkular wie etwa die Türkei. Parteien, deren politisches Programm den Islam zur Grundlage hat, haben keinen Anteil an der Regierung.

Die dem christlichen Kulturkreis angehörenden Minderheiten Kirgistans sind russisch-orthodoxen oder protestantischen Glaubens.

Eingang zu einer Moschee in Oš

Geschichte

Die Zeugnisse der Vergangenheit sind in Kirgistan nicht so augenfällig wie zum Beispiel im Nachbarland Usbekistan, das mit märchenhaft klingenden Namen wie Samarkand und Buchara lockt. Doch ist Kirgistans Geschichte im größerem Zusammenhang von Ereignissen zu sehen, die nach antiken Maßstäben weltpolitisches Ausmaß hatten. Hierzu zählen von den Invasionen, die das kulturelle Bild Zentralasiens verändert haben, die griechische unter Alexander dem Großen, das Vordringen der Araber und der Blitzkrieg der Mongolen. Schließlich prägten die Kolonisation durch das russische Zarenreich und die Folgen der Oktoberrevolution das heutige Land.

Die Urzeit

Aus prähistorischer Zeit wurden vor allem am Issyk-Kul und imČu-Tal steinerne Faustkeile aus der Altsteinzeit gefunden. Im Mesolithikum (10 000 bis 6000 Jahre vor unserer Zeit) kämpften und jagten die Menschen bereits mit Pfeil und Bogen. In der Neusteinzeit wurde der Tien-Schan stärker besiedelt, wie es zahlreiche archäologische Fundstellen, vor allem in Höhlen, belegen. Im zentralen Tien-Schan, im Gebiet des Flusses Sary-Džas, liegt eine große Höhle namens Ak-Čuukur. Ihre Wände tragen Felszeichnungen in Rötel – Menschen, Schlangen, Auerochsen und Steinböcke. Rötel (Hämatit) ist gewiss die älteste Farbe der Menschheit. In der Urgeschichte diente der mineralische Farbstoff überwiegend rituellen Zwecken; als Symbol für Blut und damit für das Leben wurde Rötel beispielsweise bei Bestattungsritualen verwendet, in der Höhlenmalerei und zur Körperbemalung. Seit der Neusteinzeit wurde damit auch Keramik bemalt. Mit Rötelsteinen kann man direkt auf anderen Gesteinen zeichnen. Für die flächenhafte Darstellung wurden sie jedoch fein gerieben und mit Wasser zu einer Farbe angerührt, die auf die Felswände getupft, gespritzt oder gesprüht wurde. Der Mensch vervollkommnete in dieser Zeit die Bearbeitung von Stein. Eine weitere Errungenschaft war die Töpferei, wie Tongefäße belegen.

Vom Leben der Nomadenstämme in der Bronzezeit legt Ausgrabungsmaterial reichlich Zeugnis ab. Im Talas-Tal und den Höhen der Fergana-Kette fand man in den Fels geritzte Szenen aus Jagd und Viehzucht. Dörfer wurden nicht errichtet, allenfalls Viehhürden aus Steinen. Eine feste Stätte fand ein Mensch erst bei seinem Tod. Die meisten Funde stammen deshalb aus Gräbern. Man gab dem Verstorbenen Gebrauchsgegenstände aus Bronze, Stein und Ton bei. Werkzeuge wie Sicheln und Meißel, Waffen wie Beile, Lanzenspitzen und Dolche und Trinkge-

Dorf im Alaj-Tal

fäße stellte man aus Metall her. Man trug Schmuck aus Stein – Armreifen, Ringe und Anhänger.

Später wurde die Stammeskultur von Stämmen aus Choresm (heute West-Usbekistan), Kasachstan, Süd- und Westsibirien beeinflusst. In den Tälern um das Ferganatal lebten Ackerbauern der sogenannten Čust-Kultur, deren Siedlungen unter anderem bei Uzgen ausgegraben wurden. Sie lebten nahe bei Flüssen, deren Wasser sie auf ihre Felder leiteten. Die Bauern errichteten Lehmhäuser und töpferten Gefäße, auf die sie mit schwarzer Farbe eckige Muster aufmalten.

Die Skythen

Die ältesten mit Namen erwähnten Bewohner Zentralasiens werden in persischen Quellen Saken und bei Herodot Skythen genannt. Der größte Teil dieses Volkes zog weiter westwärts und ließ sich nördlich des Kaukasus nieder, wo erstaunliche Mengen kunstvollen Goldschmucks ausgegraben wurden. Die Skythen waren Indogermanen und lebten zwischen dem 7. und 3. Jahrhundert vor unserer Zeit im Tien-Schan. Auch sie nomadisierten von Weide zu Weide. Funde zeigen, dass sie vielfältige Handwerke wie Töpfern und die Bearbeitung von Eisen, Kupfer und Häuten beherrschten. Ihre Kultobjekte schmückten sie mit Darstellungen im skythischen Tierstil, dabei verewigten sie nicht nur tatsächlich lebende Tiere wie

Tiger, Löwe, Falke und Hahn, sondern auch Fabelwesen: Im Ketmen-Tjube-Tal fand man eine silberne Schnalle mit der Darstellung zweier Greife.

Auch die Skythen haben sich für die Nachwelt in ihren Gräbern verewigt. Gewöhnliche Nomaden erhielten nur bescheidene Beigaben. Stammesfürsten hingegen wurden in reich ausgestatteten Kammern im Inneren von Grabhügeln, sogenannten Kurganen, beigesetzt. Noch heute wölben diese auffälligen Kuppen, oft mehrere beieinander, das Gras der Weiden an vielen Stellen Kirgistans. 1961 wurde bei Issyk-Kurgan, 50 Kilometer östlich von Almaty, ein Kurgan mit den fürstlichen Ausmaßen von sechs Metern Höhe und 60 Metern Durchmesser erforscht. Gefunden wurden Tongefäße, 4000 Goldplättchen, die vielleicht von einer Schmuckrüstung stammen, eine hohe spitze Mütze mit Goldstickerei – und eine Silberschale mit Schriftzeichen, die der alttürkischen Sprache ähneln.

Auf Steine am Fluss Talas wurden etwa im Jahre 600 vor unserer Zeit Runeninschriften eingemeißelt. Es handelt sich hierbei um eine andere Schrift, als sie die Jenissej-Kirgisen in Sibirien benutzten, die zu dieser Zeit tibetische Gesandte empfingen und darüber ebenfalls Inschriften anfertigten.

Interessanten Aufschluss über das Leben im Tien-Schan geben Felsritzungen wieder, die bis in unsere Zeit gut erhalten geblieben sind. Die ausdrucksvollsten finden sich am Issyk-Kul und östlich der Fergana-Kette, besonders im Ketmen-Tjube-Tal. Sie zeigen gezähmte Pferde und Kamele und die Jagd auf Steinbock, Hirsch und verschiedene Raubtiere. Neben der wirtschaftlichen Tätigkeit werden auch gewisse Glaubensvorstellungen dargestellt. Gestirne und Feuer wurden verehrt, wie übrigens auch von anderen Völkern Mittelasiens. Die Felsbilder sind eine reiche Quelle für die Erforschung der Geschichte der darstellenden Kunst.

In den Jahren 519 bis 518 unterjochte der Perserkönig Darius I. die Skythen. Später nahmen sie als Teil des persischen Heeres am Kampf gegen die Armee Alexanders des Großen teil.

Hunnen und Türken

Bis zum 3. Jahrhundert vor unserer Zeit hatten gesellschaftliche Mißstände den Zusammenhalt der Skythen geschwächt. Die Obrigkeit hatte sich soweit von der Bevölkerung entfremdet, dass sie sogar Raubzüge gegen die eigenen Untertanen veranstaltete. Angriffe anderer Nomadenvölker führten schließlich zur Verdrängung der Skythen. Die Oberhand gewann ein Volk, dessen Herkunft nicht geklärt ist – möglicherweise ist es türkischen Ursprungs gewesen. Die chinesischen Quellen, denen die meisten Informationen zu entnehmen sind, nennen sie Usunen oder Wusun und beschreiben sie als rothaarig, blauäugig und ›den Affen ähnelnd‹. Sie kamen in einer Westbewegung verschiedener Völker in den Tien-Schan: Der chinesische Kaiser Shih Huang Ti vertrieb die Hunnen, die auf chinesisch Hiungnu hießen, und baute die Chinesische Mauer. Er wandte sich daraufhin westwärts ins Altajgebirge und zum Balhaš-See, wo die Jüe-Tschi (tibetischer oder türkischer Herkunft) lebten. Diese zogen süd-westwärts bis ins Tal des Oxus. Ihrerseits von den Hunnen vertrieben, trieben die Usunen die Jüe-Tschi weiter nach Westen, so dass die Skythen ihnen weichen mussten. Die Usunen siedelten hauptsächlich im Siebenstromland, hatten ihr Hauptquartier aber am Südufer des Issyk-Kul. Einzelne Viehzüchter sammelten vier- bis fünftausendköpfige Herden an. Gewisse Funde, wie zum Beispiel Mühlsteine, deuten darauf hin, dass es auch sesshafte Ackerbauern gab, doch der größte Teil nomadisierte durch die Gebirgstäler. Ihre Jurten richteten sie mit transportablen Möbeln ein. Ebenfalls aus Holz fertigten sie Gebrauchsgegenstände wie Geschirr und Spindeln an und flochten Körbe und Futterale.

Die Stämme der Usunen schlossen sich im 2. und 1. Jahrhundert vor unserer Zeit zu einem mächtigen Bund zusammen, der sich bereits auf der Stufe einer Staatsgründung befand. Ihre Krieger waren gut bewaffnet – im Nahkampf focht man mit Eisenschwertern, und Reiter verschossen Pfeile mit Eisenspitzen von schweren Bögen, die aus verschiedenen Materialien zusammengefügt waren. Später sollten die Mongolen diese Kompositbögen perfektionieren. Die Usunen wurden mehrmals angegriffen – von mittelasiatischen Völkern tungusischen Ursprungs (Schuschan, Sajanbij) und wiederum von den Hunnen. 280 vor unserer Zeit eroberten diese vollständig des Siebenstromland, das mit seinen vielen von den Bergen herabströmenden Flüssen wie ein Korridor zwischen den unwirtlichen Zonen von Steppen und Gebirge nach Westen führte. Ein Teil der Usunen zog deshalb tiefer in den Tien-Schan.

Morgen gibt es Kymys

Die Hunnen drangen im 1. Jahrhundert tief ins Oxus-Tal vor, wo aber bereits die Chinesen aufgetaucht waren. Die Nachkommen der Jüe-Tschi (auch Tocharer genannt) und ihre neuen Herren aus dem Reich der Mitte fügten ihnen schwere Verluste zu. Bald jedoch nahm Chinas Stärke ab, und die Grenzkämpfe flammten wieder auf, entschieden sich aber letztlich zu Ungunsten der Hunnen.

Zu dieser Zeit führten die ständigen Zusammenstöße, vor allem mit den Hunnen, und interne Machtkämpfe den Zerfall der Stammesgemeinschaft der Usunen herbei. Sie blieben vorerst in ihrem angestammten Gebiet, zusammen mit Stämmen, deren ethnische Zugehörigkeit sich nicht genau bestimmen läßt. Von den Katakomben, in denen sie ihre Toten beisetzten, schließen einige Wissenschaftler auf das Eindringen von Hunnen oder Schuschan. Dies wäre der erste bekannte Versuch osttürkischer Stämme, sich hier niederzulassen. Andere meinen, dass diese unterirdischen Grabstätten von bereits ansässigen Stämmen angelegt wurden, denn sie seien schon aus der Zeit der Skythen bekannt. Bemerkenswert sind die wertvollen Grabbeigaben: Ein bedeutender Teil davon war kunstvoller Goldschmuck, zum Teil mit Edelsteinen besetzt.

In der ersten Hälfte des 1. Jahrhunderts vor unserer Zeit ging der jahreszeitliche Wechsel der Weideplätze in ein Nomadenleben über. Inzwischen löste Eisen bei der Herstellung von Werkzeugen Stein und Bronze ab. Mit neuen Arbeitsgeräten konnte der Ertrag der Felder gesteigert werden; der Reichtum allerdings begann sich in den Händen einiger Mächtiger zu konzentrieren. Aus dieser Zeit stammen die ersten Erwähnungen von Sklavenhaltung.

Entstehung der Seidenstraße

Vom 3. bis 1. Jahrhundert vor unserer Zeit, etwa in der selben Zeit, in der die Usunen über den nordöstlichen Rand des heutigen Kirgistan herrschten, lag ein Teil des südkirgisischen Territoriums im Bereich des Staates der Parkan (Fergana). Überreste ihrer Siedlungen und Städte wurden im Gebiet von Oš entdeckt. Die Parkan zweigten aus den Bergbächen Wasser ab, das sie über ein Netz von Kanälen und Gräben auf ihre Obstgärten und Felder leiteten, wo bereits damals Baumwolle wuchs. Die Parkan hielten sich Sklaven. Hohen Rang nahm die Pferdezucht ein.

Am östlichen Ende des Ferganatals erblickte der chinesische Gesandte Zhang Qian im Jahre 138 vor unserer Zeit nach einer beschwerlichen Reise durch die Wüste und über Bergpfade erstmals wieder eine Oase. Er war von seinem Kaiser Wu-Ti auf die Suche nach den legendären Fergana-Rössern geschickt worden, von denen man sich erzählte, sie liefen ›so schnell wie der Wind‹. Der Kaiser wünschte sich solche Pferde zur Ausrüstung seiner Streitmacht und wollte seinen Gesandten Verbündete gegen die Hunnen suchen lassen, die wieder begonnen hatten, gegen die große Mauer anzurennen. Die Hunnen fingen Zhang Qian jedoch ab und hielten ihn ein Jahrzehnt lang gefangen. Seine Reise dauerte deshalb 13 Jahre, und von seinen 100 Gefährten kehrte nur einer mit ihm zurück.

Zhang Qians diplomatische Bemühungen waren nicht erfolgreich, doch begegnete er auf der anderen Seite des Gebirges Händlern aus dem Westen und stellte fest, dass es dort Bedarf an chinesischen Waren gab. Diese waren auf Umwegen dorthin gelangt, und der Chinese überlegte sich, welchen Gewinn unmittelbarer Handel für sein Land abwerfen könnte. Man müßte nur einen Weg um das Gebiet der feindseligen Hunnen finden.

So wuchsen zwei Handelswege zu einem zusammen – derjenige, der sich vom Mittelmeer in die unbekannten Weiten Asiens vorgetastet hatte, und der aus dem Osten: Die Große Seidenstraße war entstanden.

Unterwegs hatte Zhang Qian einen Bericht mit dem Titel ›Reise durch westliche Länder‹ verfaßt. Das klang damals gewiss so exotisch und verheißungsvoll wie heute für uns die Titel von Reiseerzählungen aus dem Orient. Im Ferganabecken, das er ›Davani‹ nannte, fand er auch die gesuchten Pferde und schrieb: »Die Davaniten leben sesshaft, sie treiben Ackerbau, ziehen Reis und Weizen. Sie haben Wein. Dort gibt es viele schnelle Pferde. Diese Pferde schwitzen Blut, sie stammen von himmlischen Rössern«.

Himmelsrösser nannte man die mit den arabischen Vollblütern verwandten Achaltekin-Pferde. Mehr als 800 Jahre später schrieb in Sujab, dem heutigen Ak-Bešim bei Tokmak am Nordrand des Tien-Schan, ein offenbar vom Heimweh geplagter Dichter namens Li Bo: »Wenn man früh am Morgen solch einen Hengst besteigt und vom Norden der Hebei-Provinz losreitet, so wird er einen bis zum Abend an den Unterlauf des Yangtse bringen«. Beim Dorf Arawan westlich von Oš wurden in den Fels geritzte Bilder von Reitern entdeckt. Und in einem Grab fand sich die Skulptur eines Himmelsrosses – ein galoppierendes Pferd, das mit einem Huf den Rücken einer fliegenden Schwalbe berührt.

Während der bis hier beschriebenen Zeitspanne und weiter bis ins 6. Jahrhundert entwickelten sich im Tien-Schan parallel die nomadische und die sesshafte Lebensweise. In den Händen des Stammesadels bündelten sich Produktivkräfte und Macht, so dass im 6. Jahrhundert das Feudalwesen entstand. Dessen Geschichte läßt sich in zwei Perioden von jeweils 600 Jahren teilen: Zunächst der massenhafte Übergang zur Sesshaftigkeit mit komplexer Landwirtschaft. Nach der Mongoleninvasion kam in jener Gegend wieder die nomadische Viehzucht auf; Ackerbau wurde nur noch nebenher betrieben. Die Feudalherrschaft entwikkelte sich in den alten Oasen: im Ferganabecken, in Schasch (dem heutigen Taschkent), in den Tälern der Flüsse Talas und Ču und in der Issyk-Kul-Senke. In die traditionell nomadischen Gegenden zogen weiterhin Wanderhirtenstämme aus Zentralasien und Südsibirien.

Bis Ende des 5. Jahrhunderts spielten die Usunen noch eine gewisse politische Rolle. Im Jahre 436 erneuerten sie ihre Beziehungen zu China und ließen jährlich eine Gesandtschaft Geschenke überreichen. Bald jedoch verschwanden sie gänzlich von der Bühne der Geschichte, und nur der Name einer der kirgis-kasachischen Horden legt von ihnen Zeugnis ab – Sary-Uisun (gelbe Usunen).

Danach gewannen die weißen Hunnen (wahrscheinlich Mongolen oder Turkmongolen) Herrschaft über dieses Gebiet; byzanthinische Schreiber nannten sie Hephtaliten. Sie waren Nachkommen der Jüe-Tschi oder Tocharer, die schon im 2. Jahrhundert vor unserer Zeit Süd-Turkestan beherrscht und das griechisch-baktrische Reich zerstört hatten. Sie waren vom Altaj nach Westen gezogen, hatten zunächst den Nordosten Persiens erobert und waren dann über den Hindukusch nach Indien vorgedrungen. Im Laufe der Zeit hatten sie Züge der persischen Kultur übernommen und waren allmählich sesshaft geworden. Den Höhepunkt ihrer Macht erreichten sie im 5. Jahrhundert, als sie im Krieg mit der persischen Dynastie der Sasaniden besonders siegreich waren. Anfang des 6. Jahrhunderts erstreckte sich ihr Reich von Ost-Turkestan über den Pandschab bis Samarkand. Es war jedoch nicht von Dauer.

Wenige Jahrzehnte später hatten sich weit im Nordosten, im Altaj-Gebiet, die Türken unter einem Khaganat (Großkhanat) zusammengeschlossen. Große Massen turksprachiger Nomadenstämme mongolischen Ursprungs, organisiert in zehn Unterstämme (on ogur), machten sich daraufhin auf den Weg nach Westen und stießen 560 bei Talas mit der Streitmacht der weißen Hunnen zusammen, die unterlag. Im Bunde mit den Sasaniden zerstörten die Türken in der Folge ihr Reich und teilten es unter sich auf.

Der Begriff ›Turkestan‹, Land der Türken, wurde wohl in dieser Zeit geprägt. Im 14. Jahrhundert verwendete der maurische Reisende Ibn-Battuta dieses Wort. Im 19. Jahrhundert wurde es durch die Bürokratie des zaristischen Russland, das ganz Asien bis zum Nordrand des Gebirges eroberte, institutionalisiert.

Die Türken hatten damit ein riesiges Gebiet unter ihre Gewalt gebracht, in dem große kulturelle und soziale Unterschiede herrschten. Jene führten im Jahre 582 den Zerfall in zwei selbständige Khaganate herbei: das östliche und das westliche. Das Zentrum des West-Khaganats lag im Siebenstromland, auf dem ehemaligen Gebiet der Usunen. Hier, am Ufer des Ču, befand sich ihre Hauptstadt Sujab. Das Umland unterstand einzelnen Khaganen, die hier mit ihren Herden umherzogen. 630 unternahm der chinesische buddhistische Pilger Xuanzang eine Wallfahrt, ›um die heiligen Reliquien Buddhas zu suchen und sich dem Studium der Gotteslehre zu widmen‹. Vom ›durchsichtigen blauen See‹, gemeint war der Issyk-Kul, gelangte er ins Siebenstromland und zeichnete auf, dass ein Teil der Bevölkerung Landwirtschaft, der andere Handel mit China und anderen Ländern betrieb; ihre Schrift war syrischen Ursprungs und die herrschende Religion eine Mischung aus persischen Masdaismus und nestorianischem Christentum, vermischt mit Schamanismus.

Im 4. Jahrhundert erfuhr in Turkestan das nestorianische Christentum, das durch syrische Missionare eingeführt worden war, bedeutende Verbreitung. Im Jahre 334 wurden Merw, heute Turkmenistan, und Samarkand, Usbekistan,

Kirgisischer Nomade

Bischofssitz. Im Siebenstromland weisen zahlreiche Ruinen darauf hin, dass das Christentum sich hier stark entwickelte und erst im 14. Jahrhundert endgültig dem Islam wich. In Turkestan gewann unter dem Einfluss Chinas der Buddhismus die Oberhand. Am Oberlauf des Amu-Darja legen die Überbleibsel zahlreicher Tempel und Klöster Zeugnis davon ab, dass er bis zum Einfall der Araber die vorherrschende Religion war.

In der Hauptstadt Sujab, nahe dem heutigen Tokmak, erhielt der Pilger eine Audienz beim türkischen Khan, die er wie folgt beschrieb: »Die Pferde der Barbaren waren ungemein zahlreich. Der Khan bewohnte ein gewaltiges, mit Goldblumen verziertes Zelt, dessen Glanz die Augen blendet. Die Offiziere, die ihm Geleit bieten, hatten vor dem Zelt lange Matten auslegen lassen, auf denen sie in zwei Reihen saßen; alle trugen funkelnde Gewänder aus Brokatseide. Hinter ihnen stand aufrecht die Garde des Khans. Obwohl er nur ein Barbarenfürst war, der in einem Filzzelt haust, konnte man ihn nicht ohne Bewunderung und Respekt betrachten«. Der Pilger Xuanzang beschrieb auch die günstige Lage und Fruchtbarkeit des Ferganabeckens und betonte die Unabhängigkeit und Wehrhaftigkeit seiner Bewohner.

Im 6. und 7. Jahrhundert wurde der Nordabschnitt der Seidenstraße zur Hauptroute – die hier ansässigen türkischen Khagane waren Großabnehmer von Luxusgütern und kontrollierten die Handelswege. Sujab war ein reger Handelsplatz, an dem jährlich eine Art Messe stattfand, zu der die reisenden Kaufleute zusammenströmten. Fergana war hingegen in dieser Zeit wegen der Einfälle der Araber unsicher.

Bald nahm von Osten der Druck auf das türkische Reich zu. Die Chinesen besetzten Mitte des 7. Jahrhunderts unter Tai-Tsung, einem Kaiser der Tang-Dynastie, erneut die Oasen im Tarim-Becken und wanderten weiter nach Westen. Sie verbündeten sich mit den Uighuren, die damals zwischen Altaj und Balhaš-See lebten und errangen 714 einen entscheidenden Sieg am Issyk-Kul.

Mythos Seidenstraße

Seide ist heute noch in Zentralasien aus dem Alltag nicht wegzudenken: vor allem in Kirgistans Nachbarland Usbekistan, wo die glänzenden bunten Frauenkleider die Pracht kostbarer handgefärbter Gewänder nachahmen, die sich früher nur Kaufleute und Würdenträger leisten konnten.
Das Wort ›Seidenstraße‹ beschwört einen Mythos – lange Karawanen, beladen mit allen Schätzen des Orients, durchziehen riesige Wüsten, in denen die Städte aus Tausendundeiner Nacht versteckt sind. Die Realität war ähnlich, der Begriff wurde jedoch erst im 19. Jahrhundert durch den deutschen Geografen Ferdinand Freiherr von Richthofen erdacht.
Denn eine Seidenstraße im eigentlichen Sinne gab es nie. Der Handel zwischen West und Ost verlief tatsächlich auf einem Netz von Handelswegen, die sich je nach Stabilität oder wirtschaftlicher Entwicklung in den durchquerten Gebieten bildeten, verzweigten und wieder verwaisten – wie bei einem Fluss, dessen Wasser sich von Zeit zu Zeit ein neues Bett sucht. Beispielhaft hierfür ist die ›Pax Mongolica‹, die Befriedung der von Dschingis-Khan eroberten Reiche, die die Wiederbelebung eines vorher fast aufgegebenen Strangs der Seidenstraße ermöglichte.
Die Anfänge liegen im 3. und 2. Jahrtausend vor unserer Zeit, als erste Handelswege zwischen West und Ost entstanden: In Badachschan (heute Ost-Tadschikistan) wurde der Halbedelstein Lasurit abgebaut, der in den Iran, nach Mesopotamien, Ägypten und Syrien exportiert wurde. Mitte des 1. Jahrtausends vor unserer Zeit wurde das Mineral auch erstmals in China gehandelt. Am Ostrand des Pamir wiederum wurde Nephrit, eine Art Jade, gewonnen, für die in China Bedarf bestand. Die Lasurit-Nephrit-Straße bahnte den Weg zum Verknüpfen ihrer Stränge und der Entstehung einer Handelsverbindung zwischen Mittelmeer und Pazifik. Mitte des 1. Jahrtausends gab es auch einen Steppenweg, der laut Herodot vom Schwarzen Meer am Südrand des Urals und in den Altaj verlief. Auf ihm wurden die Reichtümer Sibiriens – vor allem Pelze – befördert und gegen Teppiche und Edelmetall getauscht.
Nicht nur Seide fand also aus Asien ihren Weg in die Städte Europas. Der Austausch umfasste neben Gütern aller Art auch Religionen und Philosophien, Tiere und Kulturpflanzen und funktionierte in beide Richtungen. Die Geschichte der Seidenstraße wurde weniger von militärischen Eroberungen oder von Herrschern bestimmt, sondern vor allem von Kaufleuten und Bankiers. Sie begründeten ein neues Zeitalter, in dem der bargeldlose Zahlungsverkehr aufgenommen wurde. Die Reise von Kostbarkeiten über enorme Entfernungen und durch vielfältige Kulturräume war nur möglich durch ein System von Darlehen, Zinsen und

Reges Treiben auf einem Basar

Teilhaberschaften. Die ganze damals bekannte zivilisierte Welt nahm an diesem Handel teil. Wie bei einem Zug, der an mehreren Stationen hält und wo Passagiere zu- und aussteigen, reisten Waren auf der Seidenstraße nicht immer über die ganze Distanz, sondern wurden unterwegs aufgenommen und verkauft. Dadurch profitierten nicht nur die Verkäufer und Transporteure, sondern auch örtliche Handwerker und Betreiber von Karawansereien. Der Handelsweg über Land versiegte, als die Seefahrer aus Europa den Weg nach Ostasien über die Meere entdeckten. Noch heute aber folgen asphaltierte Fernstraßen der alten Seidenstraße, auf der natürlich keine Kamele mit Stoffballen und Säcken mehr unterwegs sind, sondern Schwerlaster mit Containern, die ihre Güter in wenigen Stunden über Distanzen befördern, für die Karawanen Tage brauchten. In Kirgistan kann man noch die Karawanserei At-Baši besichtigen, die an der Straße zwischen Naryn und der Grenze zu China am Torugart-Pass liegt.

Reiter in der Hungersteppe; Hirtenfamilie auf der Sommerweide am Son-Kul
Galoschenverkäuferin auf dem Basar; Kirgise mit der traditionellen
Kopfbedeckung Ak-Kalpak; Marktfrau; Hirtenjunge im Sommerlager

Der Islam breitet sich aus

Von Südwesten waren mittlerweile die Araber herangerückt. Sie hatten bereits seit 100 Jahren Feldzüge nördlich des Amu-Darja unternommen und ihren Machtbereich bis zum Syr-Darja vergrößert. Der Beginn ihrer ständigen Präsenz kann auf den Winter 681/682 festgelegt werden, den die Araber erstmals im annektierten Neuland verbrachten, statt in ihre Stammlager zurückzuziehen. 728, als ›Mawarannahr‹, das Land zwischen den Flüssen, fest in ihrer Gewalt war, beschlossen die Araber, dem militärischen einen religiösen Feldzug folgen zu lassen und die Bevölkerung der eroberten Gebiete zum Islam zu bekehren. Das führte jedoch zu einem Aufstand, und die Araber hatten das Land erst nach einigen Jahren wieder unter Kontrolle. Im Jahre 737 starb im Ču-Tal der westtürkische Khagan, was die Erfolge der Araber im Land zwischen den Strömen begünstigte. Mitte des 8. Jahrhunderts brachte ein Wechsel der Herrscherdynastie erneut Unruhe. Die Grenze konnten sie deshalb nicht lange gegen die Chinesen halten. Zu dieser Zeit waren die Türken mit den Sogdern gegen die Araber verbündet. Über 30 Jahre zog sich das Ringen um die Herrschaft über Mawarannahr. Als die Sogder aufgaben und auswandern wollten, wurden sie von den Arabern abgefangen und vernichtet. Die osttürkische Herrschaft fiel unter dem Ansturm der Chinesen, und mit der Zerstörung von Sujab (748) war auch das Ende des westlichen Khaganats besiegelt. Die Chinesen drangen ins Ferganabecken vor und vertrieben die Araber.

Doch 751 kam es zu einer entscheidenden Schlacht weiter nördlich, bei dem kleinen Fluss Talas am Nordwestrand des Tien-Schan. Mit Unterstützung der Türken schlugen die Araber ihre Gegner vernichtend: 50 000 chinesische Soldaten wurden getötet und 20 000 gefangengenommen. Einige der Gefangenen beherrschten die Seiden- und Papierherstellung, und so gelangten diese Künste nach Westen – dies gab den Arabern ein Werkzeug zur schriftlichen Verbreitung ihres Glaubens an die Hand, der sie hierher geführt hatte.

Die Chinesen fochten noch das eine oder andere Scharmützel mit den Arabern aus und hinderten sie zusammen mit den Uighuren, weiter nach Osten vorzudringen. Sie konnten aber den einmal verlorenen Boden nicht zurückgewinnen. Mit dem Sieg der Araber bei Talas war entschieden, dass sich der Islam und seine Kultur hier behaupten würden.

Die Araber übten ihre Macht durch Statthalter aus, deren Hauptaufgabe und -interesse darin bestand, Steuern einzutreiben. Sie hatten kein politisches Konzept, und solange neu an die Macht kommende, weiterhin türkischstämmige Herr-

Brücken sind manchmal Nervensache; Pass-Straße im Frühsommer
Campen im Anblick des Pik Lenina (7134 m); Am Tengizbaj-Pass (3511 m)

Neugebaute Moschee in Kyzyl-Kija in Südkirgistan

scher die Oberhoheit des Kalifen anerkannten, ließ man sie gewähren. Im Siebenstromland ließen sich zunächst die Ogusen nieder, südsibirische Turktataren aus dem vorderen Altaj, auch Tokus-Ogus (neun Ogusen) genannt. Sie gründeten später ein Reich am Unterlauf des Syr-Darja. Ein Teil von ihnen, die Tjurgeschi (der östliche Heeresflügel des westtürkischen Stammesverbands der Onogur), blieb zurück und wurde von den Karluken vereinnahmt, die ebenfalls aus dem vorderen Altaj gekommen waren. 766 nahmen die Karluken Sujab ein, übernahmen es als Hauptstadt und trieben ihre Eroberungen bis Fergana voran, doch wurden sie dort von den Arabern zurückgeworfen. Sie blieben jedoch ständig in Kontakt mit den Bewohnern des Landes südlich des Syr-Darja und übernahmen mit der Zeit deren Religion, im 10. Jahrhundert wurden östlich des Talas bereits Moscheen erbaut.

Während des 8. und 9. Jahrhunderts hatten immer mehr Menschen das Nomadenleben aufgegeben und waren in die Siedlungen gezogen, zu denen Weide- und Ackerland gehörten. Diese Inseln bildeten jedoch kein geschlossenes Bollwerk, das den Vormarsch von Invasoren hätte stoppen können; sie verhinderten nicht, dass solche die Türken immer wieder heimsuchten.

Die Karakhaniden

Um das Jahr 940 zerfiel das Khaganat der Karluken in einige unabhängige Herrschaftsgebiete in den Oasen des Siebenstromlands und den Tälern von Ču und Talas. Das Ču-Tal mit der Stadt Balasagun wurde von einem neuen Volk aus dem

Süden erobert, den Karakhaniden. Sie hatten ihren Namen vom Titel ihres Herrschers Satuk Abd Al-Kerim: ›Kara Khan‹, was bedeutet: großartiger, mächtiger Khan. Der erste bekannte Turkologe, Mahmud Al-Kaschgari, stammte in väterlicher Linie von ihm ab. Sein Vater Hussein war das Oberhaupt der Stadt Barskoon am Issyk-Kul und zog später in die erste Hauptstadt des Karakhanidenreichs – Kashgar im heutigen China, wo Mahmud geboren wurde.

Bis zur Gründung des Karakhaniden-Staates hingen die Völker des zentralen Tien-Schan dem Buddhismus und dem Christentum an. In diese Religionen mischten sich Überreste von Schamanismus, Zoroastrismus und Manichäismus. Der Islam breitete sich aus, nachdem Khan Satuk diesen Glauben unter dem Einfluss der persischen Samaniden angenommen hatte. Er musste vor seinem Cousin Olugak aus Kaschgar in den Schutz des Tien-Schan fliehen – ins At-Baši-Tal, wo noch heute zwei Karakhaniden-Bauwerke stehen. Dort sammelte er Verbündete, kehrte zurück und stürzte den Usurpator. Da seine Eroberungsversuche weiter südlich an erbittertem Widerstand scheiterten, wandte er sich nach Norden und eroberte die Flusstäler am Nordrand des Tien-Schan. Balasagun wurde zum Zentrum der Herrschaft über das Siebenstromland.

Die Karakhaniden zogen 992 gegen die persischen Samaniden und Schasch (Taschkent). Im Jahre 999 errichteten sie als Hauptstadt ihres südlichen Reiches Uzgen, oder Uskent, im östlichen Ferganabecken am Fuße der Bergkette, die es gegen den inneren Tien-Schan abriegelt.

In allen Tälern, in denen Vieh weiden konnte, entstanden unter ihrer Herrschaft Städte, umgeben von Ackerland. Dort blühten Handwerk und Handel. ImČu-Tal gab es 19 Städte, deren gesamte Einwohnerzahl man auf 200 000 schätzt. Die Feudalherren gewannen weiter an Macht und hielten ihre Untergeben durch die Vergabe von Lehen an sich gebunden. Der Islam breitete sich aus und wurde Staatsreligion.

Zur Zeit der Karakhaniden verfaßte der Poet Jusuf Has-Hacib das erste literarische Kunstwerk in türkischer Sprache – die Lehrgedichte ›Wissen, das Glück gibt‹ (Kutagdu Bilik), eine moralisch-ethische Lebensanleitung. Jusuf wurde irgendwann zwischen 1010 und 1016 in Balasagun im Siebenstromland östlich von Bischkek geboren. Als er das ›Kutagdu Bilik‹ schrieb, war er etwa 54. Er begann damit in seiner Heimatstadt und beendete die Niederschrift ungefähr eineinhalb Jahre später in Kashgar, wo er das Gedicht dem Karakhaniden-Khan vortrug, der ihm zur Belohnung einen hohen höfischen Titel verlieh.

Das Werk trägt autobiografische Züge. Der Autor betont, dass keiner vor ihm solch ein Werk in türkischer Sprache geschrieben habe. ›Vier unschätzbare Weisheiten‹ werden gepriesen: Gerechtigkeit, Glück, Weisheit und Bescheidenheit. Die Einführung ist im Stil der Barden gefaßt, deren Lieder eine Tradition der zentralasiatischen Nomadenvölker sind.

Mitte des 12. Jahrhunderts wurde der Karakhanidenstaat durch tungusmongolische Nomaden erobert, die durch die Dungarische Pforte eingefallen waren – die Kara-Kitai, auch Kidan genannt. Die ›schwarzen Chinesen‹ hatten im 10. Jahrhundert in China ein riesiges Imperium gegründet, das vom Stillen Ozean bis an den Pamir reichte. In chinesischen Quellen wird ihre Dynastie, die von 916 bis 1125 bestand, Liao genannt. Nach dem Niedergang des Herrschergeschlechts bewegte sich ein Teil des Volkes nach Westen. Grund dafür war ein Aufruf des Karakhanidenherrschers von Balasagun, der von feindlichen Turkstämmen bedrängt wurde. Die Kara-Kitai machten sich diese offen bekundete Schwäche zunutze, stürzten ihn und übernahmen Balasagun als Hauptstadt eines Gebietes zwischen den Flüssen Jenissej und Talas. Sie dehnten es rasch nach Ost-Turkestan aus und machten sich dann auf den Weg nach Südwesten, wo sie die Sultane der Karakhaniden schlugen, Samarkand und Buchara eroberten und bis an den Unterlauf des Amu-Darja vordrangen, wo sie aus Choresm Abgaben herauspreßten. Die Herrscher der Kara-Kitai trugen den Titel ›Gurkhan‹ – Khan der Khane, und hingen wahrscheinlich dem Glauben der Manichäer an. Der Islam verlor die Vorherrschaft, und das südliche Siebenstromland ging in die neugegründete Metropolita von Kashgar ein. In Tokmak und Bischkek sind Gräber nestorianischer Christen aus dieser Zeit übriggeblieben.

Nach Kriegen mit dem türkischen Stamm der Seldschuken im Land zwischen den Strömen trafen die Gurkhane auf einen Gegner, der das Blatt der Geschichte erneut wenden sollte – den Schah von Choresm, das große Teile Persiens und des Landes zwischen den Strömen erobert hatte. Mohammed Alaud-Din zog mit der Stärke dieser Eroberungen im Rücken gegen die Kara-Kitai und trieb sie vor sich her. Als jene sich in 1210 Balasagun verschanzen wollten, stellte sich heraus, dass die Bewohner sie nicht einlassen wollten, sondern auf einen Anschluss an Choresm hofften. Nach sechzehntägiger Belagerung durch die eigene Streitmacht fiel die Stadt, und 47 000 Menschen wurden massakriert.

Der Mongolensturm

Beim Ende des Reiches der Kara-Kitai war im Tien-Schan bereits spürbar, dass sich im Osten etwas zusammenballte, das sich mit voller Wucht im Westen austoben sollte. Dschingis-Khan hatte 1206 die Mongolenstämme vereint, und einer davon, die Naiman aus dem Altaj, waren nach einer Niederlage unter ihrem Khan Kutschluk in den östlichen Tien-Schan gezogen. Kutschluk-Khan erkämpfte sich sein neues Herrschaftsgebiet gegen die Kara-Kitai und stürzte ihren Herrscher. Die Besiegten wandten sich um Hilfe gegen den Eindringling an Dschingis-Khan. Doch der war ohnehin schon an der Spitze der schlagkräftigsten Armee des Mittelalters auf dem Weg nach Westen – zu einer Strafaktion. 1218 hatte sich Schah Mohammed von Choresm, das heute in West-Usbekistan liegt, den schwerwiegenden diplomatischen Fehler geleistet, die Botschafter des Mongolenkhans zu mißhandeln. Dschingis-Khan sammelte eine Kavallerie von 200 000 Mann, die mit ihren Ersatzpferden, Familien und Jurten durch das Gebiet zog, das einmal das Reich der Kara-Kitai gewesen war. Westlich von Kashgar wurden zunächst Kutschluks Streitkräfte besiegt, er selbst wurde hingerichtet, und Dschingis-Khan annektierte Kara-Kitai. Die 640-jährige Geschichte der Hauptstadt Sujab im Siebenstromland endete, als sie so gründlich dem Erdboden gleichgemacht wurde, dass spätere Generationen lange brauchten sollten, um den Ort wiederzufinden, in dem einst Handel und Kultur blühten.

Zum Angriff auf Mohammeds Reich formte das Reiterheer eine Zange: Während der größte Teil der Mongolenarmee von Norden auf Transoxanien zumarschierte, erklommen 30 000 Mann die verschneiten Handelspfade, die aus der Taklamakan-Wüste in den südlichen Tien-Schan hinaufführten und gelangten ins Ferganatal. Nach der Eroberung von Oš fielen sie dem Choresm-Schah in den Rücken, derweil die Hauptstreitmacht sein Reich vom Fluß Syr-Darja her aufrieb.

Obwohl die folgenschweren Eroberungen der Mongolen sich westlich des Tien-Schan abspielten, dessen Labyrinth aus Bergzügen die Steppenkrieger zunächst umgingen, wurde jener ebenfalls Teil des Reiches Dschingis-Khans. Die sesshafte Bevölkerung war nicht in der Lage, Widerstand zu leisten und zog in Richtung Pamir davon. Anschließend bedingten Machtkämpfe zwischen mongolischen Feudalherren und der Nachzug großer Massen turkmongolischer Stämme den Niedergang der Städte und der sesshaften Landwirtschaft. Nach Dschingis-Khans Tod wurde das Land unter seinen Nachkommen aufgeteilt. Der Tien-Schan westlich vom Ili wurde Tschagatai zugeschlagen, das östliche Vorland bis zum Altaj dem Thronfolger Ügedej, der von 1228 bis 1246 herrschte. Der Tschagatai-Dialekt wurde durch Bemühungen von Gelehrten zur Schriftsprache, unter ihnen war auch Alisher Nawoi, der heute von den Usbeken als ›ihr‹ Dichter verehrt wird.

Im Westen realisierte man schnell die Bedrohung durch die unschlagbaren Reitervölker und versuchte, ihr zu wehren: 1246 besuchte der Mönch Plano Carpini im Auftrag von Papst Innozenz IV. den Großkhan Mongkeh, und im nächsten Jahr reiste der Franziskaner Wilhelm Rubruck nach Tokmak, wohin ihn Ludwig der Heilige gesandt hatte, um mit dem Kiptschakenfürsten ein Bündnis auszuhandeln. 1251 usurpierte der jüngste Sohn Dschingis-Khans, Tului, den Thron und zettelte so einen Krieg an, durch den die Mongolen die Macht im östlichen Tien-Schan verloren. Auf diesem Boden gründete ein Herrscher namens Khaudi-Khan einen neuen Staat, der bald die ehemaligen Gebiete Ügedejs und Tschagatais vereinte und sich vom Altaj bis zum Amu-Darja erstreckte. Dieses Reich wurde 1269 auf einer großen Zusammenkunft der Feudalherren in Talas verkündet. Sein Zentrum lag traditionell im Siebenstromland.

Die Herrschaft Khaudi-Khans dauerte bis 1301 und war ein wichtiger Meilenstein in der Geschichte der Völker Zentralasiens. Neue Steuerregelungen und eine Währungsreform förderten Produktion und Handel, und der Nordarm der Seidenstraße belebte sich wieder. Doch in diesem großen Reich verstärkten sich zunehmend die politischen Unterschiede.

Das Gebirge fing die Völkerwanderungen der Nomaden von Osten auf und hielt sie von Transoxanien zurück, wo die Zuwanderer entwickelter und kultivierter waren und Oasen und Städte sich erholten. Die Macht ging allmählich in die Hände türkischer Emire über, die zwar mongolische Khane auf den Thron setzten, doch jene waren reine Titelträger, und nur wenige konnten eine Abkunft von Dschingis-Khan und somit die Rechtmäßigkeit ihrer Herrschaft nachweisen. Die halbselbständigen Lehen der Emire und Khane hielten das Land nur locker zusammen, da die Oasen wie Inseln in den Weiten von Steppe und Wüste lagen.

Die Herrscher des Siebenstromlands fielen wiederholt in das Land zwischen den Flüssen ein, um den ehemaligen ›Ulus‹ Tschagatai wieder zusammenzufügen, denn sie betrachteten sich als Erben dieses Sohnes Dschingis-Khans. Doch stießen sie dort auf den Widerstand eines Mannes, der bald nicht nur die Herrschergewalt an sich reißen, sondern das Feuer des Mongolensturms erneut auflodern lassen würde.

1336 wurde in Keš (heute Šahrisabs), 80 Kilometer südlich von Samarkand, Timur geboren. Er entstammte einem turkisierten Mongolengeschlecht und diente zunächst einem mongolischen Khan, schloß sich dann aber dem türkischen Emir Husain an, der seinen Sitz in Balkh (Afghanistan) hatte. Timur heiratete dessen Tochter, und sie kämpften gemeinsam gegen die Eindringlinge aus der Steppe. Während seiner Zeit an der Seite Husains wurde Timur bei einer Schlacht schwer verletzt. Hiervon behielt er ein verkrüppeltes Bein und humpelte zeitlebens, was ihm den Namen Timur-lenk eintrug: ›Der lahme Mann aus Eisen‹. In Europa nannte man ihn Tamerlan.

1370 entschloss sich Timur, Transoxanien alleine zu beherrschen. Er belagerte Balkh und beseitigte Husain. Danach unternahm er grausame Feldzüge in alle Himmelsrichtungen, die ihn bis vor Moskau, in den Kaukasus und nach Syrien führten. Im Süden kam er bis an den Ganges.

Die eroberten Gebiete wurden gnadenlos entvölkert und geplündert, und Timur verschleppte Handwerker und Reichtümer in seine Hauptstadt Samarkand, die er zu einem prächtigen Juwel ausschmückte. Samarkand wurde zu einem Handels- und Kulturzentrum an der Seidenstraße. Für die unterworfenen Landstriche, deren Bevölkerung dezimiert und deren Äcker von unzähligen Pferdehufen zerstampft waren, bedeutete Timurs Hand jedoch einen schweren Rückschlag in der

Hirtenkinder

Entwicklung, und letztlich fiel auf seine Herrschaft zurück, dass er das Umland nur verwüstete und ausbeutete, es aber nicht neu organisierte, wie es die Mongolen getan hatten.

Als sich folglich nach seinem Tod im Jahre 1405 die Herrschaft der Timuriden aufsplitterte, kehrten die Bewohner des Tien-Schan aus dem Altaj zurück, wohin sie geflohen waren. Zu Beginn des 15. Jahrhunderts floh dann der letzte aus der Dynastie der Timuriden, Zahiruddin Babur, aus Fergana nach Indien: Die Usbeken waren von Norden herangezogen und behaupteten sich in den Ebenen zwischen Amu- und Syr-Darja – bis auf den heutigen Tag.

Heute ehrt Usbekistan im Widerspruch zu den geschichtlichen Tatsachen Timur als den Herrscher, der den usbekischen Staat auf seinem heutigen Gebiet gründete. Auf einem zentralen Platz in Taschkent hat eine Reiterstatue des blutrünstigen Schahs das alte Karl Marx-Denkmal abgelöst.

Die Kirgisen

Das heutige kirgisische Volk begann mit den Nachfolgekämpfen der mongolischen Tschagatai im 15. bis 16. Jahrhundert Form anzunehmen. Anfang des 17. Jahrhunderts war das Volk in drei Horden unterteilt: Die große, mittlere und kleine, diese wiederum in Stämme und Sippen.

Das Siebenstromland kam im 15. Jahrhundert unter den Einfluss neuer Zuwanderer aus der Kiptschaken-Steppe – der Kasachen. Sie kämpften gegen die Usbeken, wobei sie bis vor die Tore Taschkents vordrangen. Auch die Kirgisen hatten ihren Streit mit den Zuwanderern, doch schlossen sich die beiden verwandten Völker schließlich gegen ihre gemeinsamen Feinde – die Mongolen-Khane – zusammen und konnten das Siebenstromland unter ihre Kontrolle bringen.

In dieser Zeit änderte sich durch den Sprachgebrauch in türkischen Schriften die Bezeichnung der Mongolen in ›Mogolen‹ und der Name des von ihnen beherrschten Landes in Mogolistan. Das vom nach Indien geflohenen Babur begründete Herrschergeschlecht wurde dort ›Mogulen‹ genannt.

In den 1470er Jahren gründeten die Kirgisen bereits ein Khanat. Ihr Siedlungsgebiet stimmte größtenteils mit dem heutigen überein. Sie vertrieben die mogolischen Feudalherren bis 1510 aus dem Tien-Schan nach Ost-Turkestan. Allerdings mussten sie danach immer wieder Rückkehrversuche zurückschlagen, denn die Mogolen, nun in karges Wüstenland verdrängt, sehnten sich nach ihren alten, saftigen Viehweiden.

Im 15. Jahrhundert konnte traditionsgemäß nur ein Nachkomme Dschingis-Khans zum Khan ernannt werden. So wurde 1484 Akhmed, der Sohn eines Mogolistan-Khans, zum Herrscher über den Zusammenschluss der Kirgisen. Über ihn schrieb ein Chronist namens Mirsa-Khaidar (1499–1551): ›Er hielt die Macht in Mogolistan so fest, dass weder die Kalmücken noch die Usbeken an dessen Grenzen herankamen«. Die Staatsmacht war jedoch nicht zentralisiert, sondern lag in den Händen der Beys, örtlicher Feudalherren, die Steuern eintrieben, Recht sprachen und Kriege führten. Ein stehendes Heer gab es nicht. Im Kriegsfall wurden örtliche Landwehren rekrutiert, sonst unterhielt ein Bey nur kleine Schutztruppen, die straff nach mogolischem Muster organisiert waren.

Als Akhmed-Khan 1504 starb, übernahm sein Sohn Sultan-Chalil den Thron und vertrieb die wegen Thronfolgestreitigkeiten geschwächten Mogolen aus seinem Gebiet.

Kirgisische Feudalherren, in deren Händen sich die Macht über ihr Volk konzentrierte, setzten sich nun über die Tradition hinweg, gemäß der das Szepter an einen Nachkommen Dschingis-Khans weitergereicht werden musste. Aus ihrer Mitte wählten sie einen Mann namens Mohammed zum Emir. Er wollte Kirgisien von der Einmischung der Mogolenkhane befreien. Zusammen mit einem Bruder Sultan-Khalils, Sultan-Seid, eroberte er 1514 nach und nach große Teile Turkestans. Mirsa Khaidar schrieb hierüber: »Die Kirgisen überdies, selbst größtenteils bar jeder Gottesfurcht, hielten mit ihren ständigen Siegen und Überfällen alle Muselmanen von Turkestan, Schasch (Taschkent) und Fergana in Schrecken«. 1558 kam der englische Kaufmann Anthony Jenkinson auf seiner Reise durch Turkestan und schrieb: »Das Volk, das mit Taschkent kämpft, nennt sich Kasak, und die, welche Krieg mit Kashgar führen, Kyrgys. Beide sind sehr mächtige Völker. Sie leben in den Steppen und haben weder Städte noch Häuser und unterwarfen beinahe die oben genannten Städte«. Auf einer ›Karte des Moskauer Reiches‹ zeichnete Jenkinson das heute von den Kirgisen bewohnte Gebiet als ›Kirges‹ ein. Zeitgenössische turkestanische Chronisten berichten, dass Mitte des 16. bis ins 18. Jahrhundert die kirgisischen Beys ihren Einfluss in alle Himmelsrichtungen ausdehnten und sich in den Gebirgen und Steppen rund um das heutige Kirgistan niederließen.

Bis zur zweiten Hälfte des 16. Jahrhunderts hatte nur ein kleiner Teil des kirgisischen Volks den Islam angenommen, doch verstärkte sich der Einfluss dieses Glaubens ausgehend von den Gebieten mit sesshafter Bevölkerung. Der Sufi-Scheich Hodscha Iskhak (gestorben 1599) ließ einen Chronisten niederlegen: »Ich begab mich in die Gebiete der Kirgisen und Kalmaken, zerstörte 18 Götzentempel und machte 180 000 Ungläubige und Götzendiener zu Muselmanen«. Mohamed-Sadyk Kaschgari berichtet, dass die Anführer der kirgisischen Gruppen Kiptschak und Kuschtschu an der Spitze eines moslemischen Heeres standen, das einen Angriff kalmakischer Fürsten zurückwarf. 1685 vertrieben die Oyraten des dschungarischen Reiches die Kirgisen nach Süden ins Fergana-Becken, ins Alaj-Tal und weiter nach Tadschikistan westlich des Alaitals, nach Karategin. 1758 besiegte die Dynastie Mandschu (Qing) die Oyraten und übernahm deren Herrschaft über Kirgistan. Die Kirgisen schlugen jedoch nicht nur Schlachten gegen die Nachbarn, sondern schickten Gesandtschaften zu ihnen und trieben Handel. Sie zogen mit ihren Schafen und Pferden auf die Basare der Städte Turkestans und erhielten auch Besuch von Händlern. Im 17. und 18. Jahrhundert wuchsen diese Verbindungen, wiederum aber auch Feindseligkeiten gegen einzelne Herrschaftsgebiete, in die die Zentralmacht zerfallen war. Im Westen verbündeten sich die kirgisischen mit kasachischen Sultanen im Kampf gegen das Khanat von Buchara. Nach Osten mussten sie sich etwa 100 Jahre lang immer wieder gegen die Kalmaken wehren. Anfang des 18. Jahrhunderts klagte ein kalmakischer Bericht: »Von allen Seiten umgeben uns Feinde – auf der einen die Kasaken, auf der anderen die Buruten (die Oyraten nannten die Kirgisen ›Burut‹, Anmerkung des Autors); überall sind zur Bewachung starke Truppen erforderlich und dies das ganze Jahr«. Von Perioden des Friedens abgesehen, in denen man miteinander Handel trieb, blieben die Völker Feinde, denn trotz der Uneinnehmbarkeit Kirgistans waren die Kalmaken hartnäckig und unternahmen verlustreiche Feldzüge, bis ihr Khanat Mitte des 18. Jahrhunderts wegen innerer Zerstrittenheit ein Ende nahm: Sie flohen vor der chinesischen Tyrannei an die Wolga, wo sie heute noch siedeln.

Die Kasachen hatten sich 1740 Russland unterstellt. Obwohl sie und die Kirgisen ethnisch nah verwand sind, brachen sie mit der Bündnistradition ihrer Väter zu den Kirgisen – für kurze Zeit eroberten sie Teile ihres Gebiets.

Das Kokander Khanat

Im Ferganatal waren derweil einige usbekische lokale Machthaber vom Khanat von Buchara abgefallen. Einer von ihnen konnte sich über sie aufschwingen und rief 1710 das Khanat von Kokand aus. Dieses sollte den Kirgisen bis zu seinem Ende noch viel zu schaffen machen. Khan Irdana ging von einer Politik des Bündnisses mit den Kirgisen zur Eroberung ihres Gebiets über. 1762 wurde Oš eingenommen und die Umgebung von Uzgen verwüstet.

1785 empfing Zarin Katharina II. in Sankt Petersburg zwei kirgisische Gesandte. Gegen die ständigen Anfeindungen suchte Kirgistan den Schutz des Russischen Reiches, wollte aber auch Handelsbeziehungen anbahnen. Zentralasien war von den internationalen Handelswegen abgeschnitten, seitdem der Strom der Seidenstraße an materiellen und immateriellen Reichtümern versiegt war und sich andere Wege – über das Meer – gesucht hatte. Daher wandte es sich nach Norden, einem Partner zu, dessen Bedürfnis nach Expansion die Natur Grenzen setzte: Russland war im Norden vom Eismeer begrenzt und bestand im Osten aus menschenleerer, undurchdringlicher Taiga.

Zur Vorgeschichte ist zu sagen, dass das Großfürstentum Russland 1480 nach fast drei Jahrhunderten unter der Tatarenherrschaft unabhängig geworden war. Nach 70 Jahren der inneren Festigung drehte es den Spieß um. Ersten Vorstößen in Sibirien folgte eine Expedition nach Turkestan, die aber fehlschlug. Danach wurde zunächst eine militärisch befestigte Grenze vom Kaspischen Meer bis China gezogen, jenseits derer sich Russland nach neuen Märkten und Rohstoffquellen umsah. Die Zarin zeigte sich dem Ansinnen der Kirgisen einstweilen ›geneigt‹, was die Tatsache verbrämte, dass Russland sich noch nicht zutraute, so weit nach Süden vorzustoßen. 1813 schickten die Kirgisen Gesandte nach Omsk und 1824 nach Tobolsk in Sibirien. 1825 statteten zwei russische Gesandte einen Gegenbesuch am Issyk-Kul ab.

Kokand drang indessen immer weiter ins Gebirge vor und sicherte die Abschnitte, die es den Kirgisen entwunden hatte, mit Kurganen (Garnisonsfestungen). Das Khanat wollte vor allem die Aufsicht über die Handelswege Ost-Turkestans führen und von den Kirgisen Tribut erheben. Sie mussten Schafe und Rinder abgeben und Landsteuer entrichten. Zeitweise wurde von ihnen sogar eine hohe Wehrsteuer gefordert, und kirgisische Männer wurden zur Landwehr gezogen.

Die Kirgisen lehnten sich wiederholt auf, doch das Khanat schlug die Aufständischen nieder und gewann immer weiter an Boden. Zunächst umging es das Gebirge nördlich. 1825 wurde die Festung Pischpek, das heutige Bischkek, gegründet. Von dort ging die Eroberung ostwärts weiter; Anfang der 1830er Jahre wurden die Stämme am Issyk-Kul unterworfen.

Russland drängt nach Süden

1856 startete von Westsibirien aus die erste russische Expedition nach Kirgistan, die nicht nur für Botaniker, Geologen und Völkerkundler reichlich Informationen mitbrachte, sondern auch Russlands politischen Vorstoß den Weg bereiten sollte. Ein Teilnehmer war der kasachische Wissenschaftler Šokan Valihanov (1835–1865). Valihanov bereiste in den folgenden Jahren einige Male den Tien-Schan. Nach einer Reise nach Kashgar wurde er 1860 zum ständigen Mitglied der Russischen Geografischen Gesellschaft gewählt. Danach lebte er für zwei Jahre in Sankt Petersburg und war an der Herausgabe einer Asienkarte beteiligt. Er war der erste, der Teile aus dem jahrhundertelang mündlich überlieferten Volksepos der Kirgisen ›Manas‹ niederschrieb. Valihanov, der mit dem russischen Schriftsteller Dostoevskij während dessen Verbannung Freundschaft geschlossen hatte und auch mit dem Forscher Prževalskij befreundet war, war darüber hinaus ein begabter Zeichner und Naturbeobachter, der viele wertvolle Beobachtungen hinterlassen hat – seine Definition der Steppenhochtäler (Syrten) zum Beispiel entspricht noch heute dem Stand der Wissenschaft.

Ebenfalls 1856 reiste der Forscher Semënov (1827–1914) zum Issyk-Kul und im folgenden Jahr in den inneren Tien-Schan, zu den Quellen von Naryn und Sary-Džas. Seine Erforschungen im Hochgebirge zeichneten erstmals ein umfassendes, realistisches Bild des Gebirges.

Schon lange hatte Moskau beobachtet, dass sich von Süden her ein anderes mächtiges Land anschickte, die Hand auf Zentralasien zu legen – von Indien aus

Denkmal für den Forscher Semënov-Tienšanskij in Balykči

drang die Kolonialmacht Großbritannien in die Berge vor. Beide Länder wetteiferten um neue Absatzmärkte und Rohstoffquellen für ihre aufkeimende Industrie. Zentralasien wurde in die Zange genommen.

Im Mai 1865 eroberten die Russen Taschkent und machten die Stadt zum Verwaltungszentrum des neugegründeten Turkestaner Gebiets, in dem die unterworfenen Khanate von Buchara und Chiwa aufgingen. 1868 wurde ein Vasallenvertrag zwischen Russland und dem Kokander Khanat geschlossen. Unter Gouverneur Kaufmann zogen ab 1868 viele russische und ukrainische Siedler in diesen neuen Machtbereich Russlands. 1869 wurde die Siedlung Karakol am fruchtbaren, klimatisch begünstigten Ostende des Issyk-Kul gegründet, in den folgenden Jahren weitere Orte. In den siebziger und achtziger Jahren des 19. Jahrhunderts wanderten aus Sinkiang Dunganen und Uighuren auf der Flucht vor chinesischer Oppression in Ost-Turkestan ein.

Das ausbeuterische Regime der Khane hatte keinen Rückhalt mehr in der Bevölkerung. 1873 brach ein offener Volksaufstand los, als Chudojar-Khan in Südkirgistan vierzig Unterhändler hinrichten ließ, als Rache dafür, dass die Kirgisen seine Steuereintreiber getötet hatten. Im Juli eroberten die Kirgisen Uzgen im östlichen Ferganabecken und eine Gebirgsfestung, wo der Khan seine versteckte Kasse aufbewahrte.

Nach weiteren Erfolgen bei der Einnahme benachbarter Städte schlossen sich 2000 Usbeken der Auflehnung an. Im Herbst entschieden die Kirgisen des süd-

Altes Haus im russischen Kolonialstil in Karakol

lichen Landesteils, sich unter Russlands Schutz zu begeben, um das Kokander Joch endgültig abzuwerfen.

Nachdem der größte Teil seiner Soldaten desertiert war, floh der Kokander Khan im Sommer 1875 nach Westen, in die heute tadschikische Stadt Hodžent. Sein eilends eingesetzter Nachfolger Nasreddin erhielt umgehend die Bestätigung von Generalgouverneur Kaufmann. Als er nach nur zwei Monaten ebenfalls nach Hodžent fliehen musste, entsandte Kaufmann aus Taschkent General Skobelev, der den Aufruhr grausam niederschlug. Nasreddin kehrte zurück, beherrschte aber nur über den Westteil des Tals. Kaufmann sah ein, dass die Region nicht zur Ruhe kommen würde, wenn man den Machtkampf den zerstrittenen Einheimischen überließe. Er schickte seine Kosaken ins Ferganatal, die am 29. August 1875 Kokand einnahmen. Der Süden des Ferganabeckens gehörte vorerst weiterhin den Kirgisen, bis ihr Anführer aufgespürt und von einem Kriegsgericht an den Galgen gebracht wurde.

Am 19. Februar 1876 erging der Ukas des Zaren, das Kokander Khanat aufzulösen und als Fergana-Gebiet des Turkestaner Bezirks ins Zarenreich einzugliedern. ›Turkestan‹ umfaßte damals die späteren Sowjetrepubliken Usbekistan, Kirgistan, Turkmenistan und Tadschikistan sowie den Süden Kasachstans.

Nachdem bereits um 1860 die ersten vereinzelten Deutschen nach Kirgistan gereist waren, trafen 1882 die deutsche Umsiedler aus dem Wolgagebiet ein – gerade 14 Familien. Sie waren Mennoniten und aus religiösen Gründen aus Russland ausgewandert, um der dort neu eingeführten Wehrpflicht zu entgehen. Im Talas-Tal gründeten sie vier Dörfer. Bis zum Auswanderungsverbot durch den Zaren im Jahre 1902 siedelten weitere Deutschstämmige nach Kirgistan um. Sie arbeiteten hauptsächlich als Handwerker und bauten kleine landwirtschaftliche Betriebe auf: Mühlen, Molkereien und Käsereien.

Als der Erste Weltkrieg an den Ressourcen des russischen Reiches zehrte, erließ Zar Nikolaus II. am 25. Juni 1916 einen Ukas über die Heranziehung der Zentralasiaten zur Arbeitsleistung an der ›Heimatfront‹. Die unglückliche Wortwahl, durch die sich die Turkestaner auf eine Stufe mit Werkzeugen und Tieren gestellt verstanden, zündete eine Revolte. Sie wurde von den Kosaken blutig niedergeschlagen, und viele Kirgisen flüchteten unter schweren Verlusten nach China.

Doch China sah keinen Grund, sie zu beschützen. Nach und nach wurde ihnen die restliche Habe gestohlen, so dass sie sich entschieden, in ihre Heimat zurückzukehren. Dort fanden sie natürlich bereits russische Neusiedler vor, die ihre ehemaligen Dörfer und Weiden übernommen hatten. Es kam zu blutigen Racheakten. Das geschah Ende 1917; in diesem Jahr kamen die demobilisierten russischen Soldaten von der Front zurück und vergalten den Kirgisen gleiches mit gleichem: Mit großer Grausamkeit wurde der Aufstand niedergeworfen.

Die Sowjets übernehmen die Macht

Im Mai 1917 versammelten sich Moslems aus dem ganzen Zarenreich zu einem Kongress in Moskau. Autonomieforderungen wurden ausgesprochen, die zum Teil zu Zusammenstößen in den entsprechenden Gebieten zwischen Einheimischen und russischen Kolonisten führten. In Turkestan, das damals noch nicht durch Grenzen unterteilt war, kämpften eine liberale und eine islamische Bewegung um die Führung in einem künftigen autonomen Staat. Doch dann endete das russische Zarenreich mit der Oktoberrevolution. Ein regionaler Sowjetkongress wies moslemische Selbstverwaltungsansprüche zurück und sprach sich gegen die Aufnahme von Moslems in mittelasiatische Führungsorgane der Sowjetmacht aus.

Der sowjetische Bürgerkrieg war in Zentralasien nicht nur Ausdruck der ideologischen Kämpfe zur Machterhaltung der Bolschewiken, sondern auch des Konflikts zwischen örtlicher Autonomie und sowjetischer Zentralmacht. Die später in Kirgistan gegründete lokale Kommunistische Partei war rein russisch.

In den Anfangsjahren der UdSSR wurde Kirgistan 1918 Teil der Turkestanischen Autonomen Sozialistischen Republik (ASSR), die der Russischen Sozialistischen Föderativen Sowjetrepublik (RSFSR) untergliedert war. Als es in die Landreformen der zwanziger Jahre einbezogen wurde, sahen die Einheimischen, dass hauptsächlich Zuwanderer hierdurch begünstigt wurden. In diesem und dem nachfolgenden Jahrzehnt förderte die Sowjetmacht die nationalen Unterschiede des Vielvölkerstaates und legte etliche Sprachen erstmals schriftlich nieder. Hierbei wurden auch bewusst neue Identitäten konstruiert und Territorien zugeordnet. Hintergedanke dieses Atomismus war, die Grundlage zu einem befürchteten Zusammenschluss dieser Völker (Panturkismus) gegen die Zentralmacht zu schwächen.

Am 14. Oktober 1924 wurden die Grenzen der neuen Republiken bestimmt und unter anderem der Karakirgisische Autonome Oblast (Verwaltungsbezirk) der RSFSR innerhalb des Turkestanischen Oblast definiert.

In den Jahren 1928 bis 1933, als Stalin den ersten Fünfjahresplan ausrief, wurde die Hälfte der nomadisch lebenden Haushalte zwangsweise sesshaft gemacht. 82 000 von insgesamt 167 000 Haushalten waren davon betroffen Die Viehhirten schlachteten ihre Herden daraufhin in Massen ab, um sie dem Zugriff des Staates zu entziehen. Bis 1934 war der Viehbestand in Kirgistan auf weniger als ein Viertel gefallen.

Die anschließend beabsichtigte Rückkehr zur nomadischen Lebensweise ohne Viehherden führte zu Hungersnot und verschaffte den ›Basmatschen‹, wie die einheimischen Rebellen gegen die Sowjets genannt wurden, Zulauf. Widerstand gegen die Kollektivierung ging auch von den örtlichen Parteifunktionären aus. Sie

Lenin hat in Kirgistan auch heute noch manchen Ehrenplatz

fielen dem Stalin-Terror dieser Zeit zum Opfer. Am 6. November 1938 wurden die gesamte Parteiführung und einige Intellektuelle, insgesamt etwa 140 Personen, in einer Nacht- und Nebelaktion verhaftet und standrechtlich als ›Volksfeinde‹ erschossen. Unter den Opfern vermutet man auch den Vater des bekannten Schriftstellers Čingis Ajtmatov.

Nach einer kurzen Zeit als Autonome Sozialistische Sowjetrepublik wurde Kirgistan am 5. Dezember 1936 in den Status einer Sozialistischen Sowjetrepublik erhoben und somit formell eine Republik wie Russland.

Für die folgenden mehr als 50 Jahre verliefen seine Geschicke in den Bahnen der Geschichte der Sowjetunion. In Kirgistan wurden Fabriken, Krankenhäuser, Schulen und Theater errichtet, die Verkehrswege und die Infrastruktur wurden ausgebaut und das Land wurde in die Entwicklung des sozialistischen Wirtschaftssystems einbezogen.

Charakteristisch für die Sowjetherrschaft in Zentralasien war, dass die lokalen kommunistischen Parteichefs ihr Amt häufig entsprechend dem überlieferten Herrschaftsanspruch ihres Clans ausübten. Eine weitere Besonderheit war, dass in den Republiken Zentralasiens mit ihren zahlreichen verschiedenen Völkern die Nationalbewegungen, die den Zerfall der UdSSR herbeiführen sollten, hier nicht die politische Qualität und institutionelle Kraft wie zum Beispiel im Baltikum erreichen sollten.

Kirgistan heute

Im Verlauf der Perestrojka erlebte das Frühjahr 1987 den Beginn einer demokratischen Bürgerbewegung. Ein politischer Diskussionsclub namens ›Demos‹ entstand in der Hauptstadt Frunze, die heute Bischkek heißt, und trat für Redefreiheit ein, es gab sogar ähnlich der ›Speaker's Corner‹ im Londoner Hyde Park die Möglichkeit für jeden, seine Meinungen in öffentlichen Ansprachen darzulegen. Im August 1988 wurde eine Gruppe mit dem Namen ›Ökologie‹ gegründet. Unter dem Druck der Staatssicherheit lösten sich diese Vereinigungen wieder auf. Viele der heutigen Parteien entstanden aus der demokratischen Bewegung Kirgistans ›DDK‹.

Immer wieder aber kam es zu Konflikten zwischen Angehörigen verschiedener Ethnien. Seit 1988 trugen sich wiederholt Messerstechereien und Schlägereien im Oš-Gebiet zu. Im April 1989 besetzten Kirgisen in Frunze Land und erzwangen das Recht, Wohnungen zu bauen, weil angeblich freie Wohnungen an nichtkirgisische Zuzügler vergeben wurden. Im Juni 1989 versuchten Meßchet-Türken, die 1944 durch Stalin aus ihrer Heimat im Kaukasus nach Zentralasien deportiert worden waren, im Ferganatal, Bauland zu besetzen. Dies löste ein Massaker durch Usbeken aus, und die Meßcheten mussten evakuiert werden. Anfang 1990 kam es wieder zu Krawallen in Frunze, weil angeblich armenische Flüchtlinge in Wohnungen ziehen sollten.

Am 1. Juni 1990 nahm die kirgisische Miliz in Oš den Usbeken ihre Jagdwaffen ab. Drei Tage später trafen die Teilnehmer von zwei Demonstrationen – eine usbekische und eine kirgisische – aufeinander. Bei dem entstehenden Krawall wurden allerdings Schußwaffen eingesetzt, und es gab etliche Tote.

Im Juli flammten die schwersten Unruhen zwischen Kirgisen und Usbeken auf. Bei Massakern in Oš und Uzgen verloren etwa 300 Menschen das Leben. In der Region wurde daraufhin der Ausnahmezustand ausgerufen. Demonstranten forderten in Frunze den Rücktritt der Parteiführung. Usbekistan schloß seine Grenze, da die Ausschreitungen überzugreifen drohten. Der kirgisische Präsident Akaev erklärte später den 4. Juli zum Nationaltrauertag.

Bei den anschließenden Schuldzuweisungen klagten informelle Gruppen an, dass die Gewalttätigkeiten von der Parteiführung angezettelt worden seien – vielleicht sogar aus Moskau, das die zentralasiatische Region durch Destabilisierung zu einer stärkeren Anlehnung an Russland bewegen wollte. Die Regierung konterte, örtliche Wirtschaftsprobleme und kulturelle Unterschiede seien aus nationalistischen Motiven ausgenutzt worden – mit der Absicht, die Region durch Vertreibung ethnisch zu vereinheitlichen. In der Tat wanderten nach den Ausschreitungen einige aus, allerdings hauptsächlich Angehörige nichtasiatischer Ethnien wie Russen und Deutsche, die gar nicht beteiligt waren.

Die im Lauf der Perestrojka entstandene Opposition warf der Regierung grundlegende politische Mängel als Grund der maßlosen Krawalle vor. Der zunehmende Druck erzwang den Rücktritt des KP-Generalsekretärs von der Kandidatur für die Präsidentenwahl. Die bestehende Regierung musste der von Askar Akaev weichen, der Präsident der Akademie der Wissenschaften war und schon zu dieser Zeit einen Ruf als Wirtschaftsreformer genoss. Als einziges Staatsoberhaupt in den ehemaligen Sowjetrepubliken Zentralasiens war er nie Mitglied der Kommunistischen Partei gewesen.

Ein Plakat mit dem Konterfei des Staatspräsidenten Askar Akaev in Oš

Das Gesetz zum Bodenrecht vom Mai 1991 wurde von Akaev später in einer Form entschärft, die einem der Gründe für die interethnischen Konflikte Rechnung trug: Akaev setzte die Formulierung durch, dass Land und Bodenschätze den Bewohnern Kirgistans gehören – und nicht allein dem Volk der Kirgisen. Akaev will auch nicht, dass Kirgistan der Islamischen Konferenz beitritt, um die nichtmoslemischen Minderheiten nicht zu verstören. Auch wurde – nach heftigen Auseinandersetzungen – abgelehnt, einen Hinweis auf den Islam in die Präambel der Verfassung aufzunehmen.

Im Dezember 1990 legte die Kirgisische Sozialistische Sowjetrepublik als letzte einen Souveränitätsentwurf vor. Beim Moskauer Augustputsch 1991 bezog Akaev am deutlichsten von den zentralasiatischen Regierungschefs Stellung gegen die Putschisten und nutzte die Gelegenheit, die Kommunistische Partei in

Kirgistan zu verbieten und so von der Macht zu verdrängen. Als erste Republik erklärte Kirgistan am 31. August 1991 seine Unabhängigkeit von der UdSSR. Dieser Tag wird als Nationalfeiertag begangen. Seitdem weht über Kirgistan die rote Flagge nicht mehr mit Hammer und Sichel, sondern mit dem Tündük, der Jurtenkuppel. Am 13. Oktober 1991 wurde Akaev mit einem ›sowjetischen‹ Wahlergebnis von 95 Prozent der Stimmen im Amt bestätigt. Kirgistan trat im Dezember 1991 der GUS bei und nahm 1993 eine neue Verfassung an.

Bei der Wahl im Dezember 1995 gewann Akaev eine weitere Präsidentschaft für fünf Jahre. Die regierungstreuen Parteien errangen auch in den Parlamentswahlen im Februar 2000 die meisten Sitze, Akaev handelte sich aber neben dem Wahlsieg auch Vorwürfe der Wahlbeeinflussung bis hin zur Fälschung ein. Den zweiten Platz hatten übrigens die oppositionellen Kommunisten belegt, die sich nach vorübergehendem Verbot 1992 neu formiert hatten. Umstrittene Nachwahlen gipfelten im März 2000 in Krawallen, bei denen Demonstranten sogar versuchten, das Verfassungsgericht zu stürmen.

1999 wurde ein chinesisch-kirgisischer Grenzvertrag niedergelegt, der im Mai 2002 vom Parlament in Bischkek ratifiziert wurde. Dort ist vereinbart, dass Kirgistan 95 000 Hektar im östlichen Alaj-Tal an China abtritt. Im Dezember 2001 war ein ähnlicher Vertrag mit Kasachstan abgeschlossen worden. In beiden Fällen wird von Kritikern bemängelt, dass den Nachbarländern strategisch wichtige Landesteile überlassen worden sind. Außerdem sehe die kirgisische Verfassung nicht vor, dass der Staatspräsident internationale Verträge abschließen darf, nach denen die Landesgrenzen verändert werden.

Ausgehend von der Opposition verstärkte sich der Widerstand gegen die Art und Weise, wie der Präsident das Land regierte: mit Vorwürfen, er baue seine Macht mit umstrittenen Volksabstimmungen auf Kosten der Legislative aus und überschreite seine Befugnisse, tat sich vor allem ein Parlamentsabgeordneter aus dem Süden des Landes hervor, der schließlich, wenn auch aus anderen Gründen, verhaftet wurde. Im Süden Kirgistans, wo sich zunehmend Stimmung gegen die Bischkeker Regierung breitmacht, kam es zu Demonstrationen für den Inhaftierten. Im Distrikt Aksu erschoss die Polizei im März 2002 sechs Teilnehmer einer friedlichen Kundgebung. Aufgrund dessen verstärkten sich die Proteste, bis Ende Mai der Premierminister sein Mandat zurückgab und das gesamte Kabinett zum Rücktritt zwang.

Von den Provinzen werden mehr Selbstbestimmungsrechte im Sinne des Föderalismus gefordert. Die Oppositionsparteien sind allerdings nicht durch gemeinsame Ziele geeint, was sie daran hindert, sich gegen die Regierung zusammenzuschließen. Hauptsächlich im stärker religiösen Süden ist die Stimmung gegen Akaev und seine Regierung sowie die Neigung zu separatistischen Bestrebungen verbreitet.

Das Vorgehen gegen die Opposition, Einschränkungen der Pressefreiheit und die Ausweitung der Präsidialmacht erinnert Kritiker inzwischen an die Nachbarländer, mit denen verglichen Kirgistan eigentlich immer besser abgeschnitten hatte. Dabei könnte sich der Präsident der Unterstützung vor allem der westlichen Welt sicher sein, da Kirgistan den Manas-Flughafen für die USA und ihre Bündnispartner zur Verfügung gestellt hat. Solange wird die Lage wohl nicht eskalieren, doch muss die Regierung offenbar noch einiges tun, um sich sowohl in der Bevölkerung als auch in einem funktionierenden Rechtsstaat fest zu gründen. Dies trifft allerdings auch auf die Oppositionsparteien zu – in der Opposition zu sein, heißt in Zentralasien nicht, automatisch auch demokratischere Politik als die jeweilige Regierung zu machen.

Alte und neue Staatssymbole

Am 3. Februar 2003 war die Bevölkerung Kirgistans zu einem Referendum aufgerufen, in dem es als wichtigsten Punkt um den Verbleib des Präsidenten im Amt sowie einige Verfassungsänderungen ging. Die Beteiligung war mit 86 Prozent der Stimmberechtigten recht hoch – mit 77 Prozent ebenso der Anteil derjenigen, die dafür waren, dass Präsident Akaev bis zum planmäßigen Ablauf seiner Amtszeit Ende 2005 das Land regiert. Weiterhin wurde (mit positivem Ergebnis) darüber abgestimmt, ob die beiden Kammern des Parlaments zu einer zusammengefasst werden sollten, der aber größere Befugnisse eingeräumt werden. Außerdem erhielten die Gerichte mehr Unabhängigkeit.

Kultur

Bräuche

Die Kirgisen lieben Wettkämpfe. Außer dem wohl weltweit gepflegten Ringkampf, der hier ›Kjuröš‹ heißt, sind vor allem Wettspiele zu Pferde populär – kein Wunder, denn in Kirgistan lernen die Kinder angeblich früher reiten als laufen! Ein Sprichwort der Kirgisen lautet: »Die Flügel eines Mannes sind sein Pferd«.

›Oodaryš‹ ist ein Ringkampf, bei dem zwei Reiter mit unbekleidetem Oberkörper versuchen, sich gegenseitig aus dem Sattel zu ziehen oder sogar Ross und Reiter zu Boden zu werfen. Wild und nicht ungefährlich ist der vom Aralsee bis Afghanistan in ganz Zentralasien verbreitete Kampf zweier Mannschaften um einen toten Ziegenbock, in Kirgistan ›Ulak Tartyš‹ genannt. Die Teilnehmer sind meist mit gepolsterten Panzerfahrermützen und dick wattierten Jacken ausstaffiert, um die Verletzungsgefahr zu vermindern, denn es wird wüst gerempelt und mit der Reitpeitsche um sich geschlagen. Sieger ist, wer die Trophäe ins Zielgebiet seines Teams bringen kann. Das Spiel ist möglicherweise aus der Wolfsjagd entstanden, denn sein alter Name ist ›Kok Boru‹, grauer Wolf.

Das Spiel ›Tyin Enmei‹ besteht darin, dass der Reiter aus vollem Galopp Münzen vom Boden aufhebt. Bei dem Wettrennen ›Kys-Kumai‹ verfolgt ein junger Reiter ein Mädchen, um es einzuholen und zu küssen oder zumindest mit seinem Hut zu berühren. Schafft er das nicht, wird der Spieß umgedreht: die Reiterin jagt dem Kavalier hinterher und versetzt ihm Schläge mit der Reitpeitsche. Früher durfte ein junger Mann, der bei dem Spiel gesiegt hatte, das Mädchen heiraten.

Auch ein Wettrennen ist der Pferdemarathon ›At Čabyš‹. Er geht über viele Kilometer und ist eine harte Prüfung für die Ausdauer der Reittiere. Eindrucksvoll hat ihn Čingis Ajtmatov in einer Szene seines Buches ›Abschied von Gülsary‹ geschildert.

Literatur

Fast jeder Kirgise kann einige Zeilen aus dem ›Manas‹ aufsagen. Das kirgisische Nationalepos stammt vermutlich aus der Zeit zwischen dem 9. und 11. Jahrhundert und rühmt Leben und Taten eines Recken, der sein Volk gegen seine Unterdrücker anführt, es befreit und vereint. Das Gesamtepos besteht aus drei Teilen: Manas, Semetej (der Sohn des Manas) und Sejtek (sein Enkel). Von den mehr als zehn kirgisischen Epen mit zehntausenden Versen ist der Manas das umfangreichste – das Werk ist achtzehnmal länger als Ilias und Odyssee zusammen.

Das ›Manas‹-Denkmal vor der Philharmonie in Bischkek

Ebenso ragt es durch seine inhaltliche Breite und Tiefe hervor, die sämtliche Lebens- und Wissensbereiche und Wertvorstellungen des kirgisischen Volkes behandelt. Auch für die Kirgisen von heute ist der Manas kein Märchen, sondern behandelt historische Fakten und wirkt überdies als eine Art Kulturenzyklopädie bis ins heutige Leben hinein. Das Manas-Epos hat Künstler aller Genres inspiriert: Maler, Bildhauer, Komponisten…

Jahrhundertelang wurden die Heldentaten des Manas von bestimmten Barden, den ›Manasči‹, mündlich überliefert. Sie prägten sich das gesamte Epos ein – hunderttausende von Versen, die sie ohne Begleitung von Instrumenten, nur untermalt von Mimik und Gestik, vortrugen. Ein Manasči hat seine Kunst von seinem Lehrer, in vielen Fällen der Vater, gelernt und vervollkommnet sie mit der Zeit zu einem persönlichen Stil. Die Erzähler sind hoch angesehen und halten als große Vortragskünstler ihr Publikum mühelos über Stunden im Bann.

Der kasachiche Forschungsreisende Šokan Valihanov und der deutschstämmige Turkologe Wilhelm Radloff, die in russischem Auftrag Kirgistan erkundeten, legten das Epos Ende des 19. Jahrhunderts erstmals schriftlich nieder und übersetzten es. Die UNESCO erklärte 1995 zur Feier des 1000-jährigen Jubiläums zum ›Jahr des Manas‹. In Bischkek wird ein schöner Band mit markanten Illustrationen des deutschstämmigen Künstlers Theodor Herzen verlegt. Auch haben viele kirgisische Opern und Filme den Manas als Vorlage.

Als bekanntester kirgisischer Schriftsteller hat Čingis Ajtmatov seine Heimat weit über ihre Grenzen bekanntgemacht. Seine in mehr als 90 Sprachen übersetzten Erzählungen über die Schicksale der verschiedensten Menschen erfüllen die einsam scheinende Bergwelt Kirgistans mit Leben. Berühmt wurde er mit ›Dschamilja‹, einer Liebesgeschichte.

Weniger bekannt ist der Uighure Israil Ibragimov, der über das Schicksal seines Volkes – einer Minderheit in Kirgistan – schreibt.

Film

Die Entstehung des kirgisischen Films geht auf die Jahre nach dem Zweiten Weltkrieg zurück. Damals wurde überwiegend sowjetische Propaganda gedreht. In den 60er Jahren nahm die kirgisische Filmkunst eine zunehmend eigenständige Richtung, als Filmemacher nach ihrer Ausbildung in Russland in die Heimat zurückkehrten und dort typische und wichtige Themen verarbeiteten. Der heute bekannteste kirgisische Regisseur Aktan Abdykalykov fand mit seinen Filmen ›Beškempir‹ und ›Majmyl‹ internationale Anerkennung.

Eine der wenigen ausländischen Produktionen, die in Kirgistan gedreht wurden, ist der Film ›Wo der Himmel die Erde berührt‹ von Frank Müller. Sein Thema sind die Auswirkungen der Goldförderung am Pass Kum-Tor auf die traditionelle Lebensweise der Menschen und die Umwelt.

Musik

Die Kirgisen singen und musizieren gern. Die kirgisische Musik wird in Instrumentalmusik (küü) und Lieder (ir) getrennt. Sie verfügt über eine deutliche Tonartbasis und ihr fehlt das, was westliche Hörer als orientalische Spur empfinden würden. Die Texte haben vornehmlich betrachtenden Charakter. Beinahe jeder Kirgise kann ein Lied komponieren, indem er einfache Reime mit einer typischen

Komus-Spielerin

Volksmelodie verbindet. Gesungen und gespielt wird meist einstimmig; Chöre und Ensembles kamen erst mit der Kollektivierungs-Sucht der Sowjetunion auf. Traditionell ist aber die Demonstration von virtuosem Spiel und mit dem Instrument vollführten Kunststücken, ohne dass die Melodie unterbrochen wird.

Kirgisische Musikinstrumente sind, wie für die Gebrauchsgegenstände von Nomaden üblich, einfach gestaltet und leicht. Die Komus ist ein dreiseitiges Zupfinstrument, das solo oder als Begleitinstrument für Lieder gespielt wird. Die Temir komus (eiserne Komus) ist eine Maultrommel. Das zweisaitige Streichinstrument Kil kyjak hat die Form einer Kelle und wird aus einem Stück Holz geschnitzt; der Klangkörper ist mit Kamelhaut bespannt. Blasinstrumente sind die Flöte ›oor‹, ein der Ocarina ähnliches Instrument aus Ton namens ›čopo čoor‹ und lange Fanfaren (Surnai, Kernai), deren Schmettern vornehmlich auf Schlachtfeldern erklang, heute aber nur noch Feste begleitet.

Träger der traditionellen Musik Kirgistans sind die Akyne – das Wort bezeichnet Volkssänger, die sowohl überlieferte Lieder singen als auch geschickte Improvisatoren sein müssen. Die Akyne genießen hohes Ansehen. Da die Überlieferung mündlich geschah und improvisierte Lieder naturgemäß spontan und ständig anders vorgetragen werden, ist von den Werken auch berühmter Akyne meist weniger übrig als von ihrem Ruf.

Klassische Musik im westlichen Sinne entwickelten kirgisische Komponisten in enger Anlehnung an das russische Vorbild.

Kunsthandwerk

Die kirgisische Kunst war früher beschränkt auf das Kunsthandwerk, bei dem aus den Produkten der Nomadenwirtschaft stammende Gegenstände gefertigt wurden, die nicht nur rein dekorative Funktion, sondern auch einen praktischen Nutzen hatten, wie zum Beispiel die traditionellen Filzteppiche.

Es gibt zwei verschiedene Arten von Filzteppichen: Šyrdak und Ala Kyjys. Für die Herstellung eines Šyrdak werden zwei verschiedenfarbige dünne Matten aus Wollfilz aufeinandergelegt und dann die Motive durch beide Lagen hindurch ausgeschnitten. Die Stücke werden wie ein Puzzle zusammengesetzt und und auf einer einfarbigem Filzunterlage vernäht. So entstehen immer zwei Teppiche mit demselben Muster, nur mit umgekehrter Farbanordnung.

Für einen Ala Kyjys wird eingefärbte Wolle in eine lockere Filzgrundlage eingelegt. Diese wird in eine Matte aus Federgras eingerollt und gewalkt, bis sich die Fasern zu einem dichten Teppich verfilzt haben. Das Muster wirkt anders als beim Šyrdak etwas verschwommen. Auf den Teppichen ist die kirgisische Ornamentik am vielseitigsten zu sehen. Das wichtigste Motiv ist der Kokar – ein stylisiertes

Widdergehörn. Werden die Hörner in einer Linie angeordnet, entsteht ein ›Kyjal‹ (bedeutet Traum oder Phantasie) genanntes Musterband.

Im kargen Nomadenleben wurde alles verwendet, bis es weggeworfen werden musste. Daraus entstand die Verwendung von Stoffresten zu Patchwork, ›Kurak‹ genannt. Im Norden Kirgistans vernähen die Frauen größere Stücke als im Süden, wo auch feinere Stoffe verwendet werden.

Čij ist eine Matte mit Nationalmustern oder Bildern aus den Halmen des Federgrases. Die Bilder entstehen, indem die einzelnen Halme mit Wollfäden umwickelt werden. Čijs bilden manchmal die Eingangstür einer Jurte.

Auf fast allen Materialien werden Stickereien gefertigt – auf Stoffen wie auch Leder. Auf kirgisisch heißt diese Handarbeit ›Saima‹.

Zur Aufbewahrung von Flüssigkeiten wurden Ledergefäße benutzt – zum Teil in aufwendigen Formen zusammengenäht und geprägt mit kirgisischen Mustern. Kleinere Exemplare findet man heute in den Souvenirläden.

In traditionelle Kleidung gewandete Kirgisen sieht man heute nur noch auf Volksfesten. Fast jeder Mann trägt aber – im Sattel sitzend oder zum Anzug – die Kalpak, einen weichen Hut aus dickem weißem Filz, mit althergebrachten Mustern bestickt. Die Kalpak ist ein Abbild der Jurte, durch das zum Ausdruck kommt, dass die Jurte dem Kirgisen nicht nur ein buchstäbliches Dach über dem Kopf ist, sondern ein Symbol für die Geborgenheit des heimischen Herdes. Dieses Symbol heißt ›ak orgo‹ – weiße Jurte. Auch Präsident Akaev zeigt sich auf offiziellen Fotos oft mit dem kirgisischen Filzhut.

Die Jurte, das traditionelle runde Filzzelt der zentralasiatischen Nomaden, ist seit Jahrhunderten von der Mongolei bis ans Kaspische Meer in Gebrauch. Sie wird von einer Konstruktion aus einem rundum laufenden Scherengitter, ähnlich einem Jägerzaun, und vierzig gebogenen Stangen gestützt, die von einem runden Einsatz in der Dachmitte zusammengehalten wird – dem Tündük, der auf der kirgisischen Flagge zu sehen ist. Meistens wird für das Gerüst Birkenholz verwendet, das man zur besseren Haltbarkeit mit roter Farbe streicht. Von außen werden Filzmatten auf das Gestell gelegt und mit Gurten festgespannt. Den Tündük bedeckt ein Filzstück, das mit Schnüren geöffnet und geschlossen werden kann, je nach Witterung und wenn der Rauch des Kanonenofens abziehen muss. Das Filzzelt ist meistens grau und heißt auch so: ›bos ui‹ bedeutet ›graues Haus‹. So sieht die Jurte aber nur von außen aus, innen ist sie mit bunten Teppichen und gewebten Bändern, die die rote Lattenkonstruktion stabilisieren, geschmückt. Auf der Rückseite, gegenüber dem Eingang werden Truhen mit der Habe der Familie, Teppiche und Decken zum sogenannten ›Džuk‹ gestapelt. Ein hoher Džuk aus schönen Teppichen und anderen Handarbeiten ist der Stolz der Kirgisin. Vor dem Džuk ist der Ehrenplatz für Gäste. Ist die Familie unter sich, sitzt dort das Familienoberhaupt. Rechts vom Eingang ist die Frauenhälfte der Jurte – hier lagern

Eine Familie baut ihre Jurte auf

Geschirr und Haushaltsgeräte. Der linke Teil ist den Männern vorbehalten. Dort bewahrt der Familienvater Zaumzeug und Jagdgerät auf.

In der Jurte wird gekocht, gearbeitet und geschlafen. Etwa einen Monat braucht ein Meister zu ihrer Herstellung, etwa 25 Jahre hält sie, bevor sie erneuert werden muss. Selbst Stadtbewohner bauen heute noch Jurten auf, vor allem wenn es wichtige Anlässe zu feiern gilt – die Geburt eines Kindes, die Geburtstage von Eltern oder das Begräbnis von Verwandten. Sie ist somit das Zentrum des Lebens eines jeden Kirgisen – sein Geburtsort, sein Heim und der Ort, an dem die Familie von ihm beim Tod Abschied nimmt.

Malerei

Diese Kunstrichtung kam erst im 20. Jahrhundert nach Kirgistan, denn die traditionellen Kunststile waren Handarbeiten, bei denen schöne und gleichzeitig praktische Dinge entstanden. Die ersten bekannten kirgisischen Maler studierten deshalb auch in Sankt Petersburg und Moskau. Während der Sowjetzeit stand die Malerei im Dienst des Sozialismus, und es war gern gesehen, wenn ein Künstler Traktoren, Weizenfelder und Bauarbeiter als Allegorien auf den Kommunismus malte. Häufig wurden auch mythologische oder folkloristische Motive gewählt.

Einer der heute bekanntesten Maler Kirgistans ist der deutschstämmige Theodor Herzen, der eine Übersetzung des Epos Manas illustriert hat.

Essen und Trinken

Die traditionelle kirgische Küche entstammt dem Nomadenleben und ist gekennzeichnet durch eine begrenzte Anzahl von Zutaten, einfache Zubereitung und Kalorienreichtum. Wichtig sind Teigwaren (Brot und Nudeln) und Fleisch. Die Zutaten bleiben weitgehend naturbelassen, und Gewürze sollen den Eigengeschmack nur abrunden. Die Speisen sind recht fett. Trotz der wechselvollen Geschichte Kirgistans und der Zuwanderung verschiedenster Völker ist die kulinarische Palette nicht sehr weitgefächert. In Bischkek aber kann man koreanisch essen, bekommt Spaghetti und Steaks, und in Karakol am Issyk-Kul wird die Küche der aus China zugewanderten Dunganen zubereitet.

Traditionell kirgisisch ist ein Eintopf mit breiten Bandnudeln und Fleisch, der Bešbarmark heißt – ›Iss mit den fünf Fingern‹!

Rezept (für vier bis sechs Personen):

500 Gramm Fleisch (Lamm, Kalb oder Pferd)
250 Gramm breite Bandnudeln
150 Gramm tierisches Fett
2 Zwiebeln
3 bis 4 Knoblauchzehen
1 bis 2 grüne Paprika
Lorbeer, Pfeffer, Salz, scharfe Paprika

Getrocknete Köstlichkeiten

Zwei Liter kaltes Salzwasser mit Fett aufkochen, Fleisch ins kochende Wasser geben und garen, danach in kleine Stücke schneiden. Brühe durchseihen, 0,5 Liter beiseitestellen. Fett kleinschneiden. In der restlichen Brühe die Nudeln kochen. In der beiseitegestellten Brühe das kleingeschnittene Gemüse eine Viertelstunde kochen. Fleisch, Nudeln und Soße auf einem großen Teller anrichten, das Fett darauflegen.

Für den Ausländer ist wichtig zu wissen, dass für die moslemischen Kirgisen die linke Hand unrein ist; man sollte also mit ihr nicht essen, Speisen annehmen oder weiterreichen.

Seinen Hunger kann man auf den Märkten schnell im Stehen bei Schaschlik-Bratern, mit gefüllten Teigtaschen oder ofenheißem Fladenbrot stillen. Gerade Schaschlik (Шашлык) ist allgegenwärtig: Kleine Spieße aus Hammelfleisch, abwechselnd mit in Stücke geschnittenem Fettschwanz auf Spieße gesteckt und gegrillt. Das in die Glut tropfende Fett verbrennt mit starkem Qualm und Geruch, so dass man einen Schaschlikbrater nicht lange zu suchen braucht.

Schaschlik ist ein populärer Imbiss

Schmackhaft ist eine Čučuk (Чучук) genannte Kochwurst aus Schlachtresten und Pferdefleisch, die kräftig mit Kreuzkümmel gewürzt ist.

Aus gesalzenem Quark werden tischtennisballgroße Kugeln namens Kurt (Курт) gerollt, die auch in Usbekistan überall verkauft werden und wie Fetakäse schmecken.

Mit Sauerrahm isst man maultaschenähnliche Manty (Манты), die in Fleischbrühe gegart werden.

Beliebt sind verschiedene Gemüsesalate und Süßwasserfisch. Diese Gerichte werden in Restaurants auch oft nach russischem Rezept zubereitet.

Vor allem an Festtagen wird das in ganz Zentralasien verbreitete Reisgericht Plov serviert. In einem halbkugelförmigen Eisenkessel von der Größe eines Taufbeckens schmoren Reis, Hammelfleisch, Kichererbsen, Möhren und Zwiebeln in reichlich Öl und Fett.

Zu jedem Essen wird Fladenbrot gereicht. Tabu als Speisen für einen Kirgisen sind Schweine- und Eselsfleisch sowie Blut.

Das traditionelle Hirtengetränk Kymys (das Wort bedeutet ›Silber‹) bekommt man auf dem Land fast überall, am frischesten auf den Bergweiden. Es wird aus Stutenmilch hergestellt (der einzigen Milch, die bei Gärung nicht gerinnt), die in einem Schlauch aus Schaf- oder Fohlenleder einen Tag lang vergoren und dabei immer wieder umgerührt wird. Quark setzt sich ab, der Kymys schwimmt oben. Bei der Fermentierung wird das Getränk leicht alkoholisch und läßt sich zu Arak destillieren.

Kleiner Sprachführer

Das kyrillische Alphabet:

	Aussprache	Transliteration	Transkription	engl. Transkription
а	›a‹ in ›Vater‹	a	a	a
б	›b‹ in ›Ball‹	b	b	b
в	›w‹ in ›Wasser‹	v	w	v
г	›g‹ in ›gut‹, in den Endungen -его und -ого ›v‹	g	g	g
д	›d‹ in ›dort‹	d	d	d
е	›je‹ in ›jeder‹	e	e	e
ё	jo‹ in ›Joch‹, immer betont	ë	jo	yo
ж	›j‹ in ›Journal‹	ž	sch	zh
з	›s‹ in ›Rose‹ (stimmhaft)	z	s	z
и	›i‹ in ›Ritus‹	i	i	i
й	kurzes ›j‹	j	i	y
к	›k‹ in ›Kamm‹	k	k	k
л	›l‹ in ›Wall Street‹	l	l	l
м	›m‹ in ›Milch‹	m	m	m
н	›n‹ in ›Natur‹	n	n	n
о	›o‹ in betonten, ›a‹ in unbetonten Silben		o	o
o				
п	›p‹ in ›Post‹	p	p	p
р	rollendes Zungenspitzen ›r‹	r	r	r
с	›s‹ in ›das‹ (stimmlos)	s	s	s
т	›t‹ in ›Tisch‹	t	t	t
у	›u‹ in ›gut‹	u	u	u
ф	›f‹ in ›falsch‹	f	f	f
х	vor a,o,u wie ›ch‹ in ›acht‹, vor i,e,ř,ja, ju wie ›ch‹ in ›ich‹	ch	ch	kh

	Aussprache	Transliteration	Transkription	engl. Transkription
ц	›z‹ in ›Zar‹	c	z	ts
ч	›tsch‹ in ›Tscheche‹	č	tsch	ch
ш	›sch‹ in ›Schule‹	š	sch	sh
щ	im vorderen Mundbereich ausgesprochener, etwas längergezogener ›sch‹-Laut	šč	schtsch	shch
ъ	sog. ›hartes Zeichen‹, wird nicht ausgesprochen		–	
ы	dumpfer, im hinteren Mundbereich ausgesprochener ›i‹ -Laut, fast wie ›üi‹	y	y	y
ь	sog. ›weiches Zeichen‹, vorhergehender Konsonant wird im vorderen Mundbereich ausgesprochen	'	entfällt	entfällt
э	›e‹ in ›Ernte‹	ė	e	e
ю	›ju‹ in ›Junge‹	ju	ju	yu
я	›ja‹ in ›Januar‹	ja	ja	ya

Sprachführer Russisch

deutsch	russisch [Transliteration bzw. Aussprache]

Allgemeine Wendungen

Guten Tag!	Добрый день! [Dóbryj den']
Hallo!	Привет! [Privét]
Guten Morgen!	Доброе утро! [Dóbroe útro]
Guten Abend!	Добрый вечер! [Dóbryj véčer]
Gute Nacht!	Спокойной ночи! [Spokójnoj nóči]
Auf Wiedersehen!	До свидания! [Do svidánija]
Tschüß!	Пока [Poká]
Wie heißt du?/Wie heißen Sie?	Как тебя зовут?/Как Вас зовут? [Kak tebjá zovút?/Kak Vas zovút?]

Ich heiße …	Меня зовут … [Menjá zovút …]
Danke!	Спасибо! [Spasíbo]
Bitte!	Пожалуйста! [Požálujsta!]
Ja	да [da]
Nein	нет [net]
Sprechen Sie deutsch/englisch? по–немецки/по–английски?	Говорите ли Вы [Govoríte li Vy po-nemécki/po-anglíjski?]
Ich verstehe nicht.	Я не понимаю. [Ja ne ponimáju.]
Hast du …/Haben Sie …?	У тебя есть …/У Вас есть …? [U tebjá est' …/U Vas est' …?]
Wie geht es dir/Ihnen?	Как твои/Ваши дела? [Kak tvoí/Váši delá?]
Wo wohnst du?/Wo wohnen Sie?	Где ты живёшь?/Где Вы живёте? [Gde ty živëš'?/Gde Vy živëte?]
Gute Reise!	Счастливого пути! [Sčastlívogo putí]

Orientierung

Sagen Sie bitte, wo ist …?	Скажите пожалуйста, где находится …? [Skažíte požálujsta, gde nachóditsja …?]
Entschuldigen Sie, wie komme ich zu …?	Извините, как мне попасть к …? [Izviníte, kak mne popást' k …?]
Bahnhof	вокзал [vokzál]
Haltestelle	остановка [ostanóvka]
Abfahrt	отправление [otpravlénie]
Ankunft	прибытие [pribýtie]
Bus	автобус [avtóbus]
Sammeltaxi	маршрутный такси [maršrútni taxí]
Post	почта [póčta]
Geschäft, Laden	магазин [magazin]
Bank, Sparkasse	банк, сберкасса [bank, sberkássa]
Hotel	гостиница [gostínica]
Botschaft	посольство [posól'stvo]
Krankenhaus	больница [bol'níca]
Apotheke	аптека [aptéka]
ich habe Durchfall	у меня понос [u menjá ponós]
ich muß mich übergeben	у меня рвота [u menjá rvotá]
Arzt	врач [vrač]
Zahnarzt	зубной врач [zubnój vrač]
Brücke	мост [most]

Kirche	церковь [cérkov']
Kloster	монастырь [monastýr']
Straße	улица [úlica]
Platz	площадь [plóščad']
Tankstelle	бензоколонка [benzokolónka]
Toilette	туалет [tualét]
rechts, nach rechts	право, направо [právo, naprávo]
links, nach links	слева, налево [sléva, nalévo]
geradeaus	прямо [prjámo]
hier	здесь [zdes']
dort	там [tam]
neben	возле [vózle]
hinter	за [za]
Eingang	вход [vchod]
Ausgang	выход [východ]

Im Geschäft, Laden

Ich möchte ...	Я хочу... [Ja choču...]
Was kostet das?	Сколько это стоит? [Skól'ko ėto stóit?]
Zeigen Sie mir bitte ...!	Покажите мне пожалуйста ...! [Pokažíte mne požálujsta ...!]
Geben Sie mir bitte ...!	Дайте мне пожалуйста ...! [Dájte mne požálujsta ...!]
Abteilung	отдел [otdel]

Im Restaurant oder Café

Frühstück	завтрак [záftrak]
Mittagessen	обед [objéd]
Abendessen	ужин [úžin]
Die Speisekarte bitte!	Меню, пожалуйста! [Menju, požálujsta!]
Ich möchte zahlen.	Я хочу заплатить. [Ja choču zaplatít'.]
Bringen Sie bitte ...!	Принесите, пожалуйста ...! [Prinesíte, požálujsta ...!]
Vorspeisen	закуски [zakúski]
Erster Gang (Suppe)	первое (суп) [pérvoe (sup)]
Zweiter Gang	второе [vtoróe]

Nachspeise	десерт [desért]
Brot	хлеб [chleb]
Kartoffeln	картошка [kartóška]
Fisch	рыба [rýba]
Fleisch	мясо [mjáso]
Rindfleisch	говядина [govjádina]
Lammfleisch	баранина [baránina]
Huhn	курица [kúrica]
Käse	сыр [syr]
Obst und Gemüse	фрукты и овощи [frúkty i óvošči]
Aprikosen	абрикосы [abrikósy]
Honigmelone	дыня [dynja]
Wassermelone	арбуз [arbúz]
Weintrauben	виноград [vinográd]
Reis	рис [ris]
Salz	соль [sol]
Brot	хлеб [chleb]
Mineralwasser	минеральная вода [minerál'naja vodá]
Wein	вино [vinó]
Bier	пиво [pívo]
Tee mit Zitrone	чай с лимоном [čaj s limónom]
schwarzer/grüner Tee	чёрный/зелёный чай [čórni/zeljóni čaj]
Kaffee mit Milch und Zucker	кофе с молоком и сахаром [kófe s molokóm i sácharom]
groß	большой [bolšój]
klein	маленький [málenkij]

Zahlen

eins	один [odín]
zwei	два [dva]
drei	три [tri]
vier	четыре [četýre]
fünf	пять [pjat']
sechs	шесть [šest']
sieben	семь [sem']
acht	восемь [vósem']
neun	девять [dévjat']
zehn	десять [désjat']

elf	одинадцать [odínadcat']
zwölf	двенадцать [dvenádcat']
dreizehn	тринадцать [trinádcat']
vierzehn	четырнадцать [četýrnadcat']
fünfzehn	пятнадцать [pjatnádcat']
sechzehn	шестнадцать [šestnádcat']
siebzehn	семнадцать [semnádcat']
achtzehn	восемнадцать [vosemnádcat']
neunzehn	девятьнадцать [devjatnádcat']
zwanzig	двадцать [dvádcat']
hundert	сто [sto]
tausend	тысяча [týsjača]

Zeitangaben

Wie spät ist es?	Который час? [Kotóryj čas?]
heute	сегодня [segódnja]
gestern	вчера [včerá]
morgen	завтра [závtra]
Stunde	час [čas]
am Morgen	утром [útrom]
am Tag	днём [dnjom]
am Abend	вечером [véčerom]
nachts	ночью [nóčju]
Woche	неделя [nedélja]
Monat	месяц [mésjac]
Jahr	год [god]
Montag	понедельник [ponedél'nik]
Dienstag	вторник [vtórnik]
Mittwoch	среда [sredá]
Donnerstag	четверг [četvérg]
Freitag	пятница [pjátnica]
Sonnabend	суббота [subbóta]
Sonntag	воскресенье [voskresén'e]

Sprachführer Kirgisisch

Die Lingua franca unter den vielen Völkern Kirgistans ist zwar Russisch. Je entlegener die Gegend und je jünger der Gesprächspartner, desto nützlicher (und netter) sind aber ein paar Worte Kirgisisch.

Begrüßung

Guten Morgen/Guten Tag/ Guten Abend	Саламатсызбы [Salamatsyzby]
Willkommen!	Кош келиниздер [Koš kelinizder]
Wie geht's?	Кандаи турасыз [Kandai turasyz]
Danke,…	Ыракмат [Yrakmat,…]
…gut.	якшы […jakšy]
…nicht schlecht.	яман эмес […jaman emes]
…es geht so.	эптеп-септеп […eptep-septep]
Wie heißen Sie?	Атынгыз ким? [Atyngyz kim?]
Mein Name ist…	Меним атым [Menin atym…]
Aus welchem Land kommen Sie?	Сиз каисы мумлекеттен келдиниз? [Siz kaisy mumleketten keldiniz?]
Ich/Wir kommen aus …	Мен/Биз…келдим/келдик [Men/Biz…keldim/keldik.]
Freut mich.	Абдан кубанытумум [Abdan kubanytumun]
Nehmen Sie Platz!	Отурунгуз [Oturunguz]
Danke.	Ыракмат [Yrakmat]
Auf Wiedersehen.	Кош бол [Koš bol]
Alles Gute!	Ак шол [Ak žol]
Entschuldigung!	Кечирип коюнгуз [Kečirip kojunguz]
Es tut mir leid.	Окунуштумун [Okunuštumun]
gut	якшы [jakšy]
schlecht	яман [jaman]
ehrenvolle Anrede für einen alten Mann (wörtlich ›Weißbärtiger‹)	Аксакал [Aksakal]
respektvolle Anrede für einen Mann (wörtlich ›älterer Bruder‹)	Агай [Agaj]
respektvolle Anrede für eine Frau	Байбиче [Bajbiče]

Orientierung

Wie komme ich…?	…кантип барса болот? [...kantip barsa bolot?]
zum Theater	Театрга [Teatrga…]
zum Platz	Аыантка [Ayantka…]
ins Zentrum	Центрга [Centrga…]
zum Museum	Мусейге [Musejge…]
zum Busbahnhof	Автовоксалга [Avtovokzalga…]
Wo ist das/der nächste…?	Эн якын … каисы ерде? [En jakyn… kaisy jerde?]
Hotel	меыманканага [meymankanaga]
Restaurant	ресторан [restoran]
Postamt	пошта [počta]
Telefon	телефон [telefon]
Zeitungskiosk	газета киоску [gazeta kiosku]
Café	кафе [kafe]
Imbiss	тез тамак ери [tez tamak jeri]
Taxistand	такси токточу [taksi toktoču]
Geschäft	дукон [dukon]
Dorf	айл [ajl]
Straße	куча [kuča]
Festung, Grabhügel	курган [kurgan]
Bewässerungsgraben	арык [aryk]
Ich habe mich verlaufen.	Мен адашып калдым [Men adašyp kaldym.]

Im Restaurant

Was für Getränke haben Sie?	Ичкенге емне бар? [Ičkenge emne bar?]
Die Speisekarte bitte.	Менуну берип коюнгузчу. [Menunu berip koyunguzču.]
Die Rechnung bitte.	Шотту берип коюнгузчу. [Šottu berip koyunguzču.]
Nationalgericht (wörtlich: fünf + essen = iss mit den Fingern)	бешбармак [bešbarmak]
Fleisch	эт [et]
Fisch	балык [balyk]
Brot	нан [nan]
saure Sahne	каймак [kajmak]

leicht alkoholisches Getränk aus vergorener Stutenmilch	кымыс [kymys]
Apfel	алма [alma]

Im Hotel

Ich brauche ein Zimmer für eine Person.	Мага бир кишилик номер керек. [Maga bir kišilik nomer kerek.]
…zwei Personen.	ага эки кишилик номер керек. [Maga eki kišilik nomer kerek.]
Was kostet es pro Nacht?	Номер дин бир суткалык баасы канча турат? [Nomerdin bir sutkalyk baasy kanča turat?]
Wie ist meine Zimmernummer?	Каисы номер? [Kaisy nomer?]

Zahlen

eins	бир [bir]
zwei	эки [eki]
drei	ууч [uuč]
vier	турт [turt]
fünf	беш [beš]
sechs	алты [alty]
sieben	джети [džeti]
acht	сегиз [segiz]
neun	тогуз [toguz]
zehn	оон [oon]
elf	оон бир [oon bir]
zwölf	оон эки [oon eki]
zwanzig	жыйырма [žyjyrma]
dreißig	отуз [otuz]
vierzig	кырк [kyrk]
fünfzig	элуу [eluu]
sechzig	алтымыш [altymyš]
siebzig	джетимыш [džetimyš]
achtzig	сексен [seksen]
neunzig	токсон [tokson]
hundert	жуз [žuz]

zweihundert	эки жуз [eki žuz]
tausend	минг [ming]

Farben

schwarz	кара [kara]
weiß	ак [ak]
rot	кызыл [kyzyl]
blau/grün	кок [kok]
gelb	сары [sary]
bunt	ала [ala]

Häufig in geographischen Namen vorkommende Wörter

Berg, Gebirge	тоо [too]
See	кул/кел [kul/köl]
Wasser	суу [suu]
Fluss	сай [saj]
Pass	арт [art]
warm/heiß	ысык [ysyk]
groß	чон [čon]

Besondere Wörter

Stange mit Roßschweif neben Gräbern	бунчук [bunčuk]
genähter Filzteppich	шырдак [šyrdak]
gewalkter Filzteppich	ала кыйыс [ala kyjys]
Reiter	джигит [džigit]
Adler	беркут [berkut]

Bischkek ist sicherlich eine der sympathischsten Hauptstädte Mittelasiens. Der nahegelegene Issyk-Kul-See gilt als das Meer der Kirgisen

Bischkek und der Issyk-Kul

Bischkek

Wer sich ehemals sowjetische Städte als deprimierende, gesichtslose Ansammlungen von Plattenbauten vorstellt, wird von den Hauptstädten der zentralasiatischen Republiken angenehm überrascht sein. Vielleicht die symphatischste ist Bischkek (Biškek/Бишкек), das ehemalige Frunze. Die Stadt liegt in Sichtweite der Kungej-Alatoo-Gipfel auf etwa 800 Metern Höhe an den Flüssen Alamedin und Ala-Arča. Durch schmale Gräben, sogenannte Aryks, fließt Schmelzwasser entlang der Straßen, spendet Kühle und bewässert zahllose Alleen und Parks. Diese sind so allgegenwärtig, dass Bischkek von weitem eher wie ein Park mit einigen Gebäuden erscheint als wie eine Stadt mit Grünflächen. 100 Quadratmeter Grün pro Einwohner sorgen auch im heißen Sommer für ein erträgliches Klima.

Das Zentrum wird von einem Gitternetz breiter, schattiger Boulevards durchzogen, die Plätze mit Denkmälern und markanten öffentlichen Gebäuden miteinander verbinden. Deren Architektur ist zwar eindeutig sowjetisch und wird von Beton dominiert, vereint aber traditionelle Elemente und moderne Bauweise zu einem typischen Stil. Bis auf einige Repräsentationsbauten im russischen Kolonialstil (wie Operntheater und Parlament) trifft man auf wenig Altes.

Die Wohnviertel Bischkeks wirken mit ihren einstöckigen Häusern und üppigen Gärten geradezu ländlich; besonders gemütlich sind die der Russlanddeutschen, deren Häuser wie Datschen im Hexenhäuschen-Stil aussehen. Wenn sich auch moderne Werbung im Stadtbild breitmacht, bewahren noch etliche Denkmäler etwas sowjetische Atmosphäre: Lenin, Dseržinski, Frunze und nicht zuletzt Marx und Engels thronen wie eh und je auf ihren Sockeln – allerdings incognito, die Namensschilder wurden entfernt.

Wer aus Taschkent oder Almaty kommt, merkt, dass man es hier etwas gemächlicher als bei den großen Nachbarn angehen lässt. Kein Wunder bei einer Stadt, die so zum Flanieren einlädt wie Bischkek. Über die Herkunft ihres Namens gibt es ebenso viel Rätselraten wie über den der Kirgisen. Die Sogder sollen diesen Ort bereits gekannt und Peschagach (Ort am Fuß der Berge) genannt haben. Eine andere Variante lautet Beschbek, was ›Fünf Ritter‹ bedeutet.

1825 gründete hier der Kokander Khan ein Fort, als er das Siedlungsgebiet der Kirgisen allmählich eroberte. 1863 wurde es von den Russen eingenommen, die eine Garnison einrichteten. 1878 wurde die Siedlung Pischpek gegründet, als der Gouverneur des Siebenstromlands Kolpakovsky entschied, alle Verwaltungs- und Regierungsbehörden von Tokmak hierher zu verlegen. Der Grund für diesen Schritt war, dass sich hier wichtige Straßen kreuzten: aus Werny (dem heutigen Almaty), aus Karakol am Issyk-Kul, aus Naryn und Taschkent, der alte Karawanenweg aus Kashgar in China und aus dem Ferganabecken.

Kolpakovsky entwarf bereits im selben Jahr Pläne für den Aufbau einer Hauptstadt, auch wurden die ersten Straßen entsprechend benannt: Tserkovnaja (Kirchenstraße), Sudejskaja (Gerichtsstraße), Kupečeskaja (Kaufmannsstraße), Gospitalnaja und Basarnaja.

Umgesetzt wurden diese Pläne ab 1895 vom ersten gewählten Bürgermeister – dem Russen Ilja Fedotovič Terentev. Er war ein Wirtschaftsmagnat und prägte die bis heute bestehende Struktur der Stadt: die Straßen wurden begradigt und mehrere Parks, Boulevards und Gärten angelegt, so zum Beispiel der heutige Erkindik-Boulevard und der Eichenpark. In seinem eigenen Garten baute Terentev das erste zweistöckige Haus Bischkeks. Außerdem wurde dort Hopfen gezüchtet, für dessen Qualität der Bürgermeister unter anderem sogar auf der Pariser Weltausstellung im Jahr 1900 mit einer Medaille ausgezeichnet wurde. Gutes Bier kennt man in Kirgistan also nicht erst, seitdem es das ›Steinbräu‹ gibt.

Pischkek hieß der Ort bis 1926, als ihn die Sowjets umbenannten nach Michail Frunze – dem hier geborenen russischen General, der im Bürgerkrieg Chiwa und Buchara einnahm und die Bolschewikenmacht gegen die Basmatschen (zentralasiatische Rebellen) festigte. In Bischkek leben offiziell etwa 700 000 Menschen aus 48 Nationalitäten, inzwischen könnte es aber auch eine Million sein. Seit der Unabhängigkeit ist die Zahl der Stadtbewohner um etwa ein Viertel gewachsen.

Sehenswürdigkeiten

Bischkek ist übersichtlich angelegt: die zwei Hauptboulevards kreuzen sich in der Stadtmitte, in der näheren Umgebung liegen die wichtigsten Einrichtungen und die für Touristen interessantesten Anlaufpunkte. Die übrigen Straßen verlaufen jeweils parallel und bilden ein gleichmäßiges Raster. Dies erleichtert zwar die Orientierung, aber Achtung: nicht nur die Stadt selbst, sondern auch viele Straßen wurden umbenannt. Mit einer Stadtkarte, die noch aus Zeiten der UdSSR stammt, wird man sich nicht mehr zurechtfinden. Auch werden die russischen Straßennamen zunehmend durch kirgisische ersetzt, dieser Prozess ist jedoch noch nicht abgeschlossen. Die ehemalige ulica Sovjetskaja ist heute in drei unterschiedlich benannte Abschnitte unterteilt: vom Südende bis zur Lev Tolstoj Köčösü heißt sie Baityk Baatyr Köčösü, von der Lev Tolstoj k. bis zum Ču-Kanal Abdyrahmanov Köčösü und vom Ču-Kanal bis zum Nordende Baku Köčösü. Der Čui-Prospekt, der sich von Westen nach Osten durch das gesamte Stadtzentrum zieht, trägt den Namen Čui Prospektisi.

Die grüne Stadt besitzt fünf Kultur- und Erholungsparks, darunter einen Eichenpark mit Skulpturen kirgisischer Bildhauer, elf Waldparks, zahlreiche öffentliche Gärten und zwei Boulevards.

Beeindruckend ist das Denkmal für den Großen Vaterländischen Krieg auf dem Siegesplatz – eine Frauenfigur, die das ewige Feuer hütet, überspannt von drei Bögen. Diese stellen die Stützen des Kuppeldachs einer Jurte dar. Beim Tod eines Familienmitglieds wird aus der Jurte eine Stütze entfernt. Dass bei dem Denkmal von vierzig Bögen nur drei übriggeblieben sind, soll den enormen Blutzoll verdeutlichen, den auch das kirgisische Volk im Kampf der Sowjetunion gegen die Wehrmacht erbringen musste. Das ›ewige‹ Feuer wird heute nur noch zu besonderen Anlässen entzündet. Doch immer noch ist dies ein Platz, an dem Hochzeitspaare sich fotografieren lassen und Blumen niederlegen.

Etliche Restaurants und Cafés (inzwischen sogar Internet-Cafés) säumen die breiten Hauptstraßen im Zentrum, ebenso Geschäfte. Einkaufen kann man auch gut auf den Märkten. Der Oš-Basar ist der größte Markt in Bischkek. Er liegt drei Kilometer westlich vom Zentrum an der Ecke Kievskaja/Beiöenalieva und ist täglich geöffnet. Angeboten wird hier alles von Nahrungsmitteln über Kosmetika und Kleidung bis zu Autoteilen. Koreaner, Chinesen und Russen bieten hausgemachte Salate und andere Spezialitäten an. Wer ein kirgisisches Souvenir sucht, findet hier zum Beispiel weiße Filzhüte und Teppiche.

Vor der Weiterreise nach Kasachstan kann man sich auf dem Alamedin-Basar in der Nähe des östlichen Busbahnhofs mit Reiseproviant eindecken und die letzten kirgisischen Som gegen kasachische Tenge tauschen.

Legende

1 Siegesplatz
2 Oš-Basar
3 Westlicher Busbahnhof
4 Alamedin-Basar
5 Östlicher Busbahnhof
6 Museum für Nationalgeschichte
7 Museum der schönen Künste
8 Frunze-Museum
9 Tourismusministerium (mit Info)
10 Aaly-Tokombaev-Gedenkmuseum
11 Eichenpark
12 Nationales Opern- und Ballett-Theater
13 Staatliches Akademisches Dramentheater
14 Philharmonie
15 Russisches Dramentheater
16 Geologisches Museum
17 Žirgal-Bäder
18 Neue Moschee
19 Bahnhof
20 Zentrales OVIR-Büro
21 Hauptpost
22 Kaufhaus Betastores
23 Aychurek-Kaufhaus (ehemals Univermag)
24 Panfilov-Park
25 Hotel ›Ak-Saj‹
26 Hotel ›Dostuk‹
27 ›Hyatt Regency Bishkek‹
28 ›Business Center Hotel‹

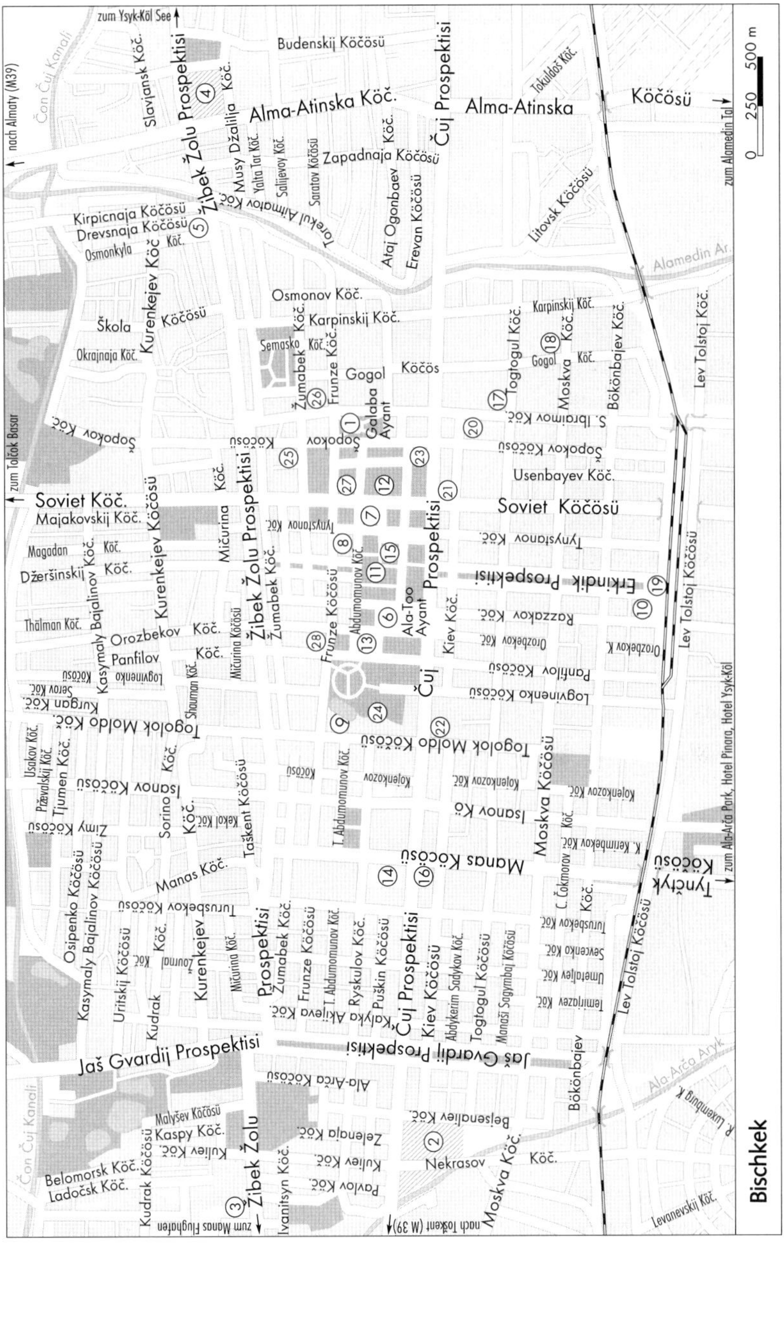
Bischkek
zum Ysyk-Köl See
nach Almaty (M39)
zum Tolčok Basar
zum Manas Flughafen
nach Taškent (M 39)
zum Alamedin Tal
zum Ala-Arča Park, Hotel Pinara, Hotel Ysyk-Köl
0 250 500 m
Čon Čuj Kanali
Alamedin Ar.
Ala-Arča Aryk
Alma-Atinska Köč.
Alma-Atinska Köčösü
Budenskij Köčösü
Slavjansk Köč.
Žibek Žolu Prospektisi
Čuj Prospektisi
Musy Džalilija Köč.
Yalta Tar Köč.
Salijevoy Köč.
Saratov Köčösü
Zapadnaja Köčösü
Ataj Ogonbaev Köč.
Erevan Köčösü
Torekul Aitmatov Köč.
Tokuldoš Köč.
Litovsk Köčösü
Kirpicnaja Köčösü
Drevsnaja Köčösü
Osmonkyla Köč.
Kurenkejev Köč.
Škola Köčösü
Okrajnaja Köč.
Osmonov Köč.
Karpinskij Köč.
Semasko Köč.
Žumabek Köč.
Frunze Köč.
Gogol Köčös
Galaba Ayant
Togtogul Köč.
Moskva Köč.
Bökönbajev Köč.
Lev Tolstoj Köč.
S. Ibraimov Köč.
Sopokov Köč.
Sopokov Köčösü
Usenbayev Köč.
Soviet Köč.
Soviet Köčösü
Majakovskij Köč.
Magadan Köč.
Džeršinskij Köč.
Thälman Köč.
Kasymaly Bajalinov Köč.
Mičurina Köč.
Mičurina Köčösü
Tynystanov Köč.
Erkindik Prospektisi
Abdumomunov Köč.
Frunze Köčösü
Ala-Too Ayant
Kiev Köč.
Razzakov Köč.
Orozbekov Köč.
Panfilov Köč.
Panfilov Köčösü
Logvinenko Köčösü
Shauman Köč.
Serov Köč.
Kurgan Köč.
Togolok Molo Köč.
Togolok Molo Köčösü
Usakov Köč.
Prževalskij Köč.
Tjumen Köč.
Isanov Köčösü
Isanov Kö.
Kojenkozov Köč.
Sorino Köč.
Kekol Köč.
Taškent Köčösü
Zimy Köčösü
Osipenko Köčösü
Kasymaly Bajalinov Köčösü
Manas Köč.
Manas Köčösü
T. Abdumomunov Köč.
Moskva Köčösü
C. Čokmorov Köč.
K. Kerimbekov Köč.
Tynčtyk Köčösü
Turusbekov Köčösü
Uritskij Köčösü
Žournal Köč.
Kudrak Köčösü
Ryskulov Köč.
Puškin Köčösü
Kiev Köčösü
Abdykerim Sadykov Köč.
Togtogul Köčösü
Manaši Sagymbaj Köčösü
Sevčenko Köč.
Umetaliev Köč.
Temirljazev Köč.
Kalyka Akijeva Köč.
Jaš Gvardij Prospektisi
Bökönbajev
Ala-Arča Köčösü
Malyšev Köčösü
Kaspy Köč.
Kuliev Köč.
Belomorsk Köč.
Ladočsk Köč.
Zelenaja Köč.
Pavlov Köč.
Bejsenaliev Köč.
Nekrasov Köč.
Moskva Köč.
Ivanitsyn Köč.
Levanevskij Köč.
R. Luxemburg K.

Wer sich für die Weiterreise von Bischkek ein eigenes Auto zulegen will, könnte auf dem Kudai Bergen-Basar fündig werden, wo vom russischen Geländewagen bis zum aus Deutschland hierher überführten Minibus alles angeboten wird, was vier Räder hat. Fast alle Fahrzeuge sind gebraucht, da Verkäufer wie potentielle Käufer meist über eher bescheidene Mittel verfügen. Das Auto zuzulassen dürfte einen für Ausländer aber an den Hürden der Bürokratie scheitern. Wer sein Reisevehikel auf den Straßen Kirgistans verschlissen hat, kann es möglicherweise

In Bischkek trifft man außer Kirgisen viele Angehörige der anderen Nationalitäten des Landes

auch hier losschlagen – was bei uns auf dem Schrott landen würde, wird in Kirgistan noch jahrelang gefahren. Auch hier gilt, sich zuerst über die Vorschriften (Zoll) kundig zu machen!

Museen

Museum für Nationalgeschichte: Dieses Gebäude war einst das Lenin-Museum und ist in einem für die Sowjetzeit repräsentativen Architekturstil gehalten. Auf dem Ala-Too-Platz davor steht ein großes Lenin-Denkmal. Auch wurde ein Stockwerk so belassen, wie es war – ungestört von kritischen Anmerkungen kann sich der Besucher in eine noch nicht so weit zurückliegende Zeit zurückversetzen lassen, die auch zur Geschichte des Landes gehört. Eine moderne Parallele sind die Säle, die Präsident Akaev und seinen politischen Aktivitäten gewidmet sind; dort kann man auch besichtigen, was Staatsoberhäupter einander bei Besuchen so schenken. Zwei Stockwerke wurden von den alten Exponaten geräumt, die Ausstellung stellt mit Funden die vorsowjetische kirgisische Geschichte und die der Seidenstraße dar. Neben einer Jurte ist eine sehenswerte Sammlung verschiedenartiger Volkskunst zu bewundern. Leider sind die Beschriftungen nur in Russisch und Kirgisisch, man kann sich aber einen Führer nehmen, der Englisch oder Deutsch spricht. Das Museum hat ein gutes Souvenirgeschäft. Zweimal im Jahr verkaufen Frauen aus Naryn hier Handarbeiten aus Filz, für welche diese Stadt bekannt ist. Ala-Too-Platz, Di bis So 10 bis 13 Uhr und 13.30 bis 18 Uhr. Eintritt für Ausländer: etwa 1 US-Dollar.

Museum der schönen Künste: Im Kunstmuseum befindet sich eine recht gute Gemäldesammlung: Portraits aus dem 19. und 20. Jahrhundert, Bilder vom Nomadenleben, aber auch viel ›Sozrealism‹. Schön hergerichtet ist die Halle, die traditionellem Kunsthandwerk gewidmet ist. Neben einer Jurte sind dort Taschen und Teppiche ausgestellt, die vom Geschick der Hände kirgisischer Stickerinnen und Teppichnäherinnen zeugen. Neben all diesen einheimischen Kunstwerken gibt es einen Saal mit Reproduktionen griechischer, römischer und ägyptischer Skulpturen. Baytin Baatyra (frühere Sovjetskaja) 196, Di bis So 9 bis 17 Uhr, Fr 10 bis 16 Uhr. Letzter Einlass eine Stunde vor Schluss. Eintritt für Ausländer: ungefähr 2 US-Dollar.

Museum der Kunstakademie: Eine Sammlung von Skulpturen des berühmtesten kirgisischen Bildhauers Tinibek Sadykov. Zu seinen Werken zählen das Manas-Denkmal vor der Philharmonie, das Revolutionsdenkmal und das gewaltige Ensemble auf dem Siegesplatz.

Frunze-Museum: Das Haus, in dem Michail Frunze 1885 zur Welt kam, wurde nach seinem Tod zu einem Museum umgebaut. Frunze, von der Volkszugehörig-

Nationalmuseum mit dem Lenindenkmal

keit her ein Moldavier, diente als General der Roten Armee im sowjetischen Bürgerkrieg und unterwarf endgültig die zentralasiatischen Rebellen, die sich gegen die Bolschewiken aufgelehnt hatten. Er starb 1925 in Moskau bei einer von Stalin angeordneten Magenoperation. Ein Jahr später wurde die Hauptstadt der Kirgisischen Republik nach ihm benannt. Eine kleine Abteilung des Frunze-Museums beschäftigt sich mit der Geschichte Bischkeks. Da auch hier die Erläuterungen nur in Russisch gehalten sind, benötigt der sprachunkundige Besucher einen Führer. Ecke Frunze/Razzakova, Di bis Fr 9 bis 17 Uhr, Sa und So 9 bis 16 Uhr. Eintritt für Ausländer: ungefähr 1 US-Dollar.

Aaly-Tokombaev-Gedenkmuseum: Ebenfalls ein zu einem Museum umgebautes Haus. Aaly Tokombaev (geboren 1904) war einer der Begründer der kirgisischen Literatur. Er war ein Barde, Dichter, Schriftsteller und Komponist und widmete sich der Übersetzung vieler russischer und westeuropäischer Literaturwerke ins Kirgisische. Auch schrieb er das Volksepos Manas nieder. Tokombaev, der fließend alle drei Schriften beherrschte, die im Laufe der Zeit für Kirgisisch verwendet wurden (arabische, lateinische und schließlich kyrillische Buchstaben) legte eine einheitliche Schreibweise für die kirgisische Sprache fest – die erst wenige Jahrzehnte zuvor überhaupt erstmals schriftlich niedergelegt worden war. Er starb 1988. Aus seinem Wohnhaus wurde mit Unterstützung von Präsident Akaev im Jahr 1995 ein Museum.

Es liegt in der ersten Seitenstraße, die oberhalb des Bahnhofs nach links vom Prospekt Erkindik abgeht. Bokonbaev Köčösü, Mo bis Fr 9 bis 17 Uhr, Sa 9 bis 14 Uhr, So geschlossen. Eintritt für Ausländer: ungefähr 1 US-Dollar.

Zoologisches Museum: Einige ausgestopfte Vögel, Säugetiere sowie konservierte Reptilien und Insekten geben einen Überblick über die Fauna Kirgistans. Puškin Köčösü 78, Mo bis Fr 10 bis 17 Uhr. Eintritt: ungefähr 0,25 US-Dollar.

Geologisches Museum: Das Geologische Museum liegt im Inneren des Staatlichen Geologischen Instituts. Die Ausstellung umfasst Gesteine aus ganz Kirgistan und einige große Bergkristalle sowie Exponate zum Bergbau. Prospekt Čui 14, Mo bis Fr 9 bis 12 Uhr und 13 bis 17 Uhr. Besuch nur nach Voranmeldung. Eintritt frei.

Mineralogisches Museum: In diesem kleinen Museum sind einige sehr schöne Kristalle und Mineralien zu bewundern. Prospekt Erkindik 1, Mo bis Fr 9 bis 15.30 Uhr. Eintritt frei.

Auch einige Galerien lohnen einen Besuch:

Galerie der Künstlervereinigung Kirgistans: In einer ehemaligen orthodoxen Kirche im Eichenpark sind Gemälde, Grafik, Schmuck, Puppen und Handarbeiten zu besichtigen und zu erwerben.

Saimalytaš: Hier gibt es Töpferarbeiten und Reproduktionen der 3000 Jahre alten Felszeichnungen von Saimaly Taš. Die Galerie befindet sich im ›Dom Družby‹ (Haus der Freundschaft) neben dem Eichenpark.

Asia: Im Gebäude der Künstlervereinigung werden Bilder (Öl, Grafik, Aquarelle) und Andenken angeboten. Hinter dem Gebäude liegt ein Hof, in dem man Künstlern bei der Arbeit zusehen kann. Man findet es an der Ecke Prospekt Čui/Erkindik.

Erkindik Kunstgalerie: Im Zentrum des Eichenparks verkaufen Künstler unter freiem Himmel ihre Werke selbst.

Im Kunstzentrum Kyjal auf dem Oš-Basar verkaufen kirgisische Künstlerinnen schöne Handarbeiten.

Staatliches Komitee für Tourismus und Sport, Togolok Moldo 17, 720033 Bischkek, Tel. +996/33 12/22 06 57, Fax 212845.

Nationales Opern- und Ballett-Theater: wer Verdi, gegeben von kirgisischen Sängerinnen und Sängern oder eine kirgisische Oper erleben will, bekommt hier für wenig Geld ein exotisches Schauspiel geboten, Baytin Baatyra Köčösü (ehemalige Sovjetskaja) 167.
Staatliches Akademisches Dramentheater: Vorführungen in Kirgisisch, häufig Stücke von Čingis Ajtmatov, Panfilov Köčösü 273.
Philharmonie: westliche und kirgisische Orchestermusik, ab und zu Folkloreaufführungen. Besonders lohnend sind Auftritte des Ensembles Kambarkan.
KyrGosPhilharmonija, Ecke Čui

Prospektisi/Manas Köčösü, Čui Prospektisi 253, Tel. +996/312/21 22 62.

Hotel ›Ak-Saj‹, Čumabek Köčösü 117, Tel. 26 14 65.
Hotel ›Dostuk‹, Frunze Köčösü 429b, 720044 Bischkek, Tel. +996/312/28 42 51. Fax +996/312/28 44 66. Am Stadtrand mit guter Aussicht auf Stadt und Berge. Doppelzimmer ab etwa 60 US-Dollar.
›Business Center Hotel‹, Panfilov Köčösü 237, 720044 Bischkek, Tel. +996/312/22 25 85, Fax +996/312/22 28 43. Nahe dem Parlament. Äußerlich nicht als Hotel erkennbar, aber freundliche Zimmer. Doppelzimmer ab etwa 70 US-Dollar.
Hotel ›Issyk-Kul‹, prospekt Manas 301, Tel. +996/312/55 07 46, -63, 45 83 47, Fax +996/312/550785, www.issyk-kul.elcat.kg, e-mail: bosteriyeva@exnet.kg. Großes Hotel am südlichen Stadtrand, in der Nähe des Ala-Arča-Nationalparks. Doppelzimmer 83 US-Dollar.
›Hyatt Regency Bishkek‹, Baytin Baatyra Köčösü (ehemals Sovietskaja) 191, 720011 Bischkek, Tel. +996/312/66 12 34, Fax +996/312/66 57 44, e-mail: concierge@hyatt.kg, www.bishkek.hyatt.com. Einzelzimmer ab 135 US-Dollar.
Hotel ›Pinara‹, prospekt Mira 93, 720044 Bischkek, Tel. +996/312/54 01 43, -4, -5, Fax +996/312/54 24 08, 54 23 65, 54 24 04, e-mail: pinara@elcat.kg. Einzelzimmer ab 90 US-Dollar, Doppelzimmer ab 105 US-Dollar.
HOMESTAY, Unterbringung in Privatwohnungen, auf Wunsch mit Beköstigung (10 bis 20 US-Dollar pro Tag). Tel. +996/312/28 11 32, Mobiltelefon: +996/502/57 69 82, kein Fax, www.homestay.net.kg, e-mail: homestay@infotel.kg. Vermittelt auch Unterkünfte in Čolpon-Ata am Issyk-Kul-See.

›Adriatico‹, Prospekt Čui 219, Tel. 21 76 32. Der Italiener von Bischkek an der Flaniermeile der Stadt. Speisen, sehen und gesehen werden.
›Lotos‹, Šukejev/Pudovkin Köčösü, 7. Mikrorayon, Schaschlik, nach Nomadenart auf dem Holz des Saxaul-Strauchs gegrillt.
›Navigator Bar‹, Moskva/Razzakov Köčösü, Tel. 66 51 51. Hier trifft sich das schicke Bischkek. Internationale Küche (u. a. Steaks, auch vom Schwein) und Drinks. Die richtige Adresse für einen guten Cappuccino. Gelegentlich Live-Jazz.
›Nautilus‹, Razzakov Köčösü 55, Tel. 66 28 86. Angeblich das

Das Wasser im Hochgebirge ist glasklar
Esel auf der Bergweide; traditionelle Bauweise: Holzgerüst mit Lehmziegeln

Kodak
Kodak

Lieblingsrestaurant von Staatspräsident Akaev. Wie der Name vermuten läßt, gibt es auf der international gehaltenen Speisekarte auch Fischgerichte.
›The Pub‹, Prospekt Čui 168a, Tel. 21 76 65. Der Ausländertreff der Stadt.
›Santa Maria‹, Prospekt Čui 217, Tel. 21 24 84. Für ein koreanisches Restaurant ein etwas seltsamer Name – aber die Küche stimmt. Nach dem Essen kann man zum Karaoke-Mikrofon greifen.
Biergarten ›Steinbräu Bischkek‹, Gercen 5/Gogol Köčösü, Tel. 29 38 81. Frisch gezapftes Bier (verschiedene Sorten) und bayerische Kost, unter anderem ofenfrische Brezn.
›Planet Holsten‹, im Eichenpark. Kaltes Bier und Pizza im Biergarten.
Koreanische Hausküchen: sie sind nicht gleich als Gaststätten zu identifizieren, da in Privathäusern gelegen – hier kocht die Dame des Hauses für zahlende Gäste. Eine Empfehlung: Mederov Köčösü 63.
Restaurants östlich von Bischkek: Wer ein Auto hat, fährt – gerade in der Sommerhitze – gerne zum Essen ins Grüne. An der Straße zwischen Bischkek und Issyk-Kul kann man uighurische Küche probieren, z. B. in den Restaurants ›Arsu‹ und ›Diar‹. Bei Kant lockt ein Restaurant mit einem großen Schild ›Deutsche Küche‹ – wer diese vermisst, kann hier probieren, was man sich in Kirgistan so darunter vorstellt.
Die Restaurants liegen im Vorort Lebedinovka, etwa fünf Kilometer außerhalb der Stadtmitte.
Erreichbar sind sie mit allen Bussen und Sammeltaxis, die in Richtung Tokmak/Issyk-Kul fahren.

Die Umgebung von Bischkek

Wie schon die vom Stadtzentrum aus zu sehenden Berge anzeigen, ist der Weg zu den Naturschönheiten Kirgistans nicht weit. Der Naturpark Ala-Arča, 30 Kilometer südlich von Bischkek, ist einer der höchstgelegenen der Welt: Er beginnt bei 1600 Metern und umfasst die größte der zahlreichen Schluchten in der Gegend sowie die umliegenden Berge mit Wasserfällen und Gletschern. Der Ala-Arča-Naturpark hat seinen Namen von dem hier wachsenden Wacholderbaum, der bis zu 600 Jahre alt wird. Es gibt zahlreiche Möglichkeiten zu Wanderungen oder kurzen Treks und ein Bergsteigercamp. Auf einem Gletscher hoch in den Bergen

Am Fluß Kĕkĕmeren; Friedhöfe liegen meist an Straßen
Bootssteg am Issyk-Kul-See; Bucht am Issyk-Kul in Čolpon-Ata

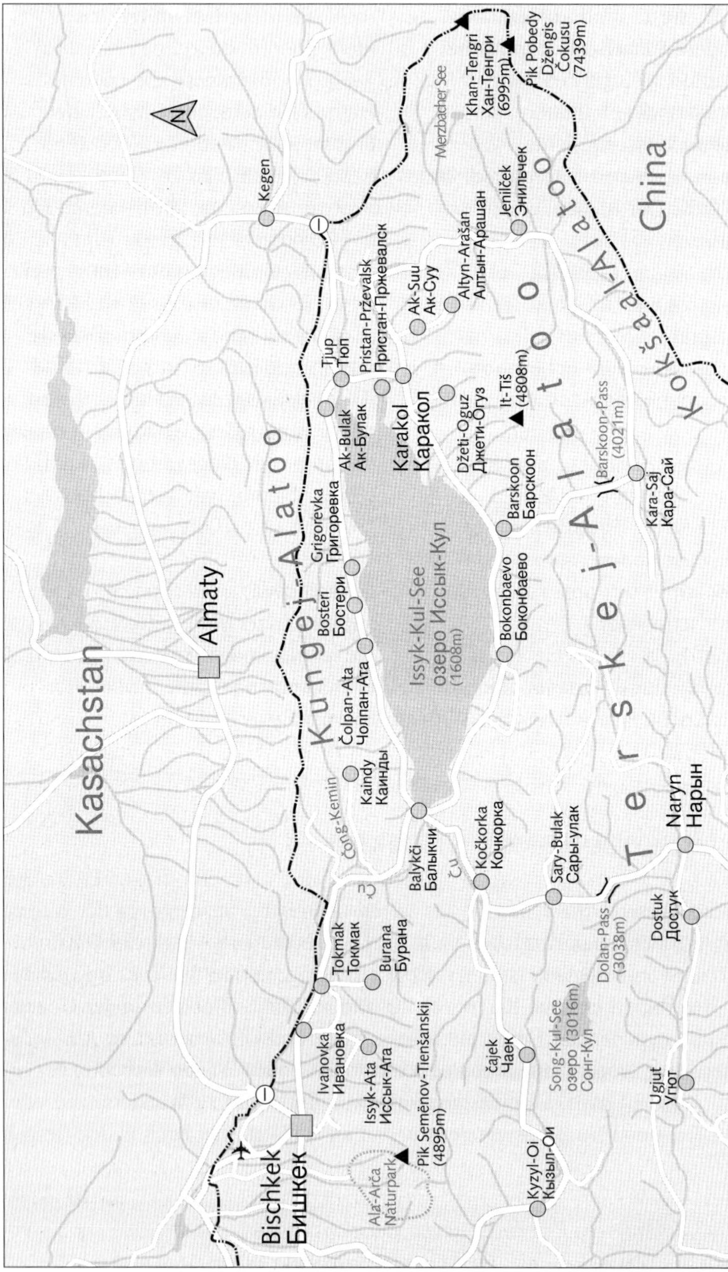

Bischkek und Issyk-Kul-See

kann man sogar im Sommer Ski laufen. Am Zugang wird Eintritt erhoben (Ökosteuer genannt) – pro Person etwa 1 US-Dollar. Am Wochenende ist es hier im Sommer sehr belebt, denn die Schlucht ist ein beliebtes Naherholungsziel.

Der Naturpark Ala-Arča ist mit öffentlichen Verkehrsmitteln nicht besonders gut zu erreichen. Es fahren nur wenige Busse und meistens nicht bis ganz zum Eingang, so dass man vom Endpunkt für den Rest der Strecke ein Taxi nehmen muss. Einfacher ist es, dieses dann gleich für die ganze Distanz von Bischkek aus anzuheuern. Geführte Wanderungen werden von allen in Bischkek ansässigen Reisebüros angeboten. Auf den Gletscher kommt man mit einer Seilbahn, es gibt auch eine Skihütte. Die Kirgisische Kartografische Agentur verkauft eine Karte des Naturparks (1:50 000). Auf dem Gebiet des Parks liegt der höchste Gipfel des Kirgisischen Alatoo, der Pik Semënov-Tienšanskij (4895 Meter).

Der Ort Čon-Taš an einer Straße zwischen den Canyons Ala-Arča und Alamedin markiert die Stelle, an der 1938 die gesamte kirgisische Regierung erschossen wurde. Die Leichen warf man in einen Ziegelofen. 1991, nachdem während der Perestrojka einer der wenigen davon Wissenden die Behörden informiert hatte, wurden die sterblichen Überreste in einem Massengrab beigesetzt. Ein schlichter Gedenkstein erinnert an diese Opfer des Stalinterrors.

45 Kilometer östlich von Bischkek öffnet sich der Canyon Issyk-Ata, der ein Heilbad birgt. Der russische Forscher Semënov bemerkte bei der Quelle eine Buddha-Darstellung und die tibetische Inschrift ›Om-mani-padme-hum‹ und berichtete, der Buddha werde von den Einheimischen, die das heilende Bad genossen hatten, zur Verehrung mit Hammelfett eingerieben. Das Sanatorium Issyk-Ata ist das ganze Jahr über geöffnet und bietet 200 Personen Platz. Die Preise sind niedrig: 8 US-Dollar pro Tag im Doppelzimmer mit Vollpension, Behandlung in Wasser- und Schlammbädern und Nutzung der Schwimmbecken. Behandelt werden Erkrankungen des Bewegungs- und Stützapparats, nervöse Störungen, Haut- und Frauenkrankheiten. Das Buddha-Bild hat einen Ehrenplatz im Hof des Sanatoriums.

Etwa 50 Kilometer östlich von Bischkek liegt Ak-Bešim, wo zwei buddhistische Tempel mit Malereien, Gipsreliefs und Statuen, zum Teil aus vergoldeter Bronze, freigelegt wurden. Ebenso fand man eine fünf mal fünf Meter große nestorianische Kirche, nach den frühen syrischen Bauregeln auf kreuzförmigem Grundriss errichtet. Man vermutet an dieser Stelle das legendäre Sujab, das verschiedenen Völkern als Hauptstadt diente, bevor es von Dschingis-Khan zertört wurde.

70 Kilometer östlich der Hauptstadt liegt der Canyon Kegeti. Dahinter kommt Tokmak – heute eine Industriestadt, im Mittelalter Sitz eines nestorianischen Erzbistums. Im etwa zehn Kilometer entfernten Šamšin-Tal wurde ein reicher skythischer Goldschatz ausgegraben. Hier lag auch die Stadt Burana.

Burana

Das Siebenstromland war seit alters ein Siedlungsgebiet und Machtzentrum nördlich des Tien-Schan. Nur die herrschenden Völker wechselten öfter. Nicht mehr genau feststellen läßt sich die Lage von Sujab, das 748 von den Chinesen und endgültig von den Mongolen zerstört wurde. Weiter östlich, an einem ebenfalls bislang nicht eindeutig festzulegenden Ort, befand sich auch Balasagun, Hauptstadt der Karakhaniden und Geburtsort von Jusuf Has-Hacib, dem Autor des ältesten bekannten Literaturwerkes in türkischer Sprache. In der Nähe liegen die Ruinen der Stadt Burana. Burana liegt 12 Kilometer südlich von Tokmak. Hier gründeten die Karakhaniden, die diese Gegend vom 10. bis 12. Jahrhundert beherrschten, eine ihrer Hauptstädte. Obwohl die Mongolen, die hier unter Dschingis-Khan einfielen, die Stadt nicht zerstörten, wurde sie im 13. und 14. Jahrhundert allmählich aufgegeben und verfiel.

Die ehemalige Siedlung umgibt ein Geviert von Wällen, die sich auf einer Fläche von 570 mal 600 Metern erstrecken. Ihre Höhe beträgt drei bis vier Meter, ursprünglich waren die Wälle einmal acht bis zehn Meter hoch und am Fuß sieben Meter stark. In Steinwurfweite voneinander standen Wehrtürme.

Das Hervorstechendste, was von der alten Stadt übrig geblieben ist, ist der 24 Meter hohe Stumpf eines Minaretts. Der ursprünglich etwa 45 Meter hohe Bau wurde früher als Steinbruch mißbraucht – auf alten Fotos sieht er aus wie eine riesige ausgedrückte Zigarre. Das solide quadratische Fundament reicht 5,6 Meter in die Tiefe. Inzwischen ist die achteckige Basis mit ihren Spitzbögen wieder hergestellt worden, so dass der Turm bestiegen werden kann. Ihn zieren sechs Ornamentbänder aus versetzt gemauerten Ziegeln. Die dazugehörige Moschee ist spurlos verschwunden.

Anderthalb Kilometer südlich stehen auf einem nestorianischen Friedhof Grabsteine mit Kreuzen und türkisch-syrischer Aufschrift.

Ein zehn Meter hoher Hügel mit einer Ausdehnung von 100 mal 100 Meter trug eine Palast- oder Tempelanlage, die schon vor der Stadtgründung existierte. In späteren Zeiten wurde er mit Wohnhäusern bebaut. Ausgrabungen förderten haus- und landwirtschaftliche Geräte, Schmuck und Tongeschirr zutage.

Zu den gefundenen Bauten zählen auch drei Mausoleen aus dem 11. oder 12. Jahrhundert – ein achteckiges und zwei hufeisenförmige. Sie waren wahrscheinlich bis zu 17 Meter hoch; heute sind nur noch die Grundmauern übrig. Hier wurden zahlreiche Gräber entdeckt.

Das Museum neben der Ausgrabungsstätte zeigt Schmuck, Waffen, Felszeichnungen und Artefakte aus dem Gebiet der alten Stadt und der Umgegend. Besonders interessant sind die 80 Balbals – Steinfiguren, die aus dem Ču-Tal, vom Issyk-Kul und anderen Orten Kirgistans stammen. Die Gesichtszüge und Haartracht der Skulpturen sind sorgfältig gestaltet. Da überwiegend Männer dargestellt sind, nimmt man an, dass es Bildnisse getöteter Feinde sind.

Čong-Kemin-Tal

In der Boom-Schlucht mündet der Čong-Kemin in den Ču, aus einem 80 Kilometer langen Tal zwischen den Bergen von Sailiskij und Kungej-Alatoo. Grüne Weiden, ockerfarbene Berge und Pinienwälder bestimmen die Landschaft. Das Čong-Kemin-Tal (Долина Чонг-Кемин), ein Seitental des Ču-Tales, liegt für einen Tagesausflug nahe genug an Bischkek, von Kaindy, einem der Dörfer am oberen Ende des Tals, können aber auch zwei Wanderungen zum Issyk-Kul begonnen werden. Die eine führt flussaufwärts bis zur Einmündung des Ak-Suu, dem man zum Ak-Suu-Gletscher und weiter zum Ak-Suu-Pass folgen muss. Weiter geht es zum ›Großen Almatyer See‹ und hinab zum Ufer des Issyk-Kul nach Grigorievka. Zu UdSSR-Zeiten war dies ein beliebter Trek; mit 120 Kilometern Länge und fünf bis sechs Tagen Dauer und einer Gletscherüberquerung ist er aber erfahrenen Wanderern vorbehalten.

Leichter ist der Übergang über den Kyzyl-Bulak-Pass nach Toru-Aigir (45 Kilometer, zwei Tage). In der Siedlung Ulan bei Toru-Aigir kann man ein Hüttenlager zur Übernachtung nutzen.

In der Boom-Schlucht

Der Issyk-Kul-See

Im Osten birgt Kirgistan seine beeindruckendsten Naturwunder – die höchsten Tien-Schan-Gipfel und den nach dem Titicaca-See in den Anden zweitgrößten Hochgebirgssee der Welt: den Issyk-Kul (Озеро Иссык-Кул). Bevor die Kräfte, die den Tien-Schan auftürmten, in der Kasachensteppe verebbten, schoben sie noch zwei Bergketten in die Höhe. Auf ihren Gipfeln häuften sich Schnee und Eis an, deren Schmelzwasser den tiefen Spalt füllte, der sich zwischen ihnen aufgetan hatte. Auf Landkarten prangt der Issyk-Kul als länglicher blauer Fleck inmitten von Fels und Schnee. Mit 702 Metern ist er der vierttiefste See der Erde. Von der Westspitze aus laufen seine Ufer weit auseinander und finden sich erst nach 180 Kilometern wieder. Der Issyk-Kul misst 60 Kilometer an seiner breitesten Stelle und bedeckt eine Fläche von 6236 Quadratkilometern. Damit ist er elfeinhalbmal größer als der Bodensee. Er liegt in der nach dem Ferganabecken größten Senke des Tien-Schan, dessen Gipfel, die ihn im Norden und Süden einrahmen, selbst im Sommer mit Schnee bedeckt sind. Wenn das Licht der sinkenden Abendsonne auf den See fällt, gleichen die Viertausender einer Platinkrone auf dunkelblauem Samt. Die Schönheit des Issyk-Kul ist der Stolz der Kirgisen; ihnen gilt er als heilig.

Die Mongolen nannten den Issyk-Kul ›Temurtu-Nor‹, ›Eisensee‹, denn sie hatten an einigen Stellen eisenhaltigen Sand gefunden. Fast die Hälfte der 688 Kilometer langen Küste ist Sandstrand, und wenn die hohen Gebirgszüge am anderen Ufer im Dunst liegen, ist die Illusion vollkommen, am Meer zu stehen. Nach der Schwarzmeerküste war dies die größte Badezone der Sowjetunion. Die Nordküste des Issyk-Kul wurde touristisch gut erschlossen, da sie mehr Sonne erhält als das im Schatten der Berge liegende Südufer. Im Durchschnitt scheint hier 2800 Stunden im Jahr die Sonne, und es herrscht das am wenigsten kontinentale Klima im Land, am Seeufer ist es fast maritim. Im Uferbereich ist es etwa 3 bis 5 °C wärmer als in anderen Teilen Kirgistans, die auf gleicher Höhe liegen. Trotz seiner Lage auf 1608 Metern Höhe friert der See nie zu. Seinen Namen trägt er somit zu recht: Er bedeutet ›heißer See‹. Man vermutet, dass warme Quellen am Seegrund das Wasser über dem Gefrierpunkt halten, denn rund um das Ostende sprudelt heißes Wasser aus der Erde, das in Sanatorien genutzt wird.

Der Issyk-Kul war stets ein bevorzugter Ort für Neuansiedler. Im Osten und Westen locken lange vorher fruchtbare Täler in die Senke mit dem fischreichen, das Klima mildernden See, den Wäldern und Weiden, heißen Quellen und Flüssen. 1868 erreichten die ersten russischen Siedler den See und gründeten die Orte am Ostufer. In den folgenden Jahrzehnten stießen Uighuren und Dunganen hinzu, Moslems aus Sinkiang, die vor der Verfolgung durch die Chinesen flüchteten.

Am Issyk-Kul bei Čolpon-Ata

Der Terskej-Alatoo (Терскей Алатоо) – die südlich am See entlang laufende Kette – beginnt schon 100 Kilometer westlich der äußersten Spitze des Sees, nördlich des Song-Kul-Sees. Er gehört zum Rückgrat des Tien-Schan, das insgesamt 1350 Kilometer lang ist, weit im Westen beginnt und in den Siebentausendern gipfelt, die Kirgistan sich mit China teilt. Geschweift wie ein Axtstiel beschreibt er einen leichten Bogen um den Issyk-Kul und strebt östlich seiner Mitte wieder nordwärts, bevor er in einem scharfen Knick nach Südosten zum Massiv des Khan-Tengri anschließt. Sein Granitkamm erreicht am It-Tiš (Ит-Тиш) mit 4808 Metern den höchsten Punkt. Die Vorberge verflachen auf 30 bis 40 Kilometern allmählich zum See hin und sind von Flüssen durchzogen, die im Osten des Tals bewaldete Schluchten, im Westen Terrassen mit Steppen und Wiesen bewässern.

Im Norden riegelt der Kungej-Alatoo (Кунгей Алатоо) den Issyk-Kul gegen die Kasachensteppe ab. Auch er ragt hoch auf – 4770 Meter misst der Čok-Tal (Чок-Тал) im Westen und 4647 Meter der Ešenbulak (Эшенбулак) direkt nördlich der Seemitte.

Im Osten gehen viermal so viele Niederschläge ab wie im Westen, von wo der Wind vorherrschend weht. Er reichert sich mit der vom See aufsteigenden Feuchtigkeit an, die dann, von den Bergen in die Höhe gezwungen, ausfällt. Daher entstehen die beiden größten Flüsse im Becken hier: Tjup und Džergalan.

Mit einem Volumen von 1738 Kubikkilometer ist der Issyk-Kul die größte abflusslose Wassermasse Zentralasiens. 80 Flüsse speisen ihn mit Gletscherwasser, doch keiner verläßt ihn. Deshalb ist das Wasser leicht salzig (5,8 g/Liter).

Große Sorgen macht den Kirgisen, dass giftige Abwässer vom Goldbergwerk Kum-Tor in den See gelangen könnten. Das Bergwerk liegt südlich des Issyk-Kul auf 4400 Metern Höhe am Nordhang der Ak-Šyjrak-Bergkette.

Rund um den Issyk-Kul

Der Weg von Bischkek über Tokmak zum Issyk-Kul führt durch die Boom-Schlucht. Vor langer Zeit mündete der Ču im Westen ebenfalls in den See. Immer tiefer schnitt er die Boom-Schlucht ein, und schließlich kehrte sich die Fließrichtung um – der Seespiegel senkte sich. Uferterrassen und Abbrüche zeigen an, wie hoch er einst stand. Heute besteht zwischen Issyk-Kul und Ču nur noch eine gelegentliche Verbindung, der sechs Kilometer lange Kutemaldy, der sich bei Hochwasser im Ču füllt. Wer nach Zentral-Kirgistan abzweigen will, kann hier eine Abkürzung südwärts nehmen, die am kleinen Stausee Orto-Tokoi vorbei auf die Straße zwischen Issyk-Kul und Landesinnerem führt. Das Orto-Tokoi-Reservoir wurde zur Regulierung des bei der Schneeschmelze stark anschwellenden Ču angelegt. An einem Posten erheben Verkehrspolizisten von Autofahrern ein ›Ökologiesteuer‹ genanntes Eintrittsgeld: Seit 1948 sind der See und ein zwei Kilometer breiter Uferstreifen Naturschutzgebiet. Unter anderem überwintern hier 50 000 Zugvögel – Schwäne, Pelikane, Graugänse und Tauchenten.

Etwas weiter kommt man am westlichen Ortseingang von Balykči an einem Denkmal des russischen Forschers Semënov-Tienšanskij vorbei, der dargestellt

Ausflug hoch zu Kamel am Issyk-Kul

ist, wie er ein Packpferd am Zügel hält. Die Stadt an der Westspitze des Issyk-Kul heißt nach zwei Umbenennungen Balykči. Dies ist die kirgisische Übersetzung des ursprünglichen russischen Namens Rybajče (›Fisch‹, kirgisisch ›Balyk‹, russisch ›Ryba‹). Unmittelbar nach der Unabhängigkeit taufte man sie sie in Issyk-Kul um, in einer russophoben Anwandlung, die jedoch recht halbherzig gewesen sein muss – es geht das Gerücht um, hier seien wahrscheinlich mehr Lenin-Denkmäler stehengeblieben als sonst irgendwo in Zentralasien. Von hier pendeln Fähren ans Ostende des Sees. Essen kann man in Balykči im ›Arivan‹ an der Komsomolskaja Köčösü 139. Wie es sich für ein Provinzrestaurant gehört, sehr schlicht, es gibt aber gute Küche nach koreanischen und russischen Rezepten.

In der Ortschaft Čamči sollte man nach dem Hinweisschild zum Hotel ›Old Castle‹ Ausschau halten. So heißt ein Hotel, das einer Ritterburg nachempfunden ist. Auch wer hier nicht übernachten will, sollte diese Kuriosität, die sich ein Neureicher an den See gebaut hat, besichtigen. Die Straße am Nordufer führt durch langgestreckte Alleen und Dörfer, zwischen denen etliche Pensionate liegen, auf deren Grundstück man Ferienhäuschen mieten oder campen kann. Auf Höhe der Mitte des Sees liegt der Ort Čolpon-Ata (Чолпон-Ата). Der Name bedeutet ›Hüter des Morgensterns‹; so nennen die Kirgisen den Schutzgeist ihrer Schafe. Eigentlich wäre für das Städtchen eher ein sich auf Pferde beziehender Name passend, denn hier liegt die beste Hengstzucht Kirgistans. Auf einem kleinen Basar kann der Reisende Proviant nachladen und sich nach Unterkunftsmöglichkeiten umhören. Es werden Privatzimmer angeboten, inklusive guter Hausmannskost. Die Sandstrände laden zum Baden ein und man kann Ruder- und Segelboote mieten.

Sehenswert ist das Issyk-Kul-Museum, das eine gute Ausstellung historischer und neuer Artefakte aus der Issyk-Kul-Region und dem Ču-Tal bewahrt: skythischen Schmuck, Bronze- und Tontöpfe, Ackerbauwerkzeuge und Balbals (Steinfiguren). Qualitätvoll ist auch die Sammlung von Filz- und Näharbeiten sowie Kleidungsstücken und Musikinstrumenten.

In den Bergen nördlich des Städtchens sind Tierdarstellungen zu besichtigen, die vermutlich von den Skythen in den Fels geritzt wurden. Die beste Tageszeit hierfür ist kurz vor Sonnenuntergang, wenn die Bilder plastisch hervortreten. Eintritt für Ausländer: 1 US-Dollar.

Weiter im Gebirge, schon in Kasachstan, liegen die drei Granitgipfel des Berges Talgar (4878 Meter). Sie gehören zum Zaalajskij-Alatoo, der parallel zum Kungej-Alatoo verläuft und sich hier mit diesem zu einen Gebirgsknoten vereint. Hier liegt das Zentrum des Almaty-Naturschutzgebiets. Nach beiden Seiten erstrecken sich je 50 Kilometer ewiger Schnee, in dem die meisten der 110 Gletscher des Kungej-Alatoo nisten. Der größte ist mit etwa zwölf mal drei Kilometern Ausdehnung der Bogatyr, dessen Name auf Russisch ›Gigant‹ bedeutet. Aus den Gletschern entspringen zwei Flüsse, deren tiefe Schluchten die Ketten trennen.

Auf dem Gelände des Komplexes ›Aurora‹ bei Bosteri

Bei Bosteri steht ein Sanatorium für Bessergestellte, die sich am Issyk-Kul auskurieren wollen. Der Betonkoloss trägt den Namen ›Aurora‹, da er an den Panzerkreuzer erinnert, dessen Kanonenschuss 1917 in Sankt Petersburg die Oktoberrevolution einleitete. Zu dem Komplex gehören eine 47 Hektar große, gepflegte Gartenanlage und ein eigener Strand. Ausländer müssen ihren Aufenthalt in US-Dollar zahlen und sind daher willkommende Gäste. Vollpension gibt es ab etwa 65 Dollar pro Person und Tag (www.issyk-kul.kg/aurora).

Weiter östlich beginnt der 15 Kilometer lange Grigorjevka-Canyon, Endpunkt eines beliebten Wanderwegs zwischen Almaty und Issyk-Kul und geschmückt von einem pilzreichen Nadelwald. Hier befindet sich ein kleines Hotel, das von Čolpon-Ata per Bus zu erreichen ist.

Der östliche Zugang zum Issyk-Kul durch Kasachstan führt durch das Karkara-Tal, einen hervorragenden Weideplatz. Mitte Juni feiern kirgische und kasachische Hirten hier ein mehrtägiges Fest mit Reiterspielen. Bemerkenswert ist ein großer Steinhaufen, der mit dem Feldzug des Erobers Timur nach China in Verbindung gebracht wird: San-Taš (was soviel bedeutet wie ›Steine zählen‹). Als Timur nach Osten aufbrach, ließ er jeden Soldaten vor der Überquerung des Gebirges einen Stein auf den Haufen legen. Die Überlebenden nahmen auf dem Rückweg je einen Stein weg. Was übrigblieb, ist ein Zeugnis für die Gefallenen aus dem Heer des blutrünstigen Herrschers. Vor Tjup kann man links abbiegen (ostwärts) auf die Straße, die den Kungej-Alatoo umgeht und nach Almaty führt.

Tjup (Тюп) ist ein verschlafener Ort mit einem Basar sowie einer bescheidenen Anzahl von Geschäften. In der Nähe soll die Hauptstadt Tschigu der Usunen gelegen haben, die vor 2000 Jahren den Tien-Schan beherrschten. Ausgrabungen am Ufer des Issyk-Kul zeigen an, dass Reste der Stadt am Südufer der Tjup-Bucht zum Teil heute noch unter Wasser erhalten sind.

Am östlichen Ende des Sees beim Dorf Ak-Bulak liegt das Dorf Svetly Mys, was Helles Kap bedeutet. Von den angrenzenden Hügeln ist erkennbar, dass die Straßen des Dorfs ein orthodoxes Kreuz formen. Weil gemäß einer Legende der Apostel Matthäus hier begraben liegt, wurden im Laufe der Jahrhunderte acht Kloster an dieser Stelle gegründet. Viele Gebäude im Dorf sind Überbleibsel eines russisch-orthodoxen Klosters, das bei den Aufständen der Kirgisen gegen die Herrschaft des Zaren 1916 zerstört wurde. Zwei davon – eine Herberge und das Refektorium – hat ein kirgisisches Ehepaar renoviert, das dort auch Touristen bewirtet. Rund um das Dorf liegen Katakomben und unterirdische Priesterzellen, überwiegend mit Schutt gefüllt, zum Teil aber noch zugänglich.

Von hier gelangt man zu einer Ansammlung von in Linien aufgereihten Grabhügeln. Diese Kurgane genannten Kuppen bergen die letzte Ruhestätte skythischer Krieger und Edelmänner. In den Grabkammern von Kurganen in Kasachstan und südlich des Issyk-Kul fanden sich Beigaben in Form von Schmuck, Bronzegefäßen und Waffen. Der großartigste Fund war eine aus über viertausend verzierten Goldplättchen gefertigte Schmuckrüstung. Viele der Kurgane bei Svetly Mys sind noch nicht erforscht. Wer weiß, welche Schätze sich in ihnen verbergen mögen?

Auf der Chaussee am Nordufer des Issyk-Kul

Karakol

Ein Abstecher lohnt sich auch nach Karakol (Каракол), das früher Prževalsk hieß. Die Stadt wurde 1864 von den Kosaken als Garnisonsstadt unter ihrem heutigen Namen gegründet, der ›Schwarze Hand‹ bedeutet – wegen des fruchtbaren Ackerbodens. Karakol hat das typische Aussehen eines russischen Kolonialstädtchens. Nachdem hier der russische Forschungsreisende Prževalskij gestorben war, wurde Karakol zu seinen Ehren umbenannt, was 1993 wieder rückgängig gemacht wurde. 1916 griff die antizaristische Rebellion der Einheimischen im Ferganatal hierher über. Zweitausend Russen wurden gelyncht, was von den Kosaken grausam gerächt wurde.

Die Stadt ist das Verwaltungszentrum des Issyk-Kul-Gebiets und bietet in der Nähe des gut sortierten Marktes (der sich besonders sonntags lohnt) viele weitere Geschäfte, die Lebensmittel, Hausrat und Kunsthandwerk verkaufen. Deswegen und wegen der günstigen Lage ist Karakol ein guter Ausgangspunkt für Erkundungen.

Eine originelle Sehenswürdigkeit ist die dunganische (oder chinesische) Moschee, die wie ein buddhistischer Tempel aussieht. Die Dunganen, chinesische Moslems, hatten sich 1883 hier niedergelassen und die Moschee ganz aus Holz errichtet. Ebenfalls ganz aus Holz ist die russisch-orthodoxe Dreifaltigkeitskirche,

Die russisch-orthodoxe Kirche in Karakol

die 1896 erbaut wurde und in einem Rosengarten liegt. Wie so viele andere wurde dieses Gotteshaus von den Sowjets zweckentfremdet; in diesem Fall zu einer Turnhalle, aber in den neunziger Jahren restauriert.

Südlich von Karakol liegen zwei Ski-Basen, kleine nur im Winter betriebene Hotels – von der oberen kann man zum See Alakul wandern (12 Kilometer), der

Karakol, Zentrum

Legende

1 Dunganische (chinesische) Moschee
2 russisch-orthodoxe Dreifaltigkeitskirche
3 Flughafen
4 Busbahnhof
5 Basar
6 Regionalmuseum
7 Öffentliches Bad
8 Post und Telekommunikation
9 OVIR-Büro
10 Kaufhaus Univermag
11 Puschkin-Park
12 Hotel ›Karakol‹
13 ›Yak Tours Hostel‹
14 Hotel ›Stadion‹

Die dunganische Moschee in Karakol

in der felsigen Einsamkeit des zentralen Tien-Schan liegt. Die Verwaltung der Ski-Basen hat ihren Sitz in Karakol, in der Südecke des Puschkin-Parkes.

Der 4260 Meter hohe Pik Palatka beherrscht das Panorama des Arašan-Tals mit seinen Tien-Schan-Kiefern. In dem Tal, das größtenteils unter Naturschutz steht, entspringen reichlich heiße Quellen, die auch für Heilbäder genutzt werden. In der Siedlung Altyn-Arašan (Алтын-Арашан) gibt es zwei Herbergen, man kann aber auch auf den Bergwiesen campen.

Näher an Karakol liegt das Sanatorium in der Schlucht von Ak-Suu (Ак-Суу). Auch hier kann man in heißem Quellwasser baden. Im gleichnamigen sympathischen Dörfchen mit seinen Holzhäusern und der orthodoxen Kirche kann man auch Vorräte für den Badbesuch aufstocken – hierzulande sind das üblicherweise getrockneter Fisch, Bier und Wodka.

Fünf Kilometer südlich von Karakol liegt der Karakol-Nationalpark mit zwei Schluchten (Karakol und Kaška-Suu), die auch dem Besucher mit wenig Zeit einen repräsentativen Eindruck von der Landschaft des Zentralen Tien-Schan geben. Außerdem kann man sich hier gut unter die Einheimischen mischen – im Sommer ist der Nationalpark ein beliebtes Ausflugsziel. Somit findet man dort auch einfache Cafés und Schaschlik-Bratereien. Von Karakol aus fährt ein Bus in den Nationalpark.

Die Kaška-Suu-Schlucht, die von der Karakol-Schlucht abzweigt, ist schon etwas abseits und bietet sich für Tageswanderungen an.

Östlich Karakols führt der Weg über Teploključenka durch eine großartige Schlucht zu der verlassenen Bergbaustadt Jenilček (Енилчек). Dort füllt eine heiße Quelle ein Bassin, das aber zum Baden nicht zu gebrauchen ist, da kein kaltes Wasser zuläuft. Die Straße beschreibt eine Schleife durch verschachtelte Bergketten, am Fluss Ak-Šyjrak vorbei und über drei Pässe – der höchste davon über 4000 Meter hoch – zurück zum Südufer des Issyk-Kul, nach Barskoon, der ältesten schriftlich bezeugten Stadt am See. Aus diesem heute unbedeutenden Ort stammte Mahmud Al-Kaschgari, der erste türkische Sprachkundler (1008–1105). Er nannte in seinen Werken die Kirgisen als einen der 22 turksprachigen Stämme.

15 Kilometer westlich von Karakol schlängelt sich eine Straße in die Berge zu einer der Hauptsehenswürdigkeiten Kirgistans. Nach zehn Kilometern ist eine Gruppe gerillter roter Felsen mit dem Namen Džeti-Oguz (Джети-Огуз) erreicht. Der Sage nach waren sie sieben (kirgisisch: džeti) wilde Ochsen, die das Land verwüsteten und zur Strafe in Stein verwandelt wurden. Durch Erosion sind es inzwischen eher neun Ochsen geworden. Auf dem Weg kommt man an einem gespaltenen Felsen aus demselben ziegelfarbenen Gestein vorbei, den man das ›Gebrochene Herz‹ (Разбитое Сердце) nennt.

In Karakol: ›Seria House‹, Šopokov Köčösü 34, 722360 Karakol, Tel. +996/39 22/430 16, -560 00 Fax +996/39 22/540 00. Hier hat eine freundliche Kirgisin mit guten Englischkenntnisssen ihr Haus für Reisende geöffnet. Doppelzimmer etwa 8 US-Dollar. Beliebt bei Wanderern ist das ›Yak Tours Hostel‹, Gagarin Köčösü 10, Tel. 569 01, e-mail: Yaktours@infotel.kg. Es bietet auch Gepäckaufbewahrung und Ausrüstungsvermietung an.
Einfach und preiswert ist das Hotel ›Stadion‹.
Das ehemalige ›Intourist‹ heißt jetzt Hotel ›Karakol‹ und bietet Zimmer in verschiedenen Kategorien an, Gebze Köčösü 22.
Eine Karte, auf der sämtliche Unterkunftsmöglichkeiten am Issyk-Kul eingezeichnet sind, findet man im Internet unter www.issyk-kul.com.kg.

Nikolaj M. Prževalskij

Das Denkmal für Nikolaj Prževalskij in Karakol

In Pristan-Prževalsk an der Mihailovka-Bucht steht ein Denkmal für den Forschungsreisenden Prževalskij in einem Park mit seinem Grab, einer kleinen Kapelle und einem Museum. Nikolaj Mihailovič Prževalskij wurde am 12. April 1839 in Smolensk geboren. Sein Vater war Offizier und wollte, dass auch sein Sohn diese Laufbahn einschlug. Prževalskij sah darin eine Chance, zu reisen. Er überzeugte die Russische Geographische Gesellschaft, seine erste Expedition zu finanzieren, die ihn 1867 bis 1869 zum Fluss Ussuri führte. Die hervorragenden Erkenntnisse, die er zurückbrachte, sorgten dafür, dass die Geographische Gesellschaft ihn weiterhin unterstützte und die Armee ihn freistellte – jedoch unter der Bedingung, als erste seine Informationen auswerten zu können. Prževalskij unternahm in den folgenden 15 Jahren vier Expeditionen, die jeweils zwei bis drei Jahre dauerten und ihn nach China, Tibet, in den Tien-Schan und die Mongolei und die Taklamakan-Wüste in Sinkiang führten. Russland wollte ihn über die Mongolei eine Route nach Tibet finden lassen; in Lhasa erhielt der Reisende eine Audienz beim Dalai-Lama. In Sinkiang entdeckte er das kleine Steppenpferd, das nach ihm benannt wurde, heute aber in freier Wildbahn ausgestorben ist.
Während Prževalskij sich in Bischkek auf eine weitere Expedition vorbereitete, ging er auf Tigerjagd am Ču. Er trank aus dem Fluss, erkrankte an Typhus und wurde zur Behandlung nach Karakol gebracht, wo er am 20. Oktober 1888 starb. Wie es sein letzter Wunsch war, wurde er in seinen Expeditionskleidern am Issyk-Kul beigesetzt.
Im Terskej-Alatoo wurde ein Berg nach ihm benannt, der Pik Prževalskij (4159 Meter).

Zentraler Tien-Schan

Das Herz des Tien-Schan liegt zwischen dem See Issyk-Kul und China. Vom See geht es von bewaldeten Tälern mit warmen Quellen über in eine Landschaft, eingeschnitten von gewaltigen Gletschern, im Süden gegen China abgeschirmt durch die längste Bergkette des Tien-Schan (Kokšaal-Too, 582 Kilometer) und seine höchsten Gipfel. Ausländern war der Zugang zum zentralen Tien-Schan lange verwehrt. Hier war ein kaum zu überwachender Punkt des Grenz-Tauziehens zwischen China und der Sowjetunion. Das von Natur aus schwer zugängliche, unnahbare Zentrum ist außer zu Fuß nur mit dem Hubschrauber erreichbar.

Erste europäische Erkundungen wurden im Jahre 1857 von dem Russen Semënov (1827–1914) dokumentiert. Für seine Bemühungen im Auftrag der Russischen Geographischen Gesellschaft wurde der Forscher vom Zaren mit dem Titel ›Tien-Šanskij‹ ausgezeichnet. 1902/03 bereiste Gottfried Merzbacher den Tien-Schan. Nach ihm wurde der See des Jenilček-Gletschers benannt. Professor Gottfried Merzbacher wurde 1843 in eine Münchner Kürschnerfamilie hineingeboren. Er wurde in diesem Beruf so wohlhabend, dass er sich seiner Leidenschaft, dem Alpinismus, widmen konnte. Seine Reisen führten ihn unter anderem in den Kaukasus und nach Zentralasien. Er starb 1926 in München.

Das Zentralmassiv trägt auch den Namen Mustagh, was ›Eisberge‹ bedeutet. Der zweithöchste Gipfel, der 6995 Meter hohe Khan-Tengri (Хан-Тенгри), sieht

Im Zentralmassiv des Tien-Schan

aus wie der große Bruder des Matterhorns. Drei scharfe Grate, an deren Flanken sich mühsam der Schnee klammert, steigen im Zickzack himmelwärts und stoßen zu einer Spitze zusammen, die wie ein Keil die dünne Luft spaltet. Vielleicht inspirierte diese elegante, machtvolle Form zu seinem Namen: ›Herr der Geister‹.

Er wurde 1931 erstmals bestiegen und galt lange als höchster Berg in diesem Gebiet. Spätere Messungen ergaben jedoch, dass dem Khan-Tengri noch fünf Meter zur Krönung mit dem Prädikat ›Siebentausender‹ fehlen – wobei dies nach wie vor umstritten ist und einige die Höhe des Bergs mit 7010 Metern angeben. Immerhin ist er der höchste Berg, der völlig auf kirgisischem Territorium liegt und den das Land sich nicht mit seinen Nachbarn teilen muss. 1938 wurde der durch seine abgedachte Form weniger auffällige Nachbargipfel von drei sowjetischen Alpinisten bezwungen. Sie irrten sich ebenfalls, allerdings umgekehrt – sie dach-

Der Jenilček-Gletscher

ten, dieser Berg sei unter 7000 Meter hoch. Doch sie hatten den nördlichsten Siebentausender der Erde bestiegen; man hatte seine Höhe (7439 Meter) um fast einen halben Kilometer unterschätzt. Pik Pobedy (Пик Победы), Siegesgipfel, wurde er benannt, nachdem die Sowjetunion gegen das Dritte Reich gesiegt hatte. Dieser Name wurde zum Synonym für die größte Herausforderung, die der Tien-Schan Bergsteigern zu bieten hat und die zu Zeiten des Kalten Krieges für viele ein unerfüllter Wunsch blieb. Inzwischen hat das unabhängige Kirgistan seinen höchsten Punkt in Džengiš Čokusu (Дженгиш Чокусу) umgetauft, was dasselbe bedeutet wie in Russisch. Der alte Name des Berges, Kan-Too, bedeutet ›Blutberg‹, was im Zeitalter des Alpinismus angesichts der nicht wenigen Todesopfer eine neue Bedeutung erhalten hat. Von einem Camp, das mit Hubschraubern angeflogen wird, werden im Sommer Wettbergsteigen veranstaltet. Der DAV Summit Club, ein deutscher Reiseveranstalter (siehe Reisetipps von A bis Z), der Besteigungen dieser Gipfel organisiert, verlangt von Teilnehmern Achttausender-Erfahrung, denn in diesen Breiten sind die Bedingungen auch unter 8000 Metern so extrem wie im weiter südlich liegenden Himalaya. Hier trifft die eisige Bergluft auf den Wüstenhauch der Taklamakan – häufig toben Blizzards um die Berge, welche den aufgetürmten Schnee in enormen Lawinen abschütteln.

Um den Fuß des Khan-Tengri legt sich – im Umriß einer Stimmgabel ähnlich – der Jenilček-Gletscher, einer der größten Eisströme außerhalb der Polargebiete. Der nördliche Teil ist 35 Kilometer lang und 203 Quadratkilometer groß, der südliche Teil ist über 58 Kilometer lang und bedeckt 613 Quadratkilometer. Das Eis ist zwischen 20 und 40 Meter dick und bewegt sich im Jahr 200 bis 250 Meter talwärts, sehr viel langsamer jedoch unterhalb des Merzbacher-Sees. Als Folge der Verwitterung durch das Trockenklima sind die unteren 20 Kilometer des Gletschers bis zu 100 Meter hoch mit Felstrümmern bedeckt.

Der Merzbacher See zwischen Nord- und Südjenilček ist ein Phänomen inmitten all dieses gefrorenen Wassers. Er besteht aus einem oberen See, der eisfrei ist, und einem unteren, in dem vom Gletscher weggebrochene Eisbrocken schwimmen. Dieses Tauwasser birst einmal jährlich – in der Regel zwischen dem 10. und dem 20. August – durch den Eisdamm. Anschließend führt der Fluss, der sich aus dem Gletscher speist, drei Tage lang die doppelte bis dreifache Wassermenge.

Im Internet ist eine genaue Karte dieser Region zu finden: www.bielefeldt.de/map_ts_d.htm.

Umgeben von den Gipfeln des Tien-Schan liegt die Ferganasenke, deren Ränder zu Kirgistan gehören. Richtung Norden erreicht man das Čatkal-Tal mit dem Beš-Aral-Naturschutzgebiet. Im Süden erstreckt sich das Alaj-Tal.

Rund um das Ferganatal

Durch das Fergana-Becken

Im Westen spaltet sich der Tien-Schan in zwei Arme, die sich um das Ferganabecken (Ферганская Долина) legen – mit einer Fläche von 22 000 Quadratkilometern die größte Niederung in diesem Gebirge. Bester Ackerboden, viel Wasser und ein warmes, beschirmtes Klima machen sie zu einem natürlichen Gewächshaus, das schon im Altertum eine große Bevölkerung ernährte. Nach der Oktoberrevolution wurde das Ferganabecken der am dichtesten besiedelte Teil der UdSSR, industrialisiert und mit seinem fruchtbaren Land und seinen Arbeitskräften zur Baumwollplantage. Zeitweise produzierte es fast ein Viertel der sowjetischen Ernte des ›weißen Goldes‹. Noch heute ist Usbekistan der drittgrößte Baumwollerzeuger der Welt.

Solche Ernten erzielte man nicht allein aufgrund des günstigen Klimas und des Wasserreichtums. Bis heute werden die Felder getreu sowjetischer Tonnenideologie mit einem Regen verschiedener Chemikalien gedüngt, von Ungeziefer befreit und entlaubt. Dies trägt zusammen mit etlichen Fabriken zur Umweltverschmutzung im Ferganabecken und zur gesundheitlichen Belastung seiner Bewohner bei.

Trotzdem ist dies wahrscheinlich der authentischste Teil Usbekistans, hier entfaltet sich die Garten- und Ackerbaukultur dieses Volkes am besten und ist auf alltägliche Art lebendig – anders und mehr als in den touristischen Aushängeschildern Buchara und Samarkand. Ebenso ist der Islam hier stärker. Besucher spüren dies, wenn man ihnen, den ›Ungläubigen‹, die Besichtigung von Moscheen verweigert und wenn sie die Kühnheit haben, der Hitze im Sommer durch allzu knappe Kleidung zu entgehen – schon kurze Hosen sind im konservativen Ferganatal ein Affront. Auch sind hier seit Mitte der 90er Jahre extremistische Gruppen entstanden, die von der Taschkenter Regierung streng beargwöhnt werden.

Die Ränder der Ferganasenke gehören zu Kirgistan und Tadschikistan. Kurz vor dem Ende der Sowjetunion lag hier der Brennpunkt der Streitigkeiten zwischen den verschiedenen ansässigen Ethnien: 1989 musste im östlichen Teil, dem Kirgistan zugehörigen Oš-Gebiet, die Minderheit der Meßchet-Türken vor marodierenden Usbeken gerettet und evakuiert werden. 1990 brachen blutige Krawalle zwischen Usbeken und Kirgisen aus. Die Berichte hierüber klingen so erschreckend, als entstammten sie der Zeit der Mongoleninvasion, doch braucht der Reisende nichts zu befürchten. Ausländern begegnet man tolerant. Die Menschen leben zusammen, ohne dass Feindseligkeiten zu merken wären; ein friedliches Nebeneinander ist ihnen wichtiger als nachtragender Groll.

Vom Ferganatal ging die letzte Invasion einer örtlichen Macht auf kirgisischen Boden aus. Das usbekische Kokander Khanat versuchte, schon während von Nordwesten das russische Zarenreich immer näher rückte, sich durch Ausdehnung seines Territoriums Halt zu verschaffen. Es gelang dem letzten Khan, bis kurz vor

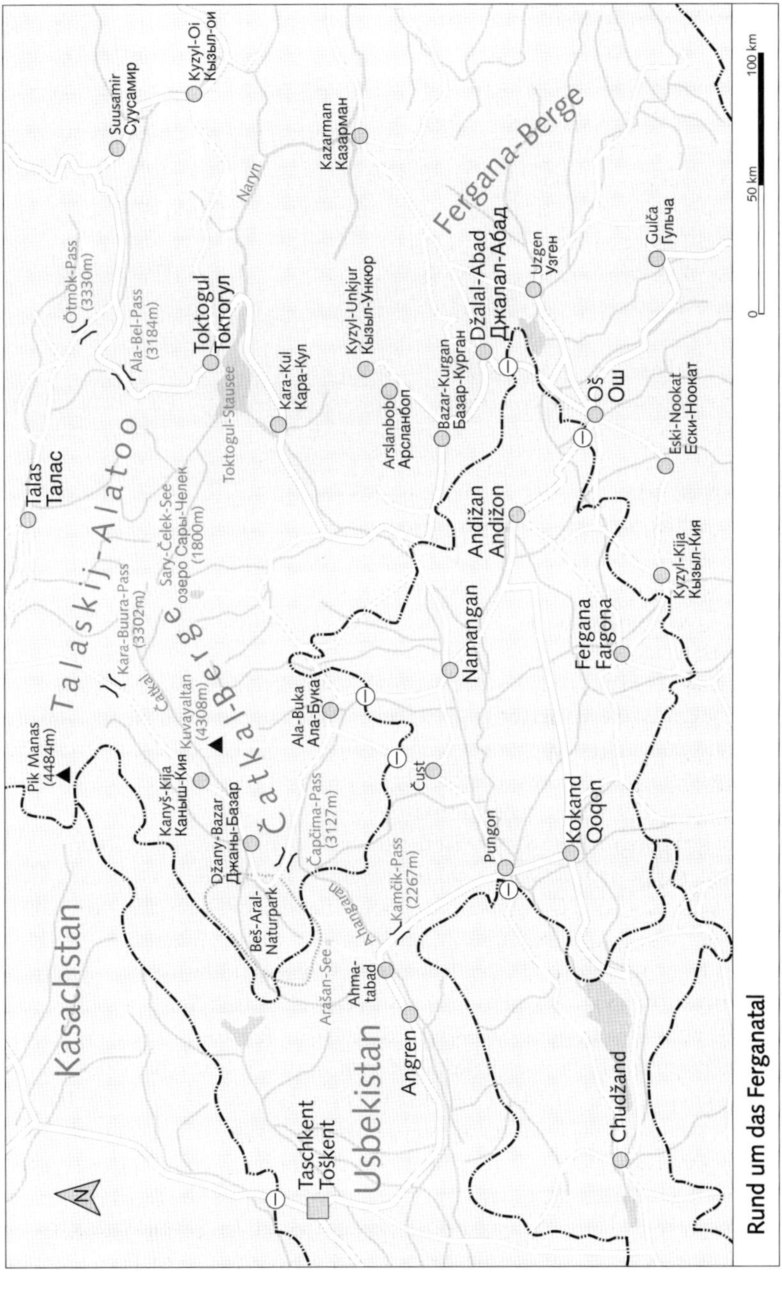

Rund um das Ferganatal

Auf dem Weg zur Teestube im Fergana-Tal

seiner Entmachtung durch die Russen Ende des 19. Jahrhunderts große Teile Kirgistans einzunehmen.

Von dieser Senke stoßen sternförmig viele Straßen ins Gebirge vor. Das Ferganabecken ist wegen seiner Lage ein guter Ausgangspunkt für Reisen, die die Verschiedenheit der Kulturen der zentralasiatischen Völker spürbar machen. Die Abschnitte in diesem Kapitel beschreiben die von hier aus erreichbaren Ziele im Uhrzeigersinn, von Westen beginnend.

Die hier beschriebene Strecke ist für Reisende erläutert, die mit eigenem Fahrzeug unterwegs sind und von Taschkent kommend über das Fergana-Becken nach Kirgistan reisen. Zum Grenzübertritt zwischen den zentralasiatischen Republiken siehe unter ›Reisetipps von A bis Z‹, Stichwort ›Visum und Einreise‹.

Vor dem ›weißen Gold‹, der Baumwolle Ferganas, sieht man zunächst viel schwarzes: Die Industriestadt Angren (Ангрен), eineinhalb Stunden südlich von Taschkent, entstand an einer Stelle, wo sich Kohle im Tagebau gewinnen läßt. Hinter den heruntergekommenen Industrieanlagen, die das Tal zwischen den Gebirgsausläufern einnebeln, klafft wie ein Meteoriteneinschlag ein riesiges Loch. Bagger fressen sich durch die blutrote Erde zur Kohle und beladen damit kolossale Muldenkipper. In dem gigantischen Krater wirken die haushohen Maschinen wie Spielzeug. Wie schwarze Raupen kriechen Frachtzüge hinaus ins Land.

Rasch steigt die Straße empor und zwängt sich in die Schlucht des Flusses Ahangaran, dem der Ausweg durch einen Staudamm versperrt ist. Dem Kontrast zwischen türkisfarbenem Wasser und rostroten Felsen mischen im Frühjahr unzählige gelbe Blüten eine reizende Nuance bei.

Am Straßenrand und vor den Lehmhäusern ihrer malerischen Dörfer sitzen Usbekinnen und verkaufen Fladenbrot, Äpfel und ›Kurt‹. Diese weißen Kugeln aus salzigem getrocknetem Schafsquark sehen wie Tischtennisbälle aus und sind zu kunstvollen Pyramiden gestapelt. Angeblich löscht die scharf schmeckende Spezialität gut den Durst. Die Käufer vergleichen das Angebot fachmännisch, bevor sie sich für die am besten scheinende Ware entscheiden.

Von dieser Strecke bietet sich ein lohnender Abstecher an, für den man zwei Tage einplanen sollte. In Ahmatabad, einem winzigen Bergdorf etwa drei Stunden von Taschkent, mündet ein Fahrweg auf die Straße durch die Schlucht. Er führt ins Gebirge zum See Arašan (Арашан) und der gleichnamigen Quelle, aus der warmes, schwefelhaltiges Wasser sprudelt – Arašan bedeutet ›Heilquelle‹. Der Platz, der im Volksislam der Usbeken als geweiht gilt, ist das Ziel von Pilgerfahrten ganzer Dorfgemeinschaften. Für die 50 Kilometer lange Auffahrt muss man wegen des Zustandes der Piste drei Stunden veranschlagen – nochmals die gleiche Fahrzeit wie für die Strecke bis hierher von Taschkent. Der Weg ist mit tief ausgewaschenen Rinnen, Löchern und Steinen gespickt und durchquert drei Flüsse. Während der Fahrt kann man reizvolle Aussichten über ein Plateau genießen: im Norden die Čatkal-Berge (Чаткальский Хребет), im Süden die 20 Kilometer lange Schlucht des Ahangaran mit bis zu 600 Meter hohen Steilwänden und dahinter die Kuramin-Bergkette (Кураминский Хребет), über welche die Straße ins Ferga-

Usbekinnen verkaufen Kurt, Kugeln aus getrocknetem Schafsquark

nabecken führt. Vom Olivgrün der Hochweiden heben sich die Filzkuppeln der Viehhüter-Jurten wie riesige Pilze ab.

Nachdem man auf der flachen Sandpiste der letzten Kilometer streckenweise ein flotteres Tempo vorlegen konnte, gelangt man an die Hütte des ›Eremiten‹ – ein rüstiger alter Usbeke, dessen gute körperliche Verfassung und erfrischender Humor von der Heilkraft der Quelle zeugen. Am Hang über der Eremitenbehausung fängt ein zementiertes Becken das warme Quellwasser auf. Aus Schicklichkeitsgründen baden die Einheimischen nach Geschlechtern getrennt, und ein paar rostige Bleche sind als Sichtschutz aufgestellt. Wenn sie wieder einmal umgefallen sind, hat man einen weiten Blick über die Hochebene und auf die Berge, der den Genuss des entspannenden Bades abrundet. Zum See muss man kurz vorher nach links abbiegen und den breiten, tiefen Abfluss fuhrten.

Die von Schafen akkurat zum Golfrasen gestutzte Wiese neben dem See ist ein idealer Lagerplatz. Bewohnt wird sie von Erdhörnchen, die neugierig aus ihren Höhlen kommen und zwischen den gelben Blumen geduckt umherhoppeln. Die Wände eines Bergkessels umgeben an drei Seiten den Arašan, der auf 2750 Metern liegt – 1500 Meter über dem Ausgangspunkt dieses Abstechers. Das Wetter ist hier oben launisch und die Temperaturschwankungen sind groß. Nachts ist es wegen der vielen Bergbäche und des eisigen Sees sehr kalt. Außer diesem verbergen sich in der Nähe oberhalb noch drei weitere tiefe, mit kristallklarem Wasser gefüllte Kavernen im Fels. Das Wasser der Bäche, in deren Bett etliche Quellen entspringen, kann hier ohne Bedenken direkt getrunken werden.

Am Arašan-See im usbekisch-kirgisischen Grenzgebiet

Lob auf eine Baumwoll-Rekordernte aus kommunistischen Zeiten

Um vom See zur warmen Quelle zu kommen, die dem Platz ihren Namen gegeben hat, muss man den Abfluss des Sees über eine Betonmauer überqueren. Die Mauerkrone liegt etwa 30 cm tief im eiskalten Wasser, das reißend über dieses Hindernis hinwegströmt. So kann man das heilsame Bad mit Wassertreten verbinden.

Wieder im Tal, wo die Straße ins Ferganabecken den Fluss über eine Brücke überquert und sich zum Pass Kamčik emporwindet, führt eine Piste in den Canyon des Ahangaran. Hinter dem Dörfchen Saridala liegen blumenreiche Almen, auf denen im Sommer Imker ihre Bienenkörbe aufstellen. Es lohnt sich, den würzigen Gebirgshonig auszuprobieren, der entlang der Straße und auf den Basaren der Städte feilgeboten wird.

Der Pass Kamčik (Перевал Камчик, 2268 Meter) ist die Hauptverbindung zwischen dem Ferganabecken und dem übrigen Usbekistan. Eine weitere Straße umgeht die Berge südlich und führt durch Nord-Tadschikistan, bevor sie – wieder auf usbekischem Boden – mit der Abfahrt vom Pass zusammentrifft.

An der Passstraße bieten einige ›Raststätten‹ Schaschlik und Tee an. Stellenweise kann man auch Quellwasser aufnehmen. Die Abfahrt endet zwischen verkarsteten Hügeln, die sich zum Ferganabecken hin verflachen. Auf der Flanke eines Erddamms ist in Riesenbuchstaben die Rekordernte von 1,5 Millionen Tonnen Baumwolle verewigt. An einer Kreuzung beim Ort Pungon (Пунгон) kann man zwischen drei Wegen wählen: Rechts liegt das nördliche Anhängsel von Tadschikistan – eine Geröllwüste. So würde das Ferganatal ohne das feine Netz der Bewässerungskanäle aussehen, durch die das Gletscherwasser des Tien-Schan auf die Felder und Gärten usbekischer Bauern fließt. Geradeaus führt der Weg über Kokand (russisch: Коканд, usbekisch: Qoqon) ins Zentrum der Senke. Ein Abstecher zur ehemaligen Khanatsstadt, die vor der russischen Einnahme der zweitgrößte Basar-Ort Zentralasiens war, lohnt sich wegen des Khan-Palastes, dessen Fassade vor islamischen Ornamentkacheln flimmert. Heute befindet sich in dem Gebäude das Landeskundliche Museum.

Das Čatkal-Tal

Biegt man hinter dem Kamčik-Pass auf die Strecke ab, die als gut ausgebaute Autobahn fast 50 Kilometer schnurgerade nach Nordwest-Kirgistan führt, kann der Blick frei ins Ferganabecken schweifen. Die weite Fläche ist von baumbestandenen Feldwegen und Kanälen in akkurate Äcker aufgeteilt. Die Dächer kleiner Gehöfte und Dörfer versinken im Grün schlanker Pappeln. Im Westen erheben sich als Kontrast kahle Gipfel über wüstenartigem Vorland.

Der Ort Čust (Чуст) gilt als ›Solingen Usbekistans‹. Die Messer von hier werden mit schönen Griffen aus Glas-Einlegearbeiten versehen, und auf den Klingen wird oft in Messing der Name des Ortes und ein Stern oder Halbmond tauschiert; sie werden auch auf Taschkents Basaren verkauft. Hier kann man zwischen der Weiterfahrt in der alten Richtung nach Kasansai (gute Möglichkeiten zum Einkaufen von Vorräten und Treibstoff) oder einem Schlenker nach Norden wählen, der landschaftlich schöner und abwechslungsreicher ist, aber wegen des sehr schlechten Zustands der Schotterstraße mehr Zeit erfordert. Hinter der Grenze treffen sich bei Ala-Buka beide Wege an der Stelle, wo der Fluss Kasan-Saj (Касан Сай) in den nach ihm benannten Stausee mündet. Jener erinnert mit den Bergen im Hintergrund und den vielen Blumen auf weiten Wiesen im Frühsommer an das deutsche Voralpenland. Die Straße folgt dem Verlauf des Flusses in eine Schlucht durch das Čatkal-Gebirge (Чаткальский Хребет). Zwischen den steilen Felswänden, die gut hundert Meter senkrecht emporragen und stellenweise sogar überhängen, reicht der Platz nur für die staubige Fahrbahn und den reißenden Fluss, an dem kräftige Pappeln wachsen. Der Kasan-Saj sammelt auf nur 50 Kilometern viele Gebirgsbäche zu einer tobenden Flut. Sie entspringen in Seitentälern, in denen oft Hirten ihre Jurten aufbauen. Dort findet man schöne Übernachtungsplätze.

Wo der Kasan-Saj aus zwei kleineren Flüsse entsteht, beginnt die Auffahrt zum Pass Čapčima (Перевал Чапчима, 2840 Meter), der sich entlang saftiger Hochweiden über die Čatkal-Kette schlängelt. Die Abfahrt endet auf der anderen Seite an einem der mächtigsten Flüsse des Tien-Schan – dem Čatkal (Чаткал). Westlich verschwindet dieser in einer nur zu Fuß zugänglichen Schlucht, hinter der er in Usbekistan mit zwei weiteren Flüssen den Čarvak-Stausee füllt. Er durchquert auf diesem Weg den Hauptteil des Beš-Aral-Naturschutzgebietes im westlichen Zipfel Nord-Kirgistans. Das Schutzgebiet liegt auf einige Flecken im Tal verstreut, in das man nach rechts abbiegt. Bis die Straße 100 Kilometer weiter den nächsten Pass erklimmen wird, begleitet sie den Čatkal – durch eines der malerischsten Täler Kirgistans, aber auch eines der abgelegensten. Dabei liegt es von dem dicht bewohnten Ferganatal und den Städten in der Hungersteppe keine Tagesreise entfernt. Auf der ganzen Strecke findet man jedoch kaum ein Geschäft und keine Tankmöglichkeit. Auch die sonst allgegenwärtigen Schaschlikbrater und fliegenden Händler fehlten. Abgeschieden von der Außenwelt und abseits der Verkehrsströme birgt das Čatkal-Tal (Чаткальская Долина) einen Platz für die Entdeckung einer kaum berührten Bergwelt.

Blick ins Čatkal-Tal

Die größte Ansiedlung Džany-Bazar (Джаны-Базар) hat nur 2000 Einwohner und ist nach etwa 15 Kilometern erreicht. In der Dorfmitte liegt die Verwaltung des 18 200 Hektar großen Beš-Aral-Naturschutzgebietes (Беш-Аральский Заповедник), kenntlich an handgemalten Tafeln mit seltenen Tieren und ihren kirgisischen Namen. Hinter dem Ortsausgang liegt am Hang über der Straße das Mausoleum eines Heiligen aus dem 18. Jahrhundert. Gegenüber stoßen zum Čatkal die Wasser des Čandalaš (Чандалаш). Seinen Namen tragen auch die Berge, hinter denen er entspringt und die sich ab hier vor die Pskem-Kette schieben, die das Tal weiter westlich abgrenzt.

Hinter dem Dorf Kanyš-Kija (Каныш-Кия) steigt die Straße über einen Hügel, von dem der Nordteil des Tales gut zu überblicken ist – die Berge liegen weit auseinander, und sanft gerundete Steppenterrassen senken sich zu ihren Füßen zum Fluss hinab. Diese sogenannten ›Adyre‹ wurden bei der Gebirgsauffaltung von der Hebung mitgezogen. Abtragungen aus der Erosion der Berge lagerten sich auf ihnen ab und wurden später – ebenfalls durch Erosion – von Rinnen durchzogen.

Vorbei an dem großen Adler aus Beton, der über diesen kleinen ›Pass‹ wacht, zweigt ein steiler Fahrweg in die Vorberge der Čandalaš-Kette ab, eigentlich nur eine Lkw-Spur. Sie führt zu den Sommerweiden der Kirgisen. Hoch über dem Tal wellt sich Buschland, abgestuft zu Senken, Hügeln und Terrassen, den Bergen entgegen. Sieben kleine Seen, verbunden vom Flüsschen Čukurčak unter den dichten Kronen alter Birken, schmücken diesen Ort, der im Norden durch eine mächtige Felswand abgeschlossen wird, an der der Silberfaden eines Wasserfalls herabrieselt. Im Panorama der Čatkal-Berge auf der anderen Seite des Tals dominiert der Kuvayaltan (4308 Meter), eine Phalanx steilwandiger Felsauswüchse. In der ersten Tageshälfte wirken die zerklüfteten Zacken basaltschwarz und düster, nur durchbrochen von den Spitzlichtern einiger Schneefelder. Die Abendsonne enthüllt den warmen Ziegelton des Gesteins und die plastische Tiefe seiner Formen.

Die sieben Seen gehören zum Beš-Aral-Naturschutzgebiet. Sie erreichen trotz der intensiven Sonneneinstrahlung auch im Sommer keine Badetemperatur – zu stark ist wohl der Durchsatz aus dem schnell bergab rauschenden Čukurčak. Auch dem Besucher ohne botanisches Wissen fällt die Vielfalt an Pflanzen auf, die an dieser wasserreichen Stelle gedeihen. Hier lebt das seltene, nach einem österreichischen Forscher benannte Menzbier-Murmeltier. Auch der Schneeleopard soll in den eisigen Höhen, die über den grünen Vorgebirgen aufragen, umherstreifen – das wäre das westlichste Vorkommen dieser Raubkatze.

Die Landschaft lädt zum Verweilen und Wandern ein. Die beste Zeit hierherzukommen ist im Juni, wenn das Gras in vollem Saft steht und alle Blumen blü-

Die Direktion des Beš-Aral-Naturschutzgebietes in Džany-Bazar

Die Serpentinen der Auffahrt zum Kara-Buura-Pass

hen. Die Kirgisen sind dann noch im Tal – nur ein gelegentlicher Reiter und ein alter Hirte, der schon im Frühjahr seine Jurte hoch über dem Čatkal aufschlägt, teilen die Einsamkeit mit dem Reisenden.

Auf der Weiterfahrt durch das nördliche Čatkal-Tal kann man stellenweise von der holprigen Straße auf eine Piste ausweichen, die weniger uneben ist und näher am Fluss vorbeiführt, der meistens unerreichbar, eingefaßt von schroffen Abbrüchen, durch sein eingeschnittenes Bett fließt. Das glasklare, leicht türkise Wasser braust über vielfarbige Felsen. Die Bäume sind so mächtig, dass ihre Wipfel sich manchmal sogar bis zum Niveau der Talsohle über dem schluchtartigen Flussbett erheben.

Entlang etlicher Bäche führen Pfade über die Vorberge den Viertausendern entgegen, von denen der höchste der Pik Čatkalskij (Пик Чаткальский – 4503 Meter) im Osten des Tals ist. An seinen Flanken und entlang der Gipfelkette, die sich nach Nordosten fortsetzt, liegen viele kleine Gletscher im stark zerklüfteten Fels. Ein Pfad, der dem Fluss Aflatun (Афлатун) folgt und an dem gleichnamigen kleinen See vorbeiführt, überquert die Berge zum See Sary-Čelek (siehe dort).

Der Talaskij-Alatoo, dem der Čatkal entspringt, schließt das Tal nach Norden hin ab. Die Straße überquert ihn am 3303 Meter hohen Pass Kara-Buura (Перевал Кара-Буура) in Richtung Talas-Tal. Wo sie einen Seitenarm des Čatkal-Tals erreicht, hat der Kara-Kyzpak (Кара Кызпак), ein Zufluss des Čatkal, sich tief eingeschnitten. An einem großen Straßenschild, das durch Witterungseinflüsse unlesbar geworden ist, zweigt eine Piste nach Osten ab, die am Toktogul-Stausee enden soll.

An zwei Stellen überqueren den Bach rohe Brücken aus von Eisenhaken zusammengehaltenen Baumstämmen. Die Reste älterer Konstruktionen liegen ausgefranst wie zerkaute Zahnstocher im schäumenden Bach. Die Brücken müssen öfters erneuert werden – wenn der Pass durch Lawinen an der steilen Bergflanke im Winter beschädigt wurde, repariert man ihn mit Raupenfahrzeugen, deren Ketten das Holz zerreißen. Die Südseite des Passes Kara-Buura (schwarzer Kamelhengst) ist kürzer als die Nordseite, da das Čatkal-Tal fast 1000 Meter höher liegt als der Marktflecken Kyzyl-Adyr am Talas. Die Abfahrt von der Passhöhe schlängelt sich über endlose Serpentinen, die in die Bergflanke gefräst wurden. Im Tal läuft der Pass zwischen verkarsteten Hügeln aus. Ihre Brauntöne mögen düster und kahl wirken, doch im Wechsel von Licht und Schatten erscheinen sie wie schimmerndes Tigerauge.

Der Sary-Čelek-See

Wie ein Juwel, von der Natur in einem Geheimfach verborgen, liegt der Sary-Čelek (Озеро Сары Челек) am Ende eines tiefen Tals im Südhang des Čatkal-Bergzugs. Der kleine See wurde durch einen Bergrutsch aufgestaut. Zugänglich ist er vom Ferganabecken durch eine langgezogene Schlucht oder – zu Fuß – über Pässe und Saumpfade im Angesicht der Drei- und Viertausender.

Der See ist sechs Kilometer lang und 1,8 Kilometer breit und taucht auf großmaßstäbigen Karten deshalb oft nur als ›Fliegendreck‹ auf. Das Wasser ist 324 Meter tief, die Oberfläche liegt auf 1800 Meter über Meereshöhe. In ihr spiegeln sich Steilhänge, in deren Wäldern etwa 1000 Pflanzen- und 190 Wirbeltierarten vorkommen. Zusätzlich zu den teilweise endemischen Arten wurden Rot- und Damhirsche sowie Wisente angesiedelt, die sich erfolgreich angepasst haben.

Zum Schutz dieses Biotops gründete man 1959 ein 240 Quadratkilometer großes Naturschutzgebiet mit dem Sary-Čelek als Zentrum. Die Grenze verläuft entlang der Bergspitzen, die über der wassergefüllten Schlucht emporragen.

Wenn im Frühjahr der See auftaut, die Bäche wieder anfangen zu sprudeln und die Natur erwacht, blühen zahllose Blumen in den Nuss- und Apfelwäldern. Dies ist die beste Zeit, hierher zu kommen – doch der Sary-Čelek wird so streng gehütet wie ein Heiligtum. Die Direktion waltet in dem kleinen Ort Arkit (Аркит), vier

Ausläufer des Kirgiskij-Alatoo am Kirovskoje-Stausee;
An den Sieben Seen im Čandalaš-Gebirge; weißer Frühling im Hochgebirge

In den Schluchten um den Sary-Čelek-See

Kilometer hinter dem bewachten Tor an der Grenze der Schutzzone, über dessen Geschicke. Offiziell ist Tourismus am Sary-Čelek nicht erwünscht. Allerdings existiert eine Preisliste, bei deren Niederschrift man sehr wohl an Touristen gedacht hatte, und nicht nur an Einheimische: Der Eintritt kostet pro Person 10 US-Dollar und pro Auto nochmals 50 US-Dollar – für Ausländer. Ein extremes Beispiel der gelegentlich auch anderswo anzutreffenden Einstellung, Touristen könne man ohne entsprechende Gegenleistung schröpfen – natürlich in Form harter Währung.

Nördlich des Sary-Čelek beginnt ein Pfad entlang des gleichnamigen Flusses zum 2620 Meter hohen Pass Kara-Tokoi (Перевал Кара-Токои, auch Aflatun genannt) über die Wasserscheide des Čatkal-Gebirges. Auf der anderen Seite gelangt man in die malerische, kaum berührte Landschaft des Čatkal-Tales (siehe dort).

Die Straße zum Sary-Čelek verläßt das Fergana-Tal an dessen nördlichstem Zipfel hinter Karavan (Караван). Von Aflatun sind es noch einige Kilometer bis zur Nebenstrecke zum See.

Admiral-Schmetterling; An der Auffahrt von Kyzyl-Adyr zum Kara-Buura-Pass
Felsformationen zwischen Oš und Pamir; Unterwegs zwischen Oš und Pamir

Der Toktogul-Stausee

Der Naryn ist der mächtigste Fluss im ganzen Tien-Schan. Vom Zentrum des Gebirges bahnt er sich seinen 600 Kilometer langen Weg ins Ferganabecken, wo er sich mit dem Syr-Darja vereint. Von dieser Stelle folgt die hier beschriebene Route flussaufwärts dem wichtigsten Verkehrsweg Kirgistans, dem Abschnitt der M 41 zwischen Oš und Bischkek. Hinter Taš-Kumir (Таш-Кумир) stößt eine kleine Nebenroute aus Nordwesten vom Sary-Čelek hinzu. Allmählich beginnen die Berge zusammenzurücken, und das sanfte Kulturland der usbekischen Ackerbauern geht in die urwüchsige Heimat der kirgisischen Bergnomaden über. Bald verengt sich das Flussbett zur Schlucht, über der sich die Straße an hohe Felswände klammert. Stellenweise wird es so eng, dass sie sich durch finstere Tunnel bohrt, dann wieder weichen die Hänge zurück – was dazu genutzt wurde, Gehöfte oder jetzt verfallende Fabriken in die Enge zu pferchen. Nach 45 Kilometern ist Kara-Kul (Кара-Кул) erreicht, wo der Staudamm des Toktogul-Reservoirs (Токтогульское Водохранилище) den Naryn abklemmt. Die Sowjets beschlossen, die Kraft des Flusses zu nutzen und setzten zwischen 1962 und 1976 einen 215 Meter hohen Betonkeil als Bremsschuh in die Schlucht. Dahinter ertrinkt der Naryn auf 50 Kilometern Länge in seinem eigenen Wasser, das zu einem See mit 20 Kubikkilometer Inhalt angestaut ist. Das Reservoir ist mit einer Oberfläche von 284 Quadratkilometer das zweitgrößte Gewässer Kirgistans. Benannt wurde es nach Toktogul Saltynganov, einem Volksbarden, der 1861 in der Gegend geboren wurde.

Die Schlucht des Naryn zwischen Toktogul-Stausee und Ferganabecken

Was aus dem See abfließt, muss unter der Staumauer hindurch und treibt dort die Turbinen des mächtigsten Hydroelektrizitätswerks Kirgistans an, das eine Leistung von 1,2 Millionen kWh hat. Die Anlage ist von Kara-Kul aus nicht zu sehen, denn sie liegt hinter einem Bergrücken. Sie kann mit Einwilligung des Direktors besichtigt werden (im ›Büro Kaskada‹ im Zentrum der Ortschaft). Fotografieren sollte man ebenfalls nur mit Erlaubnis oder wenn man unbeobachtet ist – es könnte als Spionage ausgelegt werden; nicht unbedingt für den Westen, aber für die Usbeken, auf deren Felder das Wasser fließen wird. Mit dem Ende der Sowjetunion hat auch deren Vision von Völkern ausgedient, die brüderlich und ungeachtet irgendwelcher Grenzen die knappen Ressourcen miteinander teilen.

Hinter Kara-Kul steigt die Straße in karge Berge, hinter deren Kuppen bald die türkise Wasserfläche des Stausees hervorlugt. Nördlich wird er begrenzt durch wie mit zarten Pinselstrichen gestreifte Lößhügel. Im Sommer, wenn Sonnenblumenfelder diesem Kontrast einen knalligen Farbtupfer aufsetzen, hat der See angenehme Badetemperatur.

Die M 41 führt um das östliche Ende des Stausees herum, wo sie den Naryn überquert und weiterführt zum Ort Toktogul. Etwa 20 Kilometer vor Toktogul mündet bei Torkent (Торкент) eine Nebenroute ins Landesinnere Richtung Osten. Diese wenig benutzte Strecke ist jedoch nur scheinbar eine Abkürzung – die 200 Kilometer lange Rüttelei über rauhe Pisten nimmt mindestens einen Tag in Anspruch und ist nur etwas für harte Offroader. Die Hauptroute über den Pass Ala-Bel (Перевал Ара-Бель, 3184 Meter) und durch die Suusamir-Syrte ist in jeder Hinsicht, vor allem aber auch landschaftlich vorzuziehen.

Die Fergana-Berge

Die Straße von Oš ins Herz von Kirgistan ist auf manchen Karten fälschlicherweise als Sackgasse eingezeichnet, da sie über den schneereichen Fergana-Bergzug (Ферганский Хребет) verläuft, deshalb schwer instandzuhalten ist und wenig genutzt wird. Sie durchquert auf einer Länge von 15 Kilometern den östlichsten Zipfel Usbekistans in Richtung der kirgisischen Kleinstadt Džalalabad (Джалабад).

Diese wurde 1860 unweit der schwefel- und eisenhaltigen Mineralquellen und Schlammbäder von Ayub-Too, dem ›Hiobsberg‹, gegründet. Bis zur Machtergreifung der Sowjets war der Berg ein Wallfahrtsort, weil sich hier nach dem Volksglauben das Grab des Propheten Hiob befinden sollte. Danach kamen Gesundheitspilger, um Schlamm- und Mineralbäder zu nehmen. Das Sanatorium bietet diese Möglichkeit bis heute. Für fünf bis zehn US-Dollar in Som kann man auch im Hotel ›Molmol‹ absteigen.

Am Кёк-Art-Fluss

Hinter dem Ort Kёk-Art (Кёк-Арт) führt die Straße zum gleichnamigen Fluss, über dem sich eine hohe Lehmwand emportürmt wie die Ruine einer gewaltigen Stadtmauer. Die Wiesen auf dem Plateau über dem Fluss bieten einen schönen Übernachtungsplatz mit Blick auf die Ferganaberge.

Der ›Ferganskij Hrebet‹ ist der niederschlagsreichste Gebirgszug in Kirgistan. Die gewaltigen Schneemassen, die der Winter bis zu zwei Meter hoch ablädt, tauen erst im Frühsommer ab. Der Pass Kёk-Art (2100 Meter) ist deshalb nur wenige Monate geöffnet. Er fährt sich wegen der vielen Flickstellen und Ausweichstrecken beschwerlich – doch welch begeisternde Ausblicke kann man von oben genießen! Von der Passhöhe schweift der Blick weit nach Osten ins Tien-Schan-Gebirge, wo sich wie zerknitterter grüner Samt Hügel und Berge ausbreiten. Im Westen glitzert wie ein Silberfaden tief in seiner Schlucht der Fluss Kёk-Art.

Zehn Kilometer hinter Kazarman (Казарман), einem gesichtslosen Nest, bei dem ein kanadisches Unternehmen nach Gold schürft, überquert die Straße den größten Fluss Kirgistans, den Naryn. Hinter gelben Lehmkegeln führt sie durch malerische Wiesen zum 2800 Meter hohen Pass zur Stadt Naryn. Die Aussicht auf die zart gestreiften Lößhügel um Naryn vor den bis zu 4786 Meter hohen At-Baši-Bergen (Хребет At-Баши) in der Ferne ist ein weiteres, in dieser Form einmaliges Beispiel für die Vielfalt und Schönheit der Landschaften Kirgistans.

Arslanbob (kirgisisch: Arsganbap)

Dieses von Usbeken bewohnte Dorf (Арсланбоп/Арсганбап) liegt auf 1800 Metern am westlichen Rand der Fergana-Berge und ist umgeben von berühmten Walnusswäldern – wie die Legende sagt, sind sie aus Nüssen gewachsen, die Alexander der Große aus Mazedonien mitführte. Die ältesten Bäume sind 600 Jahre alt. Geringe und schlechte Durchforstung (nur für Brennholz) hat den Bestand geschwächt. Dass amerikanische Holzhändler einen Teil der schön gemaserten Bäume zu Furnier für Möbel und Autointerieurs verarbeiten werden, wird hoffentlich nicht zum Raubbau ausarten, solange überalterte Bäume mit schonenden Methoden eingeschlagen werden.

In der Sommersaison (Mai/Juni bis September) wird in Arslanbob eine ›Tourbasa‹ betrieben – ein Gelände mit einfachen Ferienhäuschen, Gemeinschaftsanlagen und Kantine. Ausflüge können unternommen werden zum Berg Babaš-Ata (4427 Meter) mit Wasserfällen und Höhlen sowie den Seen Ketmen-Kul und Gubban-Ata (2800 Meter), wovon letzterer als heilig gilt. Imker verkaufen guten Honig. Weiter hinten in dem Tal, von dem der Weg nach Arslanbob abzweigt, liegt Kyzyl-Unkjur – ein weniger besuchter und wie man sagt (wohl deswegen) noch schönerer Ort.

Uzgen

55 Kilometer nordöstlich von Oš liegt Uzgen (Узген, kirgisisch Özgön) – ein unscheinbares Städtchen, das aber ein paar sehr alte und charakteristische Baudenkmäler besitzt, deren Besuch lohnt. In die Presse kam Uzgen als Zentrum der interethnischen Fergana-Unruhen Anfang der neunziger Jahre. Die Stadt nahm ihren Anfang als Lager für die Truppen Alexanders des Großen. Bei Ausgrabungen wurden Spuren von zweitausend Jahre alten Zitadellen gefunden. Das Tal des Flusses Karadarja verengt sich hier, was die Stelle günstig für die Errichtung eines Zollpunkts machte. Wahrscheinlich wählten die Karakhaniden deshalb Uzgen als Hauptstadt, nachdem sie 999 die Türken besiegt hatten. Von den Profanbauten der alten Stadt Uskent ist nichts übrig geblieben. Nur vier Baudenkmäler religiösen Ursprungs, die für Kirgistan einmalig sind, stehen auf einer Wiese im sanften Vorgebirge – drei Mausoleen und ein Minarett.

Das Minarett war vermutlich ein Vorbild für die ebenfalls von den Karakhaniden erbauten Minarette, die heute noch in Buchara und dessen Nachbarort Vabkent zu bewundern sind. Der Turm war ursprünglich 40 Meter hoch, ragt jetzt aber gerade noch 18 Meter empor – die obere Hälfte brach bei einem Erdbeben im 16. Jahrhundert zusammen. Am Sockel beträgt der Durchmesser zehn Meter. Die Verzierungen beschränken sich auf Ornamentziegel, denn zur Entstehungszeit war es noch unbekannt, Glasuren aufzutragen.

Das Minarett in Uzgen

Eine wichtige Phase in der Entwicklung der Mauer- und Wandornamentik belegen die drei Mausoleen. Sie sind eine Vorstufe zur großartigen Architektur der Timuriden, deren Höchstleistungen in Samarkand zu bewundern sind. Eine Neuerung waren damals die Säulenvorhallen. Das älteste ist das mittlere – das Mausoleum des Karakhaniden Nasr-ben-Ali (gestorben 1031). Es trägt eines der frühesten bekannten Girikhs (geschnitzte Terrakotta). Nördlich davon wurde 1152 das Dschelal-ad-Din Al Husain-Mausoleum erbaut. Dieses frühislamische Bauwerk ist das erste, bei dem – durch Flächenornamente – die Fassade

Reisverkauf auf dem Basar in Uzgen

betont wird. Bis dahin war immer die Verzierung des Innenraums die Hauptsache gewesen. Das südliche Mausoleum, von dem heute niemand mehr weiß, für wen es erbaut wurde, stammt aus dem Jahre 1186 und ist das kleinste, aber noch reicher verziert – mit einer Vielzahl von Ornamenten, Arabesken und Schriftfriesen.

Nördlich von Uzgen wurden 1903 in über 2000 Meter Höhe in den Fels der Fergana-Berge eingeritzte Zeichnungen entdeckt – wilde und Haustiere, Jagdszenen, Fahrzeuge, Pflüge und Menschen. Die Saimaly Taš genannte Fundstätte wurde erst 1948 erforscht. Der Name bedeutet auf Kirgisisch ›bestickte Steine‹. Man nimmt an, dass die meisten der mehr als 100 000 in den Fels geritzten Bilder aus dem 3. bis 8. Jahrhundert u. Z. stammen. Sie sind über zwei Moränenhänge von je etwa drei Kilometern Länge verstreut. Die Hauptansammlung (Samaily Taš Nr. 1) umfasst etwa 9900 Zeichnungen, die kleinere (Nr. 2) ungefähr 1300. Zwei Drittel der Abbildungen stellen Tiere dar, die übrigen zeigen Szenen aus Jagd und Kampf sowie Symbole aus dem Schamanentum. Der Platz war über Jahrtausende als Kultstätte in Gebrauch: Die ältesten Zeichnungen stammen aus der Jungsteinzeit, die jüngsten von den Skythen aus dem frühen Mittelalter. In der Mitte von Nummer 1 liegt ein kleiner Teich, der bei den Kirgisen als heilig gilt.

Die Fundstätte ist schwer zu erreichen und außer im August und September völlig unzugänglich. Von der Landstraße Džalalabad-Naryn muss man etwa 60 Kilometer hinter Džalalabad in der Siedlung Kalmak-Kirčin nach rechts abzweigen. Etwa 20 Kilometer weiter östlich ist an einer Imkerstation Schluß mit Fahren, die restlichen zehn Kilometer muß man zu Fuß zurücklegen.

Oš

Wo der chinesische Gesandte Zhang Qian auf der Suche nach den ›himmlischen Rössern‹ im Jahr 138 vor unserer Zeit in die Gärten der Fergana-Oase hinabstieg, lag damals schon die Stadt Oš (Ош). Sie ist die historisch bedeutsamste Stadt des Landes und so alt, dass ihre Gründung Legende ist: Diese wird König Salomo, aber auch Alexander dem Großen zugeschrieben. Der Volksmund sagt, Oš sei so alt wie Rom. Andere Quellen äußern, dass Oš so alt ist wie Samarkand, das auf zweieinhalb Jahrtausende zurückblicken kann. Die früheste Erwähnung der Stadt ist in arabischen Dokumenten des 9. Jahrhunderts zu finden.

Wegen seiner günstigen Lage an antiken Handelswegen, wie zum Beispiel der Lasuritstraße im Pamir im 3. und 2. Jahrhundert vor unserer Zeit, und in der Nähe erschlossener Bodenschätze wurde Oš zu einem Stützpunkt der Seidenstraße. Im 16. Jahrhundert war es das religiöse Zentrum des Ferganabeckens und ist heute mit 250 000 Einwohnern die zweitgrößte Stadt Kirgistans. Als die Araber dieses Gebiet beherrschten, hatte Oš eine Zitadelle mit Palast und Gefängnis. Außerhalb der Stadtmauer mit drei Toren lagen Vororte.

Trotz des Alters der Stadt sind fast keine Architekturdenkmäler erhalten geblieben. Als Dschingis-Khan im 13. Jahrhundert nach Westen gegen den Schah von Choresm zog, schickte er einen Teil seiner Streitmacht auf einen mühseligen, gefährlichen Marsch über die Pässe des Tien-Schan. Oš hatte das Unglück, auf dem Weg zu liegen und wurde von den Mongolen, die ausgezehrt von den Bergen

Der Tacht-i-Suleyman

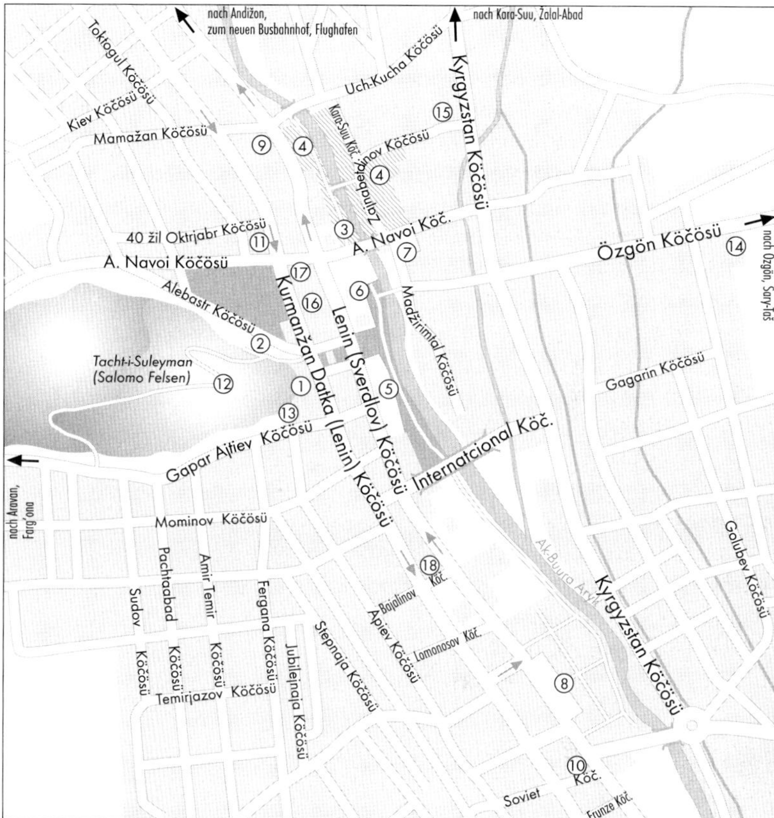

Oš, Zentrum

Legende

1 Städtisches Museum für Geschichte und Kultur
2 Moschee Rawat-Abdulla Khan
3 Souvenirbasar
4 Džayma-Basar
5 Hauptpostamt
6 Telekommunikationsgebäude
7 Alter Busbahnhof (Busse nach Uzgen/Özgön)
8 Lenin-Denkmal und Togtogul-Park
9 Shait-Tepa-Moschee
10 OVIR-Büro
11 Aviakassa (u. a günstige Flugtickets nach Bischkek)
12 Baburs Haus (Babur Uij)
13 Mausoleum von Asaf Ibn Burhija
14 Bezirkshospital
15 Hotel ›Taj Mahal‹, Ecke Zaina Betinova/Kyrgyzstan
16 Hotel ›Sara

herabkamen, erobert und zerstört. Doch erholte sich die Stadt wieder, und bis heute wird der Basar von Oš im ganzen Ferganatal gerühmt (in Bischkek heißt sogar ein Markt ›Ošskij Basar‹). Hier treffen sich usbekische Bauern, kirgisische Halbnomaden, russische Arbeiter, Tataren, Tadschiken… Man feilscht um Pferde und Vieh, Gemüse, Brot, Teppiche, Werkzeug und die neuen Waren aus West und Ost – Dosenbier und dubiosen Wodka, Zigaretten, Schokoriegel, T-Shirts und Trainingsanzüge aus China. Sonntags ist der Džayma-Basar, der sich am Ak-Buura-Fluss erstreckt, am lebendigsten; montags ist er hingegen wie ausgestorben.

Blick vom Tacht-i-Suleyman auf die Stadt Oš

In Oš steht die mit 90 Jahren älteste noch funktionierende Seidenfabrik der ehemaligen Sowjetunion, die schon vor der Oktoberrevolution ihre Tore öffnete. Neben Baumwolle wird im Ferganabecken nämlich auch viel Seide erzeugt, aus der die leuchtend bunten Kleider der Usbekinnen geschneidert sind. Auch hier hat die Konkurrenz des Weltmarktes, vor allem aus China und Japan, nach dem Fall des Schutzwalls der Planwirtschaft für einen wirtschaftlichen Einbruch gesorgt. Die Zahl der Beschäftigten ist auf ein Fünftel gefallen. 1996 kaufte eine irische Firma das Unternehmen.

Im Juni/Juli 1990 führten Landstreitigkeiten im Gebiet Oš zu Unruhen zwischen Kirgisen und Usbeken, bei denen etwa 300 Menschen getötet wurden. Zum Glück wiederholten sich solche Auseinandersetzungen nicht, als das Land nur eineinhalb Jahre später unabhängig wurde und eine politisch wie wirtschaftlich schwierige Zeit anbrach.

Seitdem hat sich die durch Oš führende Handelsstraße wieder belebt, zumal der südliche Grenzübergang Erkečtam nach China 2002 geöffnet wurde. Über den Pamir-Trakt, die alte russische Poststraße ins Alaj-Tal, die durch den Pamir und schließlich zur afghanischen Grenze führt, rollt aber auch so mancher Lastwagen mit heißer Fracht – Opium, das von bitterarmen Bergbauern in Tadschikistan und Afghanistan angebaut wird. Ab und zu wird ein Schmuggler erwischt, doch es kommen genug durch, um Oš zu einem Umschlagplatz für das Rauschgift zu machen, das schließlich auch in Westeuropa landet.

Die Stadtsilhouette von Oš beherrscht ein Hügel, der Tacht-i-Suleyman (Salomo-Felsen). Eine Legende bringt ihn mit dem Namen der Stadt in Verbindung: Der biblische König Salomo habe mit Ochsen gepflügt und an diesem Berg gesagt: ›Chosch‹ (genug). Die Einheimischen vergleichen seine Form mit der einer liegenden Schwangeren. Frauen pilgern zum Berg, um Fruchtbarkeit zu erflehen. Auf dem Hügel sind Felsbilder eingeritzt, die wahrscheinlich viertausend Jahre alt sind. Der Berg hat fünf Gipfel, von denen jeder seinen eigenen Namen trägt .

Oš ist die Geburtsstadt des letzten Timuridenherrschers Zahiruddin Babur, der 1526 von den Usbeken vertrieben wurde und in Nordindien die Moguldynastie gründete, die bis 1857 herrschen sollte. In seinen Memoiren, dem ›Babur-Name‹, erinnerte er sich an seine Heimat: »In ganz Fergana gibt es keine Stadt, die Oš an Annehmlichkeit und Bekömmlichkeit des Klimas gleichkommt«.

1497 baute Babur eine Hütte und eine kleine Moschee auf dem Ostgipfel des Tacht-i-Suleyman. Dreieinhalb Jahrhunderte später brach der Bau bei einem Erdbeben zusammen. Die Rekonstruktion wurde 1960 durch eine Explosion zerstört – wie die Bevölkerung argwöhnte, von den Behörden, die versuchten, den seit Jahrhunderten üblichen Pilgerfahrten ein Ende zu setzen und den ›Aberglauben‹ des Islam zu unterdrücken.

Nach der Unabhängigkeit Kirgistans wurde ›Baburs Haus‹ (Babur Uij) wiederhergestellt. Der Aufstieg von der Kurmandžan-Dakta-Straße dauert eine halbe Stunde.

Im Westgipfel des Tacht-i-Suleyman klafft ein Loch mit einer kleinen Ausstellung, eine Zweigstelle des Städtischen Museums für Geschichte und Kultur. Dieses befindet sich unterhalb des Hügels neben der kleinen Moschee Rawat-Abdulla Khan aus dem 17. Jahrhundert. Unter anderem sind zehn antike Grabsteine mit arabischer Schrift, die auf dem muslimischen Friedhof am Berg gefunden wurden, im Museum zu besichtigen.

Ebenfalls einen Besuch wert ist die Shait-Tepa-Moschee, die älteste Moschee der Stadt, im Norden des Stadtzentrums.

›Taj Mahal‹, Ecke Zaina Betinova/Kyrgyzstan, Tel. +996/32 22/396 52. Sauber, angenehme Atmosphäre, Zimmer 8 bis 15 US-Dollar.
Hotel ›Sara‹, Kurmanžan-Datka Köčösü 278a, Tel. +996/32 22/225 59, 229 98, 569 98, Fax +996/32 22/591 29, e-mail: sara@osh.kg, www.sara.osh.kg.
Hotel ›Alaj‹, Kurmanžan-Datka Köčösü 180, Tel. +996/32 22/577 33. Doppelzimmer etwa 9 US-Dollar. Mit China-Restaurant.
Hotel ›Oš‹, Bajalikova 1 Köčösü, Tel. +996/32 22/756 14. Das ehemalige Intourist-Hotel. Ab 16 US-Dollar pro Person.

›Kyrgyzstan Café‹, Kyrgyzstan Köčösü. Bis spätnachts kann man sich hier an Boeuf Stroganov sättigen. Live-Musik.
›Mamyrdian Činar‹, Išak Razzakov Köčösü. Im Biergarten kann man Schaschlik, Gemüseeintopf und weitere kirgisische und russische Gerichte kosten.
›Turkistan Café‹, junges Publikum, bis spät geöffnet.

Zwei Euroshopper-Supermärkte, einer neben dem Univermag-Kaufhaus, der andere auf der Kurmandžan-Datka-Straße, bieten ein bescheidenes westliches Warenangebot.

Alaj-Berge und Alaj-Tal

Der Pamir, der südwestlich an den Tien-Schan anschließt und erst in einer Höhe beginnt, bei der die deutschen Alpen schon aufhören, ist eine Hochlandwüste von abweisender Schroffheit. Im Süden schneiden die noch höheren Gipfel von Hindukusch und Himalaya den Pamir von den feuchten Luftmassen des Monsun ab. Und noch immer drückt Indien, das sich vor vielen Millionen Jahren an Asien anschloß, die Berge jährlich um etwa fünf Zentimeter höher. Zwischen den stark vergletscherten Zacken schneiden sich Trogtäler tief ein.

Das Hochland von Pamir misst 250 Kilometer von Norden nach Süden und 275 Kilometer von Osten nach Westen. Ein Achtel der Fläche liegt unter Gletschern und ewigem Schnee. Im Nordwesten hat sich die größte Ansammlung von Eis und Schnee außerhalb polarer Breiten gebildet.

Für die Bedeutung des Wortes Pamir, das erstmals in den Schriften des chinesischen Reisenden Xuanzang auftaucht, wurde nie eine zweifelsfreie Erklärung gefunden. Manche erklären das Wort einfach als Gattungsnamen für Hochgebirgssteppen. Semënov-Tienšanskij, ein russischer Forscher, zählte Anfang des

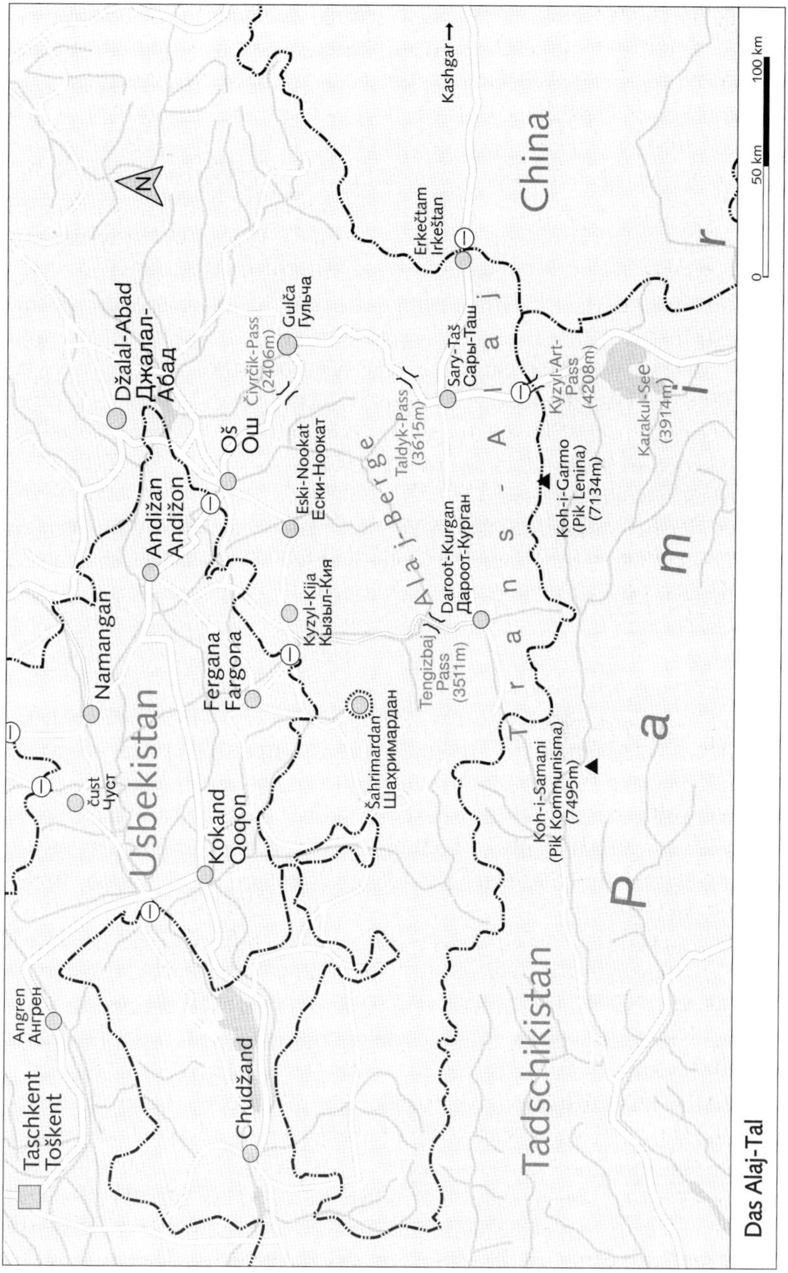
Taschkent
Toškent
Angren
Ангрен
Chudžand
Usbekistan
čust
Чуст
Namangan
Kokand
Qoqon
Fergana
Fargona
Andižan
Andižon
Džalal-Abad
Джалал-Абад
Oš
Ош
Čiyrčik-Pass
(2406m)
Gulča
Гульча
Šahrimardan
Шахримардан
Kyzyl-Kija
Кызыл-Кия
Eski-Nookat
Ески-Ноокат
Alaj-Berge
Taldyk-Pass
(3615m)
Tengizbaj
Pass
(3511m)
Daroot-Kurgan
Дароот-Курган
Sary-Taš
Сары-Таш
Erkečtam
Irkeštan
Kashgar
China
Trans-Alaj
Kyzyl-Art-
Pass
(4208m)
Tadschikistan
Koh-i-Samani
(Pik Kommunisma)
(7495m)
Koh-i-Garmo
(Pik Lenina)
(7134m)
Karakul-See
(3914m)
Pamir
0
50 km
100 km

Das Alaj-Tal

20. Jahrhunderts verschiedene Deutungsversuche auf: zum Beispiel die Ableitung vom göttlichen Berg der Inder ›upa Meru‹. Eine andere Ableitung könnte aus dem Sanskrit stammen: Das Wort ›Mir‹ bedeutet dort Meer oder See. Das gebräuchliche Synonym für den Pamir – ›Dach der Welt‹ – lautet ins Persische (das mit dem Tadschikischen verwandt ist) übersetzt: bam-i-dunia. Ebenfalls aus Persien könnte die Bezeichnung ›Pa-i-Michr‹ stammen, Schemel des (Sonnengottes) Mitra. Im Tschitral, einem Tal des südlich an den Pamir angrenzenden Hindukusch, wurden zur Zeit Semënov-Tienšanskijs Eisenringe getragen, die ein den Tod symbolisierendes Emblem und die Aufschrift ›Po-i-mor‹ trugen: ›Sockel des Todes‹.

Marco Polo, der um 1271 hier durchgereist war, berichtete über das unwirtliche Land: »Durch diese Ebene reitet man zwölf Tage. (…) Während dieser zwölf Tage findet man weder Haus noch Herberge, sondern nur Wüste entlang des ganzen Wegs, und man findet nichts zu essen. (…) Dort gibt es keine Vögel, wegen der Höhe und großen Kälte und weil sie dort kein Futter finden würden. Außerdem brennt wegen der großen Kälte auch das Feuer nicht so heiß (…), und so kann das Fleisch nicht richtig gar werden.«

Die Pamir-Nordfront, der Čon-Alaj (großer Alaj oder Trans-Alaj), begrenzt den äußersten Süden Kirgistans. Die Gipfel dieser 250 Kilometer langen Kette, im Durchschnitt 5460 Meter hoch, gleichen Riesen, die sich Kapuzen aus Eis und Schnee über die Köpfe gezogen haben und für immer im Kälteschlaf erstarrt sind. Selbst die Glut des Sommers kann dem weißblauen Panzer nichts anhaben, der wie zähflüssige Schlagsahne die scharfen Konturen abrundet.

Zu Füßen dieses Massivs aus Fels, Firn und Eis liegt das 165 Kilometer lange Alaj-Tal (Алайская Долина). Ungemildert durch vorgelagerte Hügel steigen die Felshänge an seiner Südseite den bis über 7000 Meter hohen Gipfeln entgegen. Im Westen setzt sich das Hochtal nach Tadschikistan fort, im Osten grenzt es an China. Entlang seiner Nordseite verläuft im Abstand von 25 Kilometern zu den Pamir-Giganten die Alaj-Bergkette (350 Kilometer), deren höchste Spitze 5539 Meter erreicht.

Die grandiose, das Tal auf seiner gesamten Länge beherrschende Trans-Alaj-Bergkette, die Weite der kahlen Ebenen um den Fluss Kyzyl-Suu (Кызыл-Суу) und der Kontrast zu den saftigen, von bizarren Lehm- und Felsformen abgegrenzten Seitentälern machen das Alaj-Tal zu einem der landschaftlichen Höhepunkte Kirgistans.

Der Hauptweg ins Alaj-Tal, entstanden aus der alten russischen Poststraße (Pamirskij Trakt), beginnt hinter Oš im östlichen Ferganabecken. In den grünen Hügeln, die zum Alaj-Gebirge überleiten, findet der Camper gemütliche Übernachtungsplätze. Weiter südöstlich schneidet der Pass Čiyrčik (Перевал Чиырчик – 2406 Meter) durch die Grasnarbe in die rote Erde. Die dahinterliegende Schlucht des Flusses Kuršab wirkt zunächst düster, erweitert sich aber im

Je näher man dem Pamir kommt, desto monumentaler wird die Landschaft

letzten Drittel und weist beeindruckend schöne Stellen auf: grüne Almen, von einem Schleier gelber Blumen überhaucht, zu Füßen schneegepuderter 4600er des östlichen, niedrigsten Teils der Alaj-Kette, die sich hier wie der Griff eines Regenschirms nach Norden biegt. Entlang der Straße, die dem breiten Schotterbett des Flusses folgt, ragen Berge in Schichten um 45 Grad gekippt empor wie von den Karatehieben eines Riesen zerteilte Ziegelstapel. Im Kontrast zu ihren rauhen Kanten stehen die Formen sanft abgerundeter niedriger Felsen und Lehmsäulen. Ein vergessener Weg soll von Sufi-Kurgan über den uralten Pass Terek-Dawan (4090 Meter) nach Erkečtam an der kirgisisch-chinesischen Grenze führen. Dies war vermutlich die Strecke, die den Pilger Xuanzang und Dschingis-Khans Soldaten ins Fergana-Becken führte.

Der Pass Taldyk (Перевал Талдык, 3165 Meter) klettert am Ende des Tal über die Berge. Dahinter begrüßt der triste Ort Sary-Taš (Сары-Таш) die Besucher des Alaj-Tals. Wer tanken muss, kann sein Glück an einem Betriebshof versuchen, der eine ›Tankstelle‹ für Diesel besitzt: zwei halbvergrabene Tanks mit Handpumpe. Sonst können Privatleute aushelfen, die ins 80 Kilometer entfernte China fahren und dort Treibstoff vom Straßenbau abzweigen. 1996 wurde der Grenzübergang bei Erkečtam (kirgisisch Irkeštam) für den internationalen Reiseverkehr nach China geöffnet, und damit führt nun ein wiederbelebter Zweig der Seidenstraße von den Oasen im Ferganatal zu denen in Turfan. Dies läßt auch für die Versorgung von Sary-Taš auf Besserung hoffen.

Zwei Kilometer hinter Sary-Taš befindet sich die einzige Kreuzung in diesem Tal. Auf der weiten Ebene vor dem Hintergrund der beeindruckenden Pamir-Berge fallen noch aus UdSSR-Zeiten stammende Radarschirme von Horchposten auf – nur 80 Kilometer sind es bis zur Grenze im Osten, an der sich zwei Giganten argwöhnisch beobachteten.

Von dort ist es nicht mehr weit bis zum Grenzposten, der signalisiert, dass Tadschikistan nahe ist; hinter den Bergen liegt die Provinz Berg-Badahšan. Nachdem die Straße gleichmäßig durch eine Sandwüste im Angesicht der Eisriesen angestiegen ist und eine mächtige Schotterfläche umgeht, wo reißendes Schmelzwasser im Frühjahr Gebirgsschutt ablädt, schlängelt sie sich durch immer kahler werdende rote und graue Schutthügel hinauf. Die Grenzlinie verläuft über den Gebirgsgrat und wird vom 4280 Meter hohen ›Roten Pass‹ Kyzyl-Art (Перевал Кысыл-Арт), 45 Kilometer südlich der Kreuzung, eingeschnitten. Nach einer kurzen Kraftanstrengung über eine Folge von Haarnadelkurven steht man zwischen zwei Betonmonumenten aus den Silhouetten des jeweiligen Nachbarstaates und einem großen Schriftzug mit dessen Namen – als würden hier Weltmächte einander gegenüberstehen und nicht zwei abgelegene, verarmte Überreste der Sowjetunion. Früher war der Pass den Kirgisen heilig – Semënov-Tienšanskij berichtete von Steinhaufen mit Ästen und daran festgebundenen Lappen und Roßhaaren. Eine Grenzkontrolle gibt es hier oben nicht – der nächste Posten (der russischen Truppen) liegt am Karakul-See, einem großen wassergefüllten Meteoritenkrater etwa 60 Kilometer weiter. Die Grenze verläuft nicht nur zwischen zwei Ländern,

Das Massiv des Pik Lenina vom Alaj-Tal aus gesehen

Weidegrund im Alaj-Tal

sondern markiert auch die Trennlinie zwischen zwei Kulturen, Sprachfamilien und Religionen.

Von dort aus kann man die Südostflanke des Pik Lenina (Пик Ленина) bewundern, der nach dem ersten russischen Generalgouverneur Turkestans früher Pik Kaufmanna hieß. Mit 7134 Meter ist er der dritthöchste der vier Siebentausender der GUS, von denen zwei in Kirgistan liegen. Tief im Pamir liegt der höchste dieser Riesen – der Koh-i-Samani. Bekannter ist er unter seinem alten Namen Pik Kommunisma (Пик Коммунизма – 7495 Meter). Seine Südwand ist doppelt so hoch wie die Eigernordwand. Als mächtigster Berg des Sowjetreiches trug er bis 1960 den Namen Stalins. Vergleicht man die drei höchsten ›ex-sowjetischen‹ Siebentausender mit einem Siegerpodest, so stand Lenin interessanterweise erst an dritter Stelle – noch hinter dem Sieg, nach dem der Pik Pobedy im Zentrum des Tien-Schan benannt ist. Kenner der Geschichte sehen hierin einen Ausdruck des Personenkults, der Stalin sogar über den Gründer der UdSSR stellte.

Der Pik Lenina ist ein beliebter Gipfel, da für Bergsteiger eine gute Transport- und Lagerlogistik aufgebaut wurde. Der Berg kann von einem großen Zeltlager in den Vorbergen aus bestiegen werden, das schon zu Zeiten der UdSSR bestand. Die Logistik ist umfassend: Beförderung der Bergsteiger mit eigenen Transportmitteln, Unterbringung, komplette Verpflegung, medizinische Grundversorgung. Diese schützt jedoch nicht vor den Naturgefahren – im Sommer 1990 riß eine Lawine an der Nordflanke 43 schlafende Bergsteiger in den Tod.

Sicherheit in der tadschikisch-kirgisischen Grenzregion

Der hier geschilderte Teil Kirgistans ist wegen der höchst eindrucksvollen Landschaft sicher einer der Orte, die man auf seiner Reise gesehen haben sollte. Leider gibt die unsichere Lage, die seit 1992 im Nachbarland Tadschikistan herrscht, Anlass zu der Empfehlung, vor einer Fahrt ins Alaj-Tal die Sicherheitslage zu überprüfen. 1999 und 2000 überschritten Freischärler aus Tadschikistan die schwer zu kontrollierende Grenze. Sie nahmen, obwohl ihr Ziel Usbekistan war, bei einer Gelegenheit auf kirgisischem Gebiet Ausländer als Geiseln. Informationsquellen können die Polizei in Oš oder die Homepage des Auswärtigen Amts sein. Als Faustregel kann gelten, dass die Pässe über den Pamir erst im Juli/August passierbar werden und Mai und Juni für eventuelle Eindringlinge zu früh sind.

Die Ostprovinz Tadschikistans, Berg-Badahšan (Kuhistoni Badachšon), nimmt 45 Prozent der Fläche des Landes ein, dort leben aber nur drei Prozent der Bevölkerung. Seit dem Bürgerkrieg, der Ende 1992 schätzungsweise 100 000 Menschen den Tod brachte und Tadschikistan in ein zerrissenenes und gefährliches Land verwandelte, ist diese abgelegene, verarmte Gebirgsprovinz ein Brennpunkt im jahrhundertealten Bemühen Russlands, seine Südgrenze zu schützen. 1996 wurde ein von der UNO vermittelter Frieden in Moskau geschlossen, doch im Sommer 1998 wurden vier UNO-Beobachter in Tadschikistan ermordet. Wie die zentralasiatischen GUS-Republiken hat Russland Sorge, von der 1200 Kilometer langen, unübersichtlichen Grenze zum ehemaligen Kriegsgegner Afghanistan könnten Islamismus, Drogenhandel und Chaos die Region überfluten. Die Folgen wären in der Tat auch für Russland zu spüren. Dass es sich einmischt, steht bei den Einheimischen jedoch auch im Verdacht der Erhaltung von Präsenz und alten Machtansprüchen. Die Regierung in Duschanbe, allein nicht fähig, die verfeindeten Parteien im eigenen Land unter Kontrolle (geschweige denn zu einer Einigung) zu bringen, akzeptiert die Hilfe, wenn auch nicht mit Freude. 25 000 Soldaten, meist Russen, bewachen die Grenze an den Flüssen Pjandsch und Amu-Darja.

Auf der M41 von Oš begegnet man darum gelegentlich Armeelastern der 201. Division mit der russischen Trikolore, aber auch Versorgungsfahrzeugen mit Hilfsgütern des Aga Khan für seine Glaubensbrüder, die im Pamir lebenden Ismailiten. Die Straße in die Provinzhauptstadt Chorog ist gefährlich, denn es drohen Anschläge nach Afghanistan geflüchteter Oppositioneller, und steigt auf 100 Kilometer nicht unter 4000 Meter ab.

Durch das Alaj-Tal

Das Klima im auf 2000 Meter liegenden Alaj-Tal ist streng. Im September fällt der erste Schnee, und erst im Mai ist der letzte Rest davon abgetaut. Die Thermik durch starke Erwärmung der Atmosphäre über der Taklamakan-Wüste in China saugt immerfort Luft aus dem Tal an. Ständig verbirgt ein starker, kalter Wind den Trans-Alaj hinter Schleiern aus Staub und Sand, die aus der Halbwüste zu dessen Füßen in die Luft wirbeln. Vor diesem rauhen Wind geschützt liegen in den Felsbuchten des Alaj von Bächen getränkte Wiesen, Äcker und kleine Gehöfte. Trotz des unwirtlichen Klimas ist das Alaj-Tal seit Jahrhunderten als vorzüglicher Weidegrund bekannt. Abgemagerte Pferde, so erzählen sich die Kirgisen, werden hier in den wenigen Sommermonaten schnell wieder wohlgenährt. Der hohe Zuckergehalt, mit dem sich die Gräser vor Frost schützen, mästet die Tiere gut. Vielleicht hat das Tal daher seinen Namen – Alaj bedeutet ›Paradies‹. Auf den Weiden leben nicht nur die Schafe und Pferde der Hirten. Unter dem Gras haben dicke Langschwanz-Murmeltiere ihre Gänge gegraben. Sie strecken häufig in sicherem Abstand zu eventuellen Beobachtern den Kopf aus dem Bau, um die Lage auszuspähen. Manchmal sieht man die rostroten Pelztiere von der Größe einer Bulldogge schwerfällig und mit wippendem Schwanz über die Hänge hoppeln.

Während der Fahrt durch das Alaj-Tal zieht ein Sechstausender nach dem anderen vorbei – jeder vom Sockel bis zur Spitze in reines Weiß gehüllt. Die meisten dieser Berge sind bislang unbenannt, denn nur die prestigeträchtigen Sieben-

Kirgisischer Grenzposten unterhalb des nach Tadschikistan führenden Kyzyl-Art-Passes

tausender, in deren Schatten sie liegen, wurden von Bergsteigern erklommen. Die Straße ist schlecht; etwa 15 Kilometer hinter Sary-Taš endet die Asphaltdecke und geht in eine staubige Wellblechpiste aus grauem Schotter über. Es lohnt sich, nach Abfahrten auf die Sandpiste am Kyzyl-Suu Ausschau zu halten, die wohl beim Bau der Stromleitung entstand. Das Fahren auf der kurvigen, für Geländewagen wie geschaffenen ›Rennbahn‹ macht mehr Spaß als die Mensch und Material zermürbende Rüttelei auf der Straße.

100 Kilometer westlich von Sary-Taš befindet sich der Ort Daroot-Kurgan (Дароот-Курган). Hier setzte der Kokander Khan Chudojar während seiner Eroberung Kirgistans Ende des 19. Jahrhunderts eine seiner Garnisonsfestungen ins Gebirge. Was von dem Fort übriggeblieben ist, wird heute als Lagerhaus genutzt. Doch geht die Geschichte des Ortes wahrscheinlich viele hundert Jahre weiter zurück. Ausgrabungen haben Spuren einer Ansiedlung aus dem 1. Jahrtausend vor unserer Zeit zutage gebracht. Man vermutet sogar, dass hier der von Ptolemäus erwähnte Steinturm an der Straße zwischen Kashgar und Balkh stand, wo levantinische und chinesische Karawanen ihre Waren tauschten. 1871 startete der russische Forscher A.P. Fedčenko von hier aus eine Pamir-Expedition. Acht Jahre später entdeckte sein Landsmann V.F. Ošanin einen 75 Kilometer langen Gletscher, der sich unter dem Pik Kommunisma durch den Fels wälzt und den er nach Fedčenko benannte. Dieser Eisstrom mit einer Fläche von 1346 Quadratkilometer ist der Rest des alten Muksu-Gletschers, dessen Moräne anzeigt, dass er einmal 164 Kilometer lang war. Hier liegt auch der Pik Korženevskaja (7105 Meter). Als niedrigster der vier Siebentausender der ehemaligen Sowjetunion wurde er auch als letzter von ihnen – im Jahr 1953 – bestiegen.

Pass über das Alaj-Gebirge, im Hintergrund der Pamir

60 Kilometer westlich von Daroot-Kurgan liegt die Grenze zu Tadschikistan, wo der Kyzyl-Suu zunächst Surhob und dann Vahš heißt. Kirgistan, das man dort verläßt, setzt sich noch 210 Kilometer nach Westen fort, allerdings als unwegsames Gebirge. Beim Knoten Kok Suu am Pik Skaliskij (5261 Meter) spaltet sich das Alaj-Gebirge in die Bergzüge Turkestan und Zerafšan.

Anspruchsvoll, doch lohnend ist die Überquerung der Alaj-Kette im Westen über den Pass Tengizbaj (Перевал Тенгизбай – 3511 Meter). Der Pass hieß früher Šiman-Bel und ist den Einheimischen wahrscheinlich auch unter diesem Namen geläufig. Etwa zwei Kilometer vor Daroot-Kurgan biegt eine Straße ins Gebirge ab. Hinter einem Dörfchen aus Lehmhäusern und einer Schlucht befindet sich ein Tal, eingefaßt von markanten grauen und roten Felsen. Die Straße gabelt sich und zweigt vor einem Bauernhof nach links zum Pass ab. Immer höher winden sich die Serpentinen durch Bergwiesen, auf denen gelegentlich Langschwanz-Murmeltiere umherlaufen. Der steile Abschnitt endet zwischen einem Berg und einem Hügel aus rotem Schutt. Von jenem hat man einen überwältigenden Ausblick: Unten schlängelt sich die sandgelbe Straße durch rote und grüne Hügel. Rechts durchstoßen die Felsen eines Berges wie Igelstacheln die Schneedecke. Links schweift der Blick ins Alaj-Tal – am Pamir entlang, von dem nun auch die Gipfel weiter im Inneren zu sehen sind. An klaren Tagen reicht die Sicht über 100 Kilometer weit, und die verschiedenfarbigen Streifen der Berge und des Tals verschmelzen auf einem Fluchtpunkt in China.

Als Nebenstrecke wird der Weg über den Tengizbaj-Pass nicht besonders gepflegt. Noch im Frühsommer kann die Fahrbahn durch Felsbrocken und verharschte Schneereste blockiert sein. Die Nordseite jedoch ist noch viel härter: weggespülte Streckenabschnitte, tiefe Flüsse und allenfalls dubiose Brücken – so geht es 50 Kilometer lang. Wer vom Ferganabecken diesen fordernden Weg ins Alaj-Tal nehmen will, muss kurz vor Kyzyl-Kija (Кызыл-Кия) südöstlich von Fergana nach Südwesten in Richtung Uč-Kurgan (Уч-Курган) abbiegen. Über vier kleine Dörfer – das letzte vor dem Pass heißt Ljangar (Лянгар) – entlang dem Fluss Isfairam-Saj umgeht die Straße den Kiči (kleinen) Alaj, wonach die Bezwingung des Alaj selbst beginnt.

Šachimardan

Im südwestlichen Arm Kirgistans liegen einige winzige usbekische Enklaven, Ableger der Grenzfestlegungen durch Stalin. Die östlichste schmiegt sich 55 Kilometer südlich von Fergana an die Ausläufer des Alaj-Gebirges. Der Ort Šachimardan (Шахимардон) – auch Hamza-Abad (Хамза-Абад) – ist ein beliebtes Ausflugsziel. Er liegt auf 1500 Meter Höhe an einem Nordhang, umgeben von

Bergen, das Klima ist hier selbst im Hochsommer – wenn im Ferganatal die Hitze brodelt – angenehm und die Luft rein. Auf Persisch bedeutet Šachimardan ›König der Menschen‹ – die Bezeichnung für Ali, den Schwiegersohn des Propheten Mohammed und vierten Kalifen. Jahrhundertelang war das Ali-Mausoleum auf dem Hügel über Šachimardan (in der islamischen Welt gibt es weitere sechs) ein bedeutendes Pilgerziel, unter anderem für die Khane von Kokand. Mit der Zerstörung des Mausoleums 1921 endeten die Pilgerfahrten, ganz im Sinne der atheistischen neuen Machthaber. Doch 1993 wurde eine kleine Moschee aus ockergelbem Backstein mit schön geschnitzten Holztüren fertiggestellt, und seither kommen nicht nur Ausflügler, sondern auch wieder Pilger.

Museum des usbekischen Dichters Hamza in Šachimardan

An Wochenenden wird die Hauptstraße zu einem Jahrmarkt mit vielen Ständen, wo Süßigkeiten, Spielzeug und Souvenirs verkauft werden. Man kann sich auf einem Rummelplatz vergnügen und bei Fotografen mit Motorrädern, Bären (ausgestopft) oder Pfauen und Adlern (lebendig) zum Andenken porträtieren lassen. Auf den meist selbstgemalten Fotohintergründen sind die Sehenswürdigkeiten Šachimardans abgebildet, zu denen unter anderem ein finsteres Monument zählt, das auf einem Hügel hoch über der Ortsmitte den Blick auf die Moschee verstellt – ein in Bronze gegossener Sowjetheld reckt drohend gegen einen imaginären Konterrevolutionär die Faust, während er mit der anderen Hand einen gefallenen Kameraden stützt und ein Dritter die Flanke mit dem Karabiner sichert.

Das Denkmal unterstützt die sowjetische Fassung der Erklärung, wieso das Ali-Mausoleum niederbrannte – Widerstandskämpfer gegen die Sowjetmacht, sogenannte Basmatschen, wollten angeblich 48 Rotarmisten ausräuchern, die sich dort verschanzt hatten. Die usbekische Version lautet: Die Bolschewiken zündeten das Bauwerk selbst an. Auf den steilen Hügel mit dem martialischen Trio gelangt man zu Fuß und über eine Rolltreppe. An ihrer ›Talstation‹ hat man einen Park zum Gedenken an den Kokander Dichter Hamza Hakimsade Niyasi angelegt, und oben, ebenfalls in einer kleinen Parkanlage, wurde ihm in den sechziger Jahren ein ansprechend gestaltetes Mausoleum aus rotem Granit und Stuck errich-

Am Fluß Ak-Suu bei Šachimardan

Die ›Tourbasa‹ von Said südlich von Šachimardan

tet. Hamza schrieb auch Bühnenstücke und ermunterte Frauen, ihre Schleier abzulegen und seiner Theatergruppe beizutreten. Dafür soll er 1929 von erzürnten Mullahs gesteinigt worden sein – Wasser auf die Mühlen der Sowjets! Es wird aber auch gemunkelt, Hamzas Interesse an den Frauen sei nicht nur künstlerisch motiviert gewesen. Jedenfalls ist die Vielzahl der unterschiedlichen Schilderungen genau der richtige Stoff für eine der Legenden, die sich um diesen Ort ranken.

Hinter Šachimardan führt rechts eine Straße oberhalb des Parks ins Gebirge. Sie durchquert das Dörfchen Jordan (Йордан), durch dessen baumbestandene Gassen gemütlich Kirgisen und Usbeken spazieren. Der Fluss Ak-Suu im Tal trägt einen passenden Namen – ›weißes Wasser‹; er ist milchig vom Staub zermahlenen Gesteins. Bei ein paar Schrebergärten hinter der Ortschaft steigt die Asphaltstraße einen Hang hinauf einem Feriengelände entgegen, hinter dem eine Schotterpiste durch die Ak-Suu-Schlucht zu einem Bergsteigerlager führt. Folgt man in der Kurve vor dem Hang geradeaus dem Fluss und überquert die primitive Brücke, gelangt man – vorbei am Pionierlager mit dem seltsamen Namen A3OT (Azot – Stickstoff) – auf ein ins Tal vorspringendes Hochplateau mit der ›Tourbasa‹ des freundlichen Usbeken Said. Das mit einigen Hütten bestandene Gelände ist umzäunt und bietet einen sicheren, abgeschiedenen und gemütlichen Lagerplatz mit eigenem Bach und schattenspendenden schlanken Pappeln. Said freut sich über Gäste und ist gerne bereit, bei Versorgungsfragen zu helfen.

Die geradeaus hinter Šachimardan weiterführende Straße endet nach 4,5 Kilometern an der Talstation einer Seilbahn, über der schon wieder die kirgisische Flagge weht. Aber wie in dem Ort trifft man fast nur Usbeken. Aus den zwei Personen fassenden Gondeln kann man die Geröllmassen überblicken, die von den Bergen zu beiden Seiten herabgestürzt sind und den Grund der Schlucht mit Felsbrocken bis zur Größe von Häusern bedeckt haben. Auch ein Fußpfad führt hinauf. Die Bergrutsche haben einen Fluss verschüttet und zum 1740 Meter hoch gelegenen ›Blauen See‹ (Кок-Суу) angestaut, der türkisfarben zwischen den Gipfeln schimmert, aber auf keiner Landkarte verzeichnet ist. Der Berg links ist aus unzähligen durchkneteten Schichten geformt. Gegenüber führt ein Pfad ans hintere Ufer. Dorthin kann man auch mit großen motorisierten Schlauchbooten übersetzen, die Wochenendausflügler hin- und herbefördern.

Ein Schotterstrand mit Büschen und dem Zufluss schließt den See zur Schlucht hin ab. In dieser liegt ein weiterer kleiner See. Am Ufer picknicken die Besucher auf einer Wiese unter alten Bäumen und lassen sich die Speisen aus einer Plovküche schmecken.

Nach Šachimardan kommt man auch von Kirgistan aus, allerdings nur über eine Straße, die an mindestens einer Stelle auch wieder für eine kurze Strecke in usbekisches Territorium hineinführt. Der Hauptzugang ist von der Stadt Fergana aus, von wo Busse fahren: in der Hochsaison etwa stündlich, in der Nebensaison zwei- bis dreimal am Tag. Auch für Kurzentschlossene müsste eine Fahrt machbar sein, gemäß der Regelung, dass das Visum eines Nachbarlandes einen dreitägigen Aufenthalt gestattet (siehe Reisetipps von A bis Z ›Visum‹). Treks in die Berge sollten allerdings über eine Reiseagentur gebucht werden, weil diese usbekisch-kirgisisches Grenzgebiet sind und zu einer der Regionen gehören, in denen Wanderungen gebührenpflichtig sind.

Jahrmarkt in Šachimardan

Diese Route führt entlang des Talaskij-Alatoo durch die Suusamir-Syrte nach Naryn und weiter zur chinesischen Grenze.

Durch den Norden nach Zentralkirgistan

Das Talas-Tal

Einige Stunden nördlich von Taschkent, wenn die Spitzen des Tien-Schan am Horizont auftauchen, kündet in Kasachstan der Kara-Tau von ihnen – die ›Schwarzen Berge‹, ein weit nach Westen in die Hungersteppe vorgestreckter Finger karger, zerklüfteter Felshügel. Er beginnt bei dem nach Nordosten weit geöffneten Talas-Tal. Wenn man den Weg über Kasachstan ins Talas-Tal wählt, benötigt man ein kasachisches Visum.

Im östlichen Talas-Tal

Auf der Strecke von Taschkent nach Bischkek kommt man hinter Burnoje (Бурное) an ein Schild, das auf eine Staatsfarm verweist; hier biegt die Straße zur kirgisischen Grenze ab. Die Nordflanke des Manas (Манас, 4482 Meter) ist weithin sichtbar ein prachtvoller Auftakt zum Talaskij-Alatoo. Hier beginnt der Talas-Fergana-Bruch, der sich südostwärts 600 Kilometer quer durch Kirgistan zieht. Der Talaskij-Alatoo ist nach dem Fluss Talas (Талас) benannt, dessen Tal er an der Südseite überragt. Es scheint, als würden die Berge hier wie Bäume aus dem frischen Boden Kraft saugen, um in die Höhe zu wachsen, während sich draußen in der Steppe ihre Köpfe kaum höher über den Sand heben als das zähe Gestrüpp.

Im Talas-Tal wurde bereits in der Antike Silber abgebaut, und hier besiegten die Araber im 8. Jahrhundert die Chinesen in einer für das Schicksal Mittelasiens entscheidenden Schlacht. Am Kenkol, einem Zufluss des Talas, liegt das Mausoleum des sagenhaften kirgisischen Helden Manas.

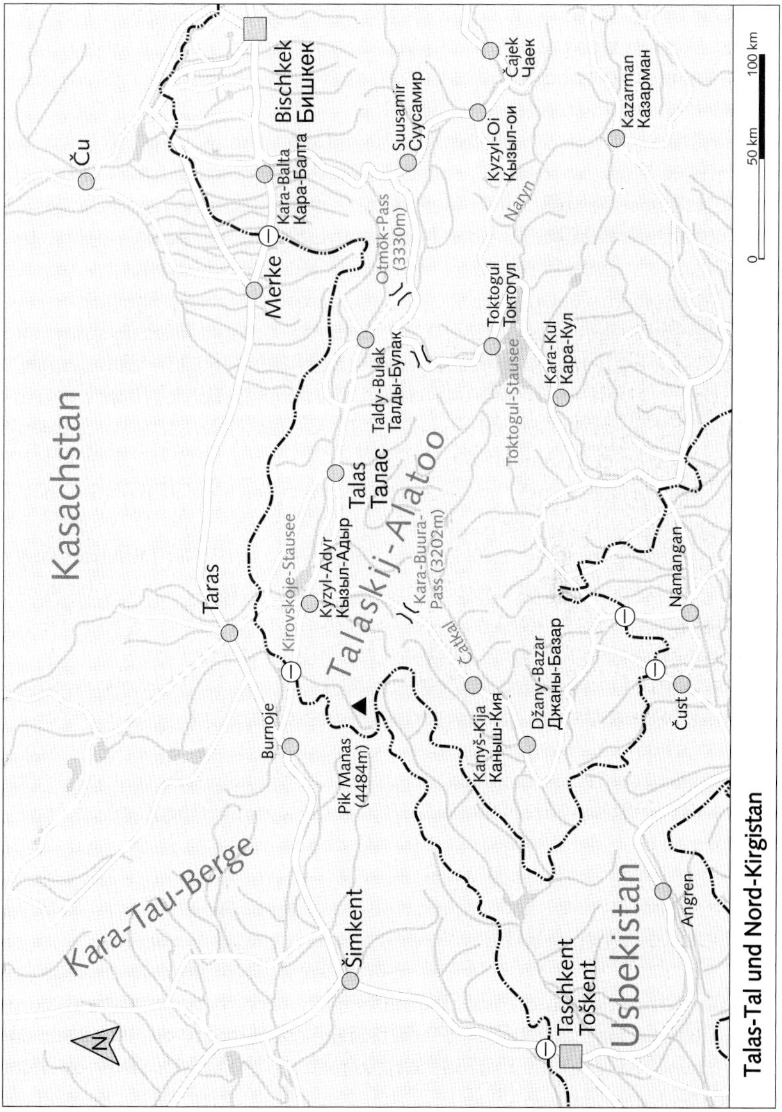

Talas-Tal und Nord-Kirgistan

Nachdem man auf ruppigem Weg einen kleinen Stausee, Obstplantagen und Dörfer passiert hat, erreicht man die Grenze. Allmählich erheben sich auch im Norden Hügel und Berge: der Kirgiskij-Alatoo, hier noch wenig mehr als Steppenhügel und nicht so mächtig wie die ihm gegenüberliegenden Viertausender. Doch beginnt mit ihm das Rückgrat des westlichen Tien-Shan, das sich weit nach Osten bis zu den Riesen an der chinesischen Grenze zieht. 35 Kilometer hinter der Grenze liegt der Ort Kyzyl-Adyr (Кызыл-Адыр), das ehemalige Kirovskoje. An einem kleinen Markt beginnt die Auffahrt zum Kara-Buura-Pass über den Talaskij-Alatoo ins südlich gelegene Čatkal-Tal.

Am Ortsrand von Kyzyl-Adyr ist der Talas zum Kirovskoje-Reservoir (Кировское Водохранилище) gestaut, das im Frühsommer, durch Schmelzwasser aufgefüllt, seine volle Ausdehnung von 15 mal 5 Kilometern erreicht. In den kleinen Buchten der unbesiedelten Nordseite verbergen sich gute Campingmöglichkeiten. Man erreicht sie, wenn man einige Kilometer hinter Kyzyl-Adyr an einem Mausoleum – ein markanter, aluminiumfarben glänzender Kuppelbau – auf den Feldweg abbiegt, der zwischen Gebüsch und Schilf den Fluss überquert und auf die bizarren Lehmformationen der Ausläufer des Kirgiskij-Alatoo zuführt. Diese Hügel sehen aus, als hätte man sie mitsamt der umgebenden Steppe aus Arizona hierher versetzt, während gegenüber die Viertausender-Kette des Talaskij-Alatoo zackig in den Himmel ragt.

Die Bezirksstadt Talas (Талас) ist ein verschlafenes Städtchen ohne Sehenswürdigkeiten, aber mit einigen Lädchen und Tankstellen.

Auf dem Weg nach Osten rücken die Berge über dem Talas-Tal immer enger zusammen. Einige Kilometer vor Taldy-Bulak (Талды-Булак) läßt sich auf einem ausgefahrenen Feldweg der Fluss erreichen, in einem malerischen Seitental mit flachen, ausgedehnten Wiesen, auf denen es sich gut campen lässt.

Hinter dem Ort überquert die Straße schließlich den 3330 Meter hohen Pass Otmjok (Перевал Отмёк), der trotz seiner beeindruckenden Höhe schnell bewältigt ist. Er stößt im Tal auf die Hauptverkehrsader Kirgistans, die M 41 zwischen Bischkek und dem Ferganabecken; neben der Einmündung steht ein rot angestrichenes Yak aus Beton auf einem Sockel. Die Jurte gegenüber dient als Fernfahrergaststätte.

Die Suusamir-Syrte

Hier liegt der westlichste Punkt der Suusamir-Syrte (Суусамир Сырта), eines 150 Kilometer langen Hochtals, das in seinem Zentrum in Nord-Süd-Richtung 24 Kilometer breit ist. Dieses große Steppenplateau, 2200 Meter über dem Meer gelegen und umrahmt von an den Horizont gerückten Bergen, ist mit ihrer an die

Hirtenmädchen

Mongolei erinnernden Weite einer der beeindruckendsten Plätze Kirgistans. Etwa 6000 Menschen leben hier unter rauhen und ärmlichen Bedingungen. Zu Sowjetzeiten weideten hier jeden Sommer vier Millionen Schafe; heute ist diese Zahl auf ein Fünftel zusammengeschrumpft und ein Teil des Landes wurde zu Äckern umgewandelt.

Auf dem Weg nach Osten weicht der Talaskij-Alatoo immer weiter zurück und geht schließlich in den Kirgiskij-Alatoo über, der auf 454 Kilometern Länge das Landesinnere gegen die Steppen abgrenzt. Nach 70 Kilometern, am Fuß des einzigen Passes über diesen Bergzug, den 3586 hohen Tjus-Ašuu (Тюсь-Ашуу), dessen gleichmäßige Schrägen weithin sichtbar Laster erklimmen wie Raupen die Äste eines Baumes, gabelt sich die Straße. Im Süden heben sich die weißen Fassaden des kleinen Ortes Suusamir reizvoll gegen die graue Gipfelreihe des Suusamir-Too ab. Leider erweist sich dieser Eindruck als trügerisch, sobald man näherkommt und die Bauruinen passiert, die fast die Hälfte des Dorfes ausmachen. Wer Suusamir zu seiner Basis für die Erkundung der umliegenden Berge machen will, findet zwei Optionen für ein Dach über dem Kopf: die Unterkunft der Stromleitungstechniker oder die sogenannte ›Datscha‹, deren Aufseher auch für einfache Verpflegung sorgen kann.

Hinter Suusamir zwängen die Berge den Fluss Këkëmeren in eine Schlucht mit bizarren Felsformationen. Bei Kyzyl-Oj (Кызыл-Ой) beginnt eine wenig befahrene Abzweigung nach Südwesten durch den Suusamir-Too zum Toktogul-Stausee. Wegen deren extrem schlechtem Zustand ist die Fahrt über die Hauptstrecke M 41 vorzuziehen – was auf der Straßenkarte wie eine Abkürzung aussieht (200 gegenüber 240 Kilometer), rechtfertigt den größeren Aufwand an Treibstoff und die Belastung von Mensch und Material nicht. Kyzyl-Oi selbst eignet sich auch als Ausgangspunkt für Bergtouren. Die Schweizer Organisation Helvetas unterstützt das Shepherd's Life-Programm, das Reisenden hilft, bei Familien untergebracht zu werden. Darüber kann man sich unter www.tourism.elcat.kg informieren.

Der nächste größere Ort ist Čajek. Er ist gut 80 Kilometer von Suusamir entfernt. An der Hauptstraße liegen ein Markt und eine Tankstelle. Bekommt man dort keinen Treibstoff, ist vielleicht die Nachfrage am Betriebshof nebenan erfolgreich.

Zentral- und mittleres Südkirgistan

Song-Kul-See

Hinter dem Ortsausgang von Čajek mündet von Süden eine Straße ein, die über den Ort Kara-Keče (Кара-Кече) zum herrlich gelegenen See Song-Kul (Озеро Сонг-Кул) führt. Auf den ersten Kilometern nach dem Tal überragen rostfarbene Felsen, die an Wolkenkratzer und Kathedralen erinnern, die Schlucht. Die Fahrt führt über Serpentinen auf etwa 2500 Meter Höhe. Ihre westlichen Ausläufer durchziehen breite Rinnen. Sie sind wegen der hohen Abbruchkanten schwierig zu durchqueren und überdies voller Geröll, das die Schneeschmelze im Frühjahr abgeladen und mit tiefen Furchen durchzogen hat.

Die üppigen Weidegründe werden in den Sommermonaten von den Kirgisen genutzt, deren Jurten aus dem weiten Grün wachsen wie Champignons. Auf den Feuchtwiesen wächst nicht nur Gras für die Schafe, Kühe und Pferde der Hirten. Rosa Blüten und das in Europa seltene, unter Naturschutz stehende Edelweiß sprenkeln jeden Fußbreit der Hochebene. Hier brüten die seltene Streifengans und Schwarzstörche.

Begegnung unter Reisenden; Nickerchen auf dem Asphalt
Nachbarschaftstreffen von Nomadenfamilien; Straßencafé in Čolpon-Ata

Хуторок
кафе

Die Hochebene mit dem See misst 60 auf 30 Kilometer und wird auf allen Seiten von bis zu 3800 Meter hohen Bergen begrenzt. Die klare Luft bietet weite Ausblicke über die Ebene, den See und die Berge. Die Oberfläche des Song-Kul

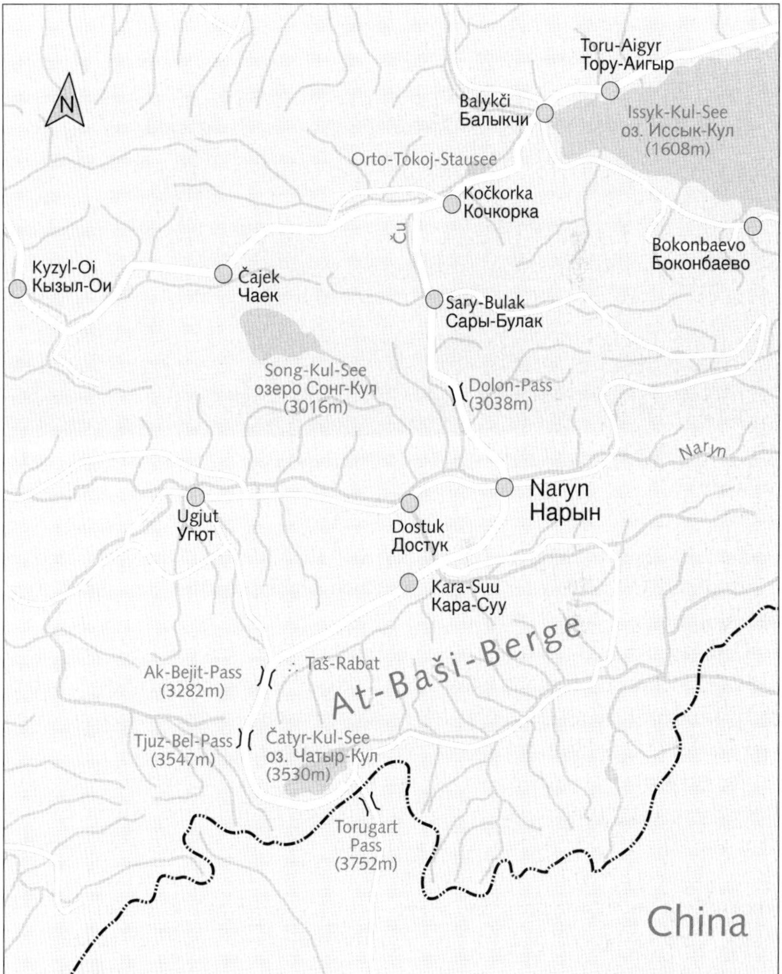

Zentralkirgistan

Geschwister im Sommerlager; Auf der Sommerweide in 3000 Metern Höhe
Seit der Unabhängigkeit werden wieder Moscheen gebaut – hier in Naryn

Selbst zum Fischen steigen die Kirgisen ungern aus dem Sattel

nimmt 275 Quadratkilometer ein und liegt auf 3016 Metern Höhe. Der See fasst 2,82 Kubikkilometer Wasser. Es gibt nur einen Abfluss im Südosten zum Naryn, den Koidšarti.

Dem Seeufer sollte man sich nicht unbedacht nähern – an vielen Stellen lauern Schlammlöcher und Sümpfe, die angeblich schon Menschen verschlungen haben und vor allem Fahrzeugen gefährlich werden können. Am besten läßt man sich von den Kirgisen zeigen, wo man an den See herankommt.

Die Nächte am Song-Kul sind klar und kalt. Selbst im Hochsommer kann es in Bodennähe leicht frieren. Von Mitte September bis Ende Juni schwimmt Eis auf dem See. Da das 15 Meter tiefe Wasser aber nicht durchfriert, überleben die Fische, die auch von den Hirten gefangen werden. Zu diesem abgeschiedenen Hochgebirgssee führen noch drei Wege – einer von der Straße zwischen Čajek (Чаек) und Kočkor (Кочкор), ein weiterer südlich von Kočkor entlang des Flüßchens Tjuluk (Тюлук) und einer vom Naryn im Süden über den Bergzug Moldo-Too (Хребет Молдо-Тоо).

Die Straße von Čajek nach Kočkor (120 Kilometer) führt nach einem niedrigen Pass durch ein blühendes Tal zwischen den weit auseinanderliegenden Höhenzügen des Terskej-Alatoo im Süden und des Kirgiskij-Alatoo im Norden. Vor Kočkor überquert sie den Fluss Ču (Чу), der von Süden durch eine Schlucht den Terskej-Alatoo durchstößt. Kurz danach mündet aus derselben Richtung die Straße, die über Naryn (110 Kilometer) zur chinesischen Grenze führt. Ihr höchster Punkt liegt am Pass Dolon (Перевал Долон, 3030 Meter), etwa 50 Kilometer südlich der Einmündung.

Naryn

Naryn (Нарын) ist das Verwaltungszentrum der südlichen Mitte Kirgistans und hat etwa 45 000 Einwohner. Viele von ihnen sind Soldaten, denn dies ist die letzte Stadt vor dem Grenzübergang nach China am Torugart-Pass. Hier sollen die schönsten Šyrdaks, die archaisch gemusterten bunten Filzteppiche genäht werden. Sonst ist über Naryn wenig zu berichten. Außer der neuen Moschee, deren Blechkuppel einer Sternwarte ähnelt, stehen nur triste Zweckbauten in dem schönen Tal, dessen reichliche Campingmöglichkeiten zu nutzen leider wegen des Militärpostens verboten ist. Wer es trotzdem versucht und von einer Patrouille aufgespürt wird, wird in einem der äußerst schlichten Hotels zwangsuntergebracht. Eines davon, das erste privatisierte in Naryn mit dem Namen Yildiz, das eher eine Jugendherberge ähnelt, soll anständiges Essen servieren und organisiert Pferdewanderungen und Reittouren. In vier Tagen kann man zum Beispiel zum Song-Kul reiten.

Östlich von Naryn dringt eine Straße entlang dem Fluss Richtung Zentraler Tien-Schan vor, windet sich in einer deformierten Schleife um einen kleinen Bergzug und stößt nach 260 Kilometern, nördlich des Dolon-Passes, wieder auf die Straße Naryn-Bischkek. Ein landschaftlich gewiss lohnender, wahrscheinlich aber fordernder Abstecher.

In westlicher Richtung gelangt man von Naryn durch eine Landschaft voller wechselnder Eindrücke über zwei markante Pässe ins Ferganatal (siehe den Abschnitt zu Džalalabad).

›Celestial Mountains Guest House‹, Moskovskaja Köčösü 42, Tel. und Fax +996/335 22/504 12, e-mail: celest@infotel.kg. Einfache Herberge, von einem Engländer gemanagt. Eine Übernachtung kostet etwa 20 US-Dollar pro Person.

Hotel ›Salkyn-Tor‹ in der gleichnamigen Schlucht westlich von Naryn. Renoviertes Gebäude mit eigener Heißwasserversorgung, während der Saison auch zusätzlich Unterbringung in Jurten möglich, Tel. +996/352 25 00 46.

Zum Torugart-Pass

Südlich fährt man zum bis 2002 einzigen für internationale Reisende offenen Grenzübergang nach China – dem 3752 Meter hohen Torugart-Pass (Перевал Торугарт). Die Straße gabelt sich 40 Kilometer vor At-Baši (Ат-Баши) und dem gleichnamigen Gebirgszug, dessen höchster Gipfel 4786 Meter aufragt. Die Fortsetzung der A 365 von Bischkek nach Naryn führt westlich, der andere Weg östlich um den 140 Kilometer langen Bergrücken herum. Auf der A 365 erreicht man den Pass nach 190 Kilometern. Die weniger befahrene Ostroute ist etwa 70 Kilometer länger.

Lösshügel bei Naryn

Auf dem Weg liegt eine Sehenswürdigkeit bei dem Dorf Kara-Suu: die Ruine der wahrscheinlich karakhanidischen Festung Košoy-Kurgan aus dem 10. Jahrhundert.

Taš-Rabat ist das letzte Hochtal, bevor die schneebedeckten Hänge des Tien-Schan hinabsinken in den Dunst der Wüste Taklamakan. Das Klima ist hier milder als im umgebenden Hochgebirge. Hier konnten die Kaufleute und Eroberer ihre Tiere noch einmal weiden und tränken, ehe sie einen salzigen, halbgefrorenen See umrundeten und hinunterstiegen in die Glut der ›Wüste ohne Wiederkehr‹ – Kashgar entgegen, der großen Oase am Fuß des Pamir, Ziel und Treffpunkt vieler Karawanen aus Ost und West.

In die grünen Kuppen, die ringsum die zu Zacken emporsteigenden Talwände bedecken, ist eine kleine Karawanserei eingebettet. Der Quader gleicht mit dem wuchtigen Eingangsvorbau und den turmförmigen Vorsprüngen an den Ecken dem Kern der Moscheen und Koranschulen, die in Samarkand zu sehen sind. Das Gebäude wurde im 15. Jahrhundert aus Naturstein gefügt und liegt so an einem Hang, dass es scheint, es sei immer tiefer ins weiche Erdreich gesunken und werde bald ganz unter Gras verschwinden, wenn dieses nicht regelmäßig von Pferde- und Schafherden gestutzt würde. Die angenagten Mauern und die eingefallene Kuppel wurden 1984 restauriert, wobei man leider nicht wie die alten Baumeister den selbsttragenden Kräften des Gewölbes vertraute, sondern mit viel Mörtel nachhalf. Im Inneren sind ein Hauptraum und davon abgehende Kammern zu besichtigen, ein Tunnel führt ins Innere des Berges.

Die Berge in Zentralkirgistan sind kahl und schroff

Das Hochtal ist entlegen und wird fast nur von Hirten besucht. Ständig wohnt hier nur der Aufseher über die Karawanserei und den Parkplatz.

Zwei Pässe (Ak-Beyit und Tjuz-Bel) sind noch vor der kirgisisch-chinesischen Grenze zu überqueren . In einer Felswüste liegt auf 3530 Meter über dem Meeresspiegel einsam der drittgrößte See Kirgistans: der Čatyr-Kul mit einer Fläche von 175 Quadratkilometern und bis zu 17 Metern Tiefe. Das sumpfige Gewässer ist eine Naturschutzzone. Schwarze Kraniche rasten hier auf ihren jahreszeitlichen Wanderungen; ihre zweite Station in Kirgistan ist das Karkara-Tal am Issyk-Kul.

Wer über den Torugart-Pass nach China weiterfahren will, kann dies nicht spontan tun. Vorbuchung bei einem chinesischen Reiseunternehmen ist erforderlich, die Arrangements sind kostspielig und restriktiv.

Reisetipps von A bis Z

Allgemeines

»Bevor wir zu den Hauptrouten durch Turkestan übergehen, scheint es nicht unwichtig, einige Worte über die Reisebedingungen in Zentralasien zu sagen, die sich in diesem eigenartigen und in vielen Beziehungen noch primitiven Land von den Umständen unterscheiden, unter denen man im europäischen Russland und Westeuropa reist. Vor vergleichsweise kurzer Zeit war Zentralasien für uns ein fast unbekanntes Land, von dem viele Teile weniger bekannt waren als die afrikanische Wildnis; Reisen durch Turkestan erforderten viel Zeit, Mittel und waren bei weitem nicht ungefährlich. Jetzt gehört all dies der Vergangenheit an. Reisen durch Mittelasien, die noch vor nicht allzulanger Zeit als Heldentat galten, haben sich nun in angenehme, lehrreiche und vollkommen ungefährliche Fahrten verwandelt, die für jeden Naturliebhaber und am Land interessierten Touristen eine unerschöpfliche Quelle des Vergnügens darstellen.«

(aus Masalskij, W. I.: ›Russland – Vollständige geographische Beschreibung unseres Vaterlandes. Band 19: Turkestan‹ Sankt Petersburg 1913; Übersetzung des Verf.)

Eine Reise nach Kirgistan – vor allem auf eigene Faust – erfordert gute Vorbereitung, angemessene Ausrüstung, Flexibilität und Komfortverzicht. Dies trifft in gewissem Ausmaß auch zu, wenn man mit einem Reiseveranstalter nach Kirgistan kommt. Wer diesen belauert, um aus Verzögerungen und Umdisponierungen Material für eine Klage auf teilweise Erstattung des Reisepreises zu sammeln, sollte sich vielleicht ein anderes Ziel suchen.

Die beste Reisezeit ist von Juni bis September.

Individualreisende sind nach wie vor selten und fallen auf. Zu sowjetischen Zeiten gab es nur Pauschaltouristen – Ausländer am Gängelband von Intourist, Einheimische mit einer ›putëvka‹, einem Gutschein für Vollpension in einem Pensionat, vor allem am Issyk-Kul. Die wenigen Einrichtungen für Touristen sind örtlich konzentriert und sehr bescheiden.

Von Touristen wird für Hochgegirgswanderungen eine Gebühr von 30 US-Dollar erhoben. Bei Pauschalreisen ist die Gebühr in der Regel bereits im Reisepreis enthalten. Die Gebühr ist bei der Einholung einer Trekking-Genehmigung beim Ministerium für Tourismus und Sport zu entrichten. Dies kann aber auch bei Buchung einer Reise vom Veranstalter erledigt werden. Die Zahl der zu besuchenden Orte ist unbegrenzt, es gelten nur zwei unterschiedliche Gebührensätze je nach Gültigkeitsdauer: 1 bis 3 Tage (ca. 8 US-Dollar) und mehr als 3 Tage (ca. 30 US-Dollar). Außerdem muss man in bestimmten Grenzgebieten wie im Ferganabecken und im Alaj-Tal eine gebührenpflichtige Aufenthaltserlaubnis vom Militär haben. An diese kommt man offensichtlich nur über örtliche Tourismusfirmen, sie kostet etwa 10 Dollar. Ebenso wird bei der Besteigung der höchsten Berge ein Obulus von 100 US-Dollar fällig.

Alkohol

Die russischen Kolonisten brachten nicht nur Elektrizität und das Alphabet mit, sondern führten auch ihre Trinkgewohnheiten in Zentralasien ein. Die meisten hiesigen Moslems nehmen ihren Glauben nicht so streng, dass sie keinen Alkohol trinken würden. Hier geht es allerdings nicht um ein Schlückchen zum Essen und einen Rachenputzer hinterher: Was dem Russen sein Wasserglas, ist dem Kirgisen die Teeschale – und geleert wird das mit Wodka gefüllte Trinkgeschirr stets in einem Zug. Der Alkoholgehalt selbstgebrannter Schnäpse ist infernalisch, gekaufter Wodka ist oft von fragwürdiger Qualität, weil viele Plagiate bekannter Marken existieren. Wer hier nicht mithalten kann oder will, sollte dies gleich zu Anfang klarmachen und standhaft bleiben. Abstinenzler werden bedauert, aber eher respektiert als jemand, der plötzlich das Ritual bricht, weil er ›aussteigt‹.

Anreise

Viele der in diesem Reiseführer beschriebenen Gebiete sind Touristen erst seit der Unabhängigkeit Kirgistans zugänglich. Trotz seiner großen Entfernung zu Europa ist der Tien-Schan allerdings das am leichtesten zu erreichende Gebirge der ehema-

Tankstelle in Sary-Taš

ligen Sowjetunion, da die Hauptstädte der umliegenden Republiken in das Programm einiger europäischer Fluggesellschaften aufgenommen wurden.
Flugverbindungen nach Bischkek bestehen mit Turkish Airlines über Istanbul und Kyrghyz Air fünfmal wöchentlich ab Frankfurt, Hannover und Stuttgart. British Airways fliegt zweimal in der Woche ab London. Die preisgünstigste Flugmöglichkeit ist mit Aeroflot über Moskau (ab 425 Euro). Der Reiseveranstalter Wildberry Tours bietet günstige Flugreisen nach Kirgistan mit Aeroflot an: Postfach 130154, D-53061 Bonn, Tel. 02 28/242 17 10, Fax 242 17 12, e-mail: tours@wildberry.de, www.wildberrytours.com.
Die kasachische Hauptstadt Almaty wird von Lufthansa, KLM, Turkish Airlines, Austrian Airlines und BA angeflogen.
Wer sich von Europa auf dem Landweg nach Kirgistan begeben will, hat zwei Möglichkeiten. Die eine stimmt auf den orientalischen Charakter Zentralasiens ein, die andere auf die Überbleibsel des Sozialismus.
Mit der zuerst erwähnten Route ist die über den Balkan und die Türkei gemeint: Von Istanbul, dem Tor des Orients, geht es ostwärts in den Iran, über Teheran nach Turkmenistan, auf die 2700 Kilometer lange Autobahn zwischen Kaspischem Meer und Almaty, an der die beiden berühmten Städte der Seidenstraße Buchara und Samarkand liegen. Von Taschkent hat man die Wahl, a) weiter auf dieser Strecke zu bleiben und über Kasachstan oder b) nach Südosten durch das Ferganatal nach Kirgistan zu fahren.
Die zweite Route führt über Russland und Kasachstan zum Nordzipfel des Aralsees, entlang seinem nördlichen Zufluss, dem Syr-Darja, über Turkestan nach Šimkent und trifft dort, nördlich von Taschkent, auf die erwähnte Autobahn. Wenn man durch das weglose Wüstenplateau Ust-Jurt zwischen Kaspischem Meer und Aralsee fährt, kann diese Variante mit dem lohnenden Umweg über Buchara und Samarkand verbunden werden. Dann kann man sogar die dritte Perle unter Usbekistans alten Städten besichtigen: Chiwa in der Wüste Kyzylkum. Die strukturlosen Weiten Eurasiens lassen die gewaltigen Entfernungen der Anreise gefühlsmäßig zusammenschrumpfen gegenüber der Langsamkeit, die einem die verschlungenen Pfade Kirgistans auferlegen. Ein Blick auf die Karte verdeutlicht, wie riesig die Strecke ist, die man hierher zurücklegen muss: Auf dem Landweg beträgt die Entfernung von Mitteleuropa etwa 9000 Kilometer.
Der Zug eignet sich nur zur Anreise: mit der Transsibirischen bis Novosibirsk, wo man in die Turksibirische Eisenbahn umsteigt. In Kirgistan gibt es nur 370 Schienenkilometer in den flachen Gebieten am Rand des Tien-Schan.

Ärztliche Versorgung und Gesundheit

Das Reizklima und die saubere Höhenluft Kirgistans sind der Gesundheit zuträglich. In der trockenen Luft vermehren sich Keime nicht wie sonst in subtropischen Breiten. Auf einige Besonderheiten sollte man trotzdem achten:

Es empfiehlt sich, vor Reiseantritt zusammen mit einem Arzt den Impfschutz zu überprüfen. Besonders wichtig ist der Schutz gegen Polio, Tetanus, Diphtherie und Hepatitis A. Bei besonderer Exposition empfehlen sich folgende weitere Impfungen: TBC (Aufenthalt unter einfachen hygienischen Bedingungen) und Tollwut (Langzeitaufenthalt – Tierkontakte). Im Grenzgebiet zu Kasachstan nordwestlich von Bischkek gibt es ein geringes Malariarisiko. Bei entsprechenden Symptomen wie Fieber sowie Kopf- und Gliederschmerzen) sollte an diese dort wohl seltene Erkrankung gedacht werden.

Hygieneartikel findet man auf den Basaren oder in Apotheken, von denen es in Bischkek viele gibt. Medikamente sind oft in Russisch beschriftet; wenn es sich um Lizenzproduktionen handelt, wird der Apotheker immerhin den Namen der Arznei verstehen.

Die Krankenhäuser liegen weit unter westlichem Standard, was Ausrüstung, medizinische Kenntnisse des Personals, Hygiene und Medikamentenausstattung betrifft. Wer auf Nummer sicher gehen will, kann mit einem Flugrettungsunternehmen eine Rücktransportversicherung abschließen (schwierig nur, im Notfall von einem abgelegenen Bergtal Hilfe herbeizurufen). Das Reisegepäck sollte Verbandsmaterial, Schmerzmittel, Antibiotika, Desinfektionslösung und Einwegspritzen mit Kanülen enthalten, ebenso alle ständig benötigten Medikamente. Es gibt Apotheken, doch Achtung beim Kauf: Selbst in der zentralasiatischen ›Metropole‹ Taschkent wird auf dem Flohmarkt abgelaufenes Aspirin verkauft.

Unabhängige Bergrettungsdienste gibt es nicht – nur in Verbindung mit Expeditionen. Die Kosten für Unterhaltung und Hubschrauberbenzin sind zu hoch. Der Reiseveranstalter IMC Tien-Shan in Bischkek, der Gipfeltouren auf die Siebentausender organisiert, hat einen privaten Bergrettungsdienst gegründet.

Reisende, die sich besonderen Risiken wie Bergsteigen aussetzen müssen sich bewußt sein, dass auch in der Hauptstadt Notfälle meist nur unzureichend behandelt werden können. Sie sollten unbedingt ihrer Botschaft Reise- und persönliche Daten sowie Angaben zur Reisekrankenversicherung für den Fall einer Notfallrückführung mitteilen.

Die hygienischen Bedingungen sind annehmbar. Eine unermüdliche Schar von Mütterchen mit großen Besen hält in den Städten die Straßen frei von Abfall und Kehricht. Die Restaurants sind zwar nicht immer pieksau-

ber, aber im allgemeinen akzeptabel. Auf dem Land sind die Maßstäbe aber etwas niedriger.
Leitungswasser sollte gefiltert und abgekocht werden. Aus Quellen im Gebirge kann generell ohne Bedenken getrunken werden. Gebirgsbäche sind kein Trinkwasser; vor allem die intensive Sonneneinstrahlung kann schädliche Verbindungen freisetzen, und von Tieren oder Jurtensiedlungen im Hochgebirge kann Schmutz ins Wasser gelangt sein.
Kirgistan empfängt im Jahresdurchschnitt bis doppelt soviel Sonnenschein wie Deutschland. Gerade in hohen Lagen sowie in der Nähe von Wasser und Schnee muss man sich gegen die intensive UV-Strahlung mit Kopfbedeckung und Sonnencreme schützen und sollte eine Sonnenbrille tragen.

Im Auto schafft selbst ein ›Flachlandtiroler‹ im Nu 1000 Höhenmeter und mehr, auch wenn der Dieselmotor qualmend den Sauerstoffmangel anzeigt. Die Pässe Kirgistans steigen in schwindelnde Höhen. Wer von Oš in den nur eine Tagesreise entfernten Pamir fährt, findet sich plötzlich drei Kilometer höher in dünner Luft wieder. Noch extremere Höhenunterschiede bewältigen die Hubschrauber, die Bergsteiger in die Basislager an den Siebentausendern fliegen. Wer nur über einen Pass klettert und auf der anderen Seite in ein Tal absteigt, dem schadet der kurzzeitige Sauerstoffmangel nicht. Selbst leichte Symptome von Höhenkrankheit sind noch kein Grund zur Beunruhigung, der Körper akklimatisiert sich. Ernste Beschwerden treten meist erst über 4000 Meter auf und vor allem dann,

Die Haare des Bärlapps verursachen schmerzhafte Blasen

wenn man zu schnell an Höhe gewinnt und eventuelle Symptome ignoriert. Von den in diesem Buch beschriebenen Straßen liegt nur die kirgisisch-tadschikische Grenze in dieser Höhe (wo sich gewiss niemand länger aufhalten wird).
Tollwut kann durch Hirtenhunde und wildlebende Säugetiere übertragen werden, deshalb Vorsicht mit diesen Tieren, vor allem, wenn sie sich auffällig benehmen.
Vieh zieht Bremsen an und Wasser Stechmücken, die vor allem in niedrigen Lagen und in den Städten eine Plage sind, also sollte man Repellents zum Auftragen dabeihaben.
Schlangen und Spinnentiere (Falanga genannt) sichtet man gelegentlich in den Steppen bis zu einer Höhe von 2000 Meter. Vorsicht vor allem in steinigem Gelände, unter Felsen kann sich ein bissiges Reptil verstecken.
In Acht nehmen sollte man sich vor den Blättern des Bärlapp. Die Nesselhaare dieser großen, auffälligen Pflanze scheiden bei Berührung eine Flüssigkeit aus, die auf der Haut bei Sonneneinstrahlung große Wasserblasen zieht, welche lange nicht heilen und stark nässende, schmerzende Stellen hinterlassen.

Ausrüstung und Bekleidung

In Bischkek trägt jeder und jede, was ihm oder ihr gefällt. Nur kurze Hosen gelten bei Männern als lächerlich und sind vor allem im konservativen Süden des Landes entschieden ›daneben‹. Am Tag reichen auch im Hochgebirge Shorts und T-Shirts aus, da die Sonne kräftig einheizt. Gegen Sonnenbrand und Hitzschlag empfiehlt sich eine Kopfbedeckung. In ausgesetzten Lagen benötigt man eine Windjacke und abends auf jeden Fall einen warmen Pullover. Handschuhe, Mütze und warme Strümpfe gehören ebenfalls ins Gepäck, die Nächte können sehr kühl werden. Man sollte wasserabweisende, robuste Trekking- oder Leichtbergschuhe tragen.
Der Schlafsack sollte vom Hersteller für eine Untergrenze von –5 bis –10 Grad angegeben sein. Auch im Sommer reicht ein sogenannter Sommerschlafsack im Tien-Schan nicht aus.

Autoreparaturen

Die ›Qualität‹ sowjetischer Automodelle und Ersatzteilmangel haben das Bastel- und Improvisationsgeschick der Mechaniker geschult. Professionelle, typengerechte Diagnose, Wartung und Reparatur für ausländische Modelle darf man allerdings nirgends erwarten. Die Werkstätten ähneln verrußten Höhlen, in denen eine bunte Sammlung von Alteisen auf ein zweites Leben im Leib einer Maschine wartet. Werkzeug wird oft selbst gefertigt und im Hauruck-Verfahren auch an empfindlichen Bauteilen ausprobiert. Ersatzteile gibt es nur für russische Fabrikate; sie entstammen meist kannibalisierten Vehikeln. Eventuell passen Luftfilter, Schläuche oder Keilriemen auch für ein ausländisches Fabri-

Reifenreparatur im Hinterhof

kat; auf diesen Zufall sollte man aber nicht vertrauen und alle Verschleißteile mitführen. Nicht originalverpackte Betriebsflüssigkeiten sind oft gestreckt oder ›recycelt‹, also sollte man hiervon auch einen Vorrat dabeihaben. Im bunten Sortiment kleiner Privatgeschäfte werden manchmal importierte, den Standards genügende Betriebsflüssigkeiten angeboten.

Wer ein Problem hat, das sich weder mit Bordmitteln noch örtlich verfügbarer Hilfe beheben läßt, sollte versuchen, eine der Vertretungen westlicher oder fernöstlicher Automarken in den zentralasiatischen Hauptstädten zu erreichen. Dort gibt es geschultes Personal, Werkzeug und vielleicht Ersatzteile.

Vorbeugend sollte man bei den belastenden Betriebsbedingungen die Betriebssicherheit seines Fahrzeugs öfter überprüfen und den Treibstofffilter gelegentlich säubern.

Schlaglöcher, scharfkantige Steine und gelegentlich herumliegender Schrott sind neben den rauhen Straßen Ursache für erhöhten Reifenverschleiß und Schäden. Wer sich wundert, dass an manchen Laternenpfählen Autoreifen mit der Aufschrift ›Vulkanisacija‹ hängen, wird sich bei einem Platten freuen, wenn er bald solch eine merkwürdige Dekoration erblickt – dies ist das Zunftzeichen der Reifenflicker.

(Siehe ›Fahrzeug‹, ›Straßen‹, ›Tankstellen‹, ›Verkehrsregeln‹).

Banken und Wechselstuben

Geldwechseln ist nur in Hotels, Geschäften und lizensierten Wechselstuben gesetzlich erlaubt. Es ist sinnvoll, sich daran zu halten – Schwarztauscher sind sehr fingerfertig und geschickt darin, mit dem einheimischen Geld nicht so Vertraute über's Ohr zu hauen. Die meisten Wechselstuben mit dem besten Kurs in Bischkek liegen an der Mossovjet genannten Kreuzung der Straßen Moskovskaja und Baytin Baatyra (ehemalige Sovjetskaja). Kurse vergleichen! US-Dollars in großen Scheinen, die nach 1991 ausgegeben wurden, werden bevorzugt. Travellerschecks werden selten und gegen hohe Provision eingewechselt. Die wenigen Geldautomaten in Bischkek geben auf Kreditkarten von Visa, Master und American Express Geld heraus, allerdings wird hier ebenfalls Provision aufgeschlagen. Reisende haben berichtet, dass vor den Wechselstuben im Zentrum Bischkeks Polizisten Streife laufen, die vor allem von Touristen gelegentlich Dollarscheine als angebliches Falschgeld beschlagnahmen. Also nicht soviel Devisen mitnehmen und das Geld lieber einem einheimischen Begleiter anvertrauen.

Botschaften und konsularische Vertretungen

Botschaft der Kirgisischen Republik in Deutschland:
Otto-Suhr-Allee 146,
10585 Berlin,
Tel. +49/30/34 78 13 37,
Fax +49/30/34 78 13 62, e-mail: 101477.1160@compuserve.com, www.botschaft-kirgisien.de. Mo bis Fr 9 bis 13 und 14 bis 17 Uhr. Konsularabteilung: 9 bis 13 Uhr.

Außenstelle der Botschaft Kirgistans:
Friesdorfer Straße 194 a,
53175 Bonn, Tel. und Fax +49/228/36 52 30.

Konsulat der Kirgisischen Republik:
Brönnerstraße 20,
60313 Frankfurt/M.,
Tel. +49/69/95 40 39 26,
Fax +49/69/95 40 39 26. Mo bis Fr 9 bis 13 Uhr und 14.30 bis 17.30, außer Mi. Amtsbezirk: Hessen, Baden-Württemberg, Rheinland-Pfalz und Saarland.

Honorarkonsul der Kirgisischen Republik:
Karl Hugo Ernst Ehlerding,
Am Sandtorkai 77, 20457 Hamburg,
Tel. +49/40/37 50 09 26, -27,
Fax +49/40/374 32 14. Mo bis Fr 10 bis 13 Uhr, Amtsbezirk: Land Hamburg.

Botschaft der Republik Kirgistan in Österreich:
Naglergasse 25/5, A-1010 Wien,
Tel. +43/1/535 03 78, -79,
Fax +43/1/535 03 78 13,
535 03 79 13,
e-mail: kyrbot@mail.austria.eunet.
Mo bis Fr 9 bis 17 Uhr.
Konsularabteilung 9 bis 17 Uhr.

Botschaft der Republik Kirgistan in der Schweiz:
26 Rue Maunoir, CH-1207 Genf,
Tel: +41/22/707 92 20,
Fax +41/22/707 92 21,
e-mail: mission.kirgistan@ties.itu.int.
Mo bis Fr 9 bis 18 Uhr. Konsularabteilung 9 bis 17.30 Uhr.

Botschaft der Bundesrepublik Deutschland in Kirgistan:
Razzakova Köčösü 28, Bischkek,
Tel. +996/312/22 48 03, 22 48 11, 22 88 76, Fax +996/312/62 00 07, 22 85 23,
Telex: (07 88) 24 51 48 aabik.kh,
www.german-embassy.elcat.kg,
e-mail: gerembi@elcat.kg.
Vertretung der Schweiz in Kirgistan:
Bureau for Cooperation of the Embassy of Switzerland, Panfilova Köčösü 144, Bischkek,
Tel. +996/312/66 64 89,
Fax +996/312/66 64 80,
e-mail: secretary@swisscoop.kg.
Übergeordnet ist die Schweizer Botschaft in Taschkent.
Österreich hat in Kirgistan bislang keine Vertretung.

Einkaufen

Wie in Moskau am Roten Platz, so steht in der Hauptstadt jeder ehemaligen Sowjetrepublik ein GUM, was ausgeschrieben ›Glavnij Univermag‹, also Hauptkaufhaus bedeutet. In diesen nach wie vor staatlichen Geschäften findet man Waren für den alltäglichen Bedarf. Die wenigen Gebrauchsgegenstände mit der Ausstrahlung von Qualität und Luxus wirken im Sortiment meist etwas deplaziert. Im Erdgeschoß des Bischkeker GUM gibt es eine Souvenirabteilung, die allerdings nicht billig ist.
Mit dem Versiegen ihrer Quellen nach dem Zerfall der Sowjetunion schlossen viele Fachgeschäfte für immer – zum Beispiel für Unterhaltungselektronik oder Autoteile. Diesen Markt bearbeiten jetzt Privatimporteure.
In größeren Städten sind – nach der Unabhängigkeit zunächst sehr zaghaft, dann explosionsartig – mehr und mehr sog. ›Kommerčeskij Magazini‹, d.h. private Läden im Tante-Emma-Stil entstanden. Keimzelle war meist ein Tischchen am Straßenrand, auf dem ein paar Flaschen, Bierbüchsen und Zigarettenstangen Platz hatten. Frischgebackene ›Biznesmeni‹ sieht man im ganzen Land, das Sortiment beschränkt sich aber leider oft auf das Obengenannte. Das Warenangebot der kleinen Läden vereint auf engem Raum eine weitgefächerte Palette: Turnschuhe, Speiseöl, Schokoriegel, Parfum-Imitationen, Autoradios, Dessous und vieles mehr liegen kunterbunt nebeneinander.
Das Warenangebot richtet sich danach, was gerade seinen Weg durch die Weiten Asiens nach Kirgistan gefunden hat. Kaufberatung oder Garantie sind Fremdwörter, und der Service steht dem der staatlichen Warenhäuser an Ungeschliffenheit in nichts nach.
Inzwischen wird die Einkaufswelt durch kleine Supermärkte westlicher Prägung bereichert.
Die Kritik, dass die nicht selten qualifiziert ausgebildeten Leute ›nur kaufen und verkaufen und nichts Richtiges arbeiten‹, wäre einseitig: Wie sollen sie sich über Wasser halten, wenn die Fabriken mangels Rohstoffen stillstehen und die staatli-

che Bezahlung, von den Renten ganz zu schweigen, nicht mit den emporschießenden Preisen mithält? Frische Nahrungsmittel erhält man in besonderen Lebensmittelgeschäften mit der russischen Bezeichnung ›Gastronom‹ sowie – besser und reichlicher – auf dem Basar. Dort trifft sich ein buntes Völkergemisch: Die Kirgisen bieten meistens Fleisch und Beeren an, die Russen lebendes Federvieh, Milchprodukte und Eier, und die Usbeken Gewürze und frischgebackenes Fladenbrot, Nüsse und Trockenobst, Früchte und Gemüse. Viele Händler nehmen für einen guten Basartag lange Anfahrten auf sich. Als zu Sowjetzeiten Flüge durch das Riesenreich so billig und häufig waren wie in Europa Zugfahrten in die nächste Stadt, lohnte sich für zentralasiatische Bauern sogar ein Tagesausflug nach Moskau, wo das unter südlicher Sonne gereifte Obst mehr Gewinn abwarf.

Zur empfohlenen Reisezeit ist das Angebot gut, denn die Oasen Zentralasiens sind fruchtbar. Obst und Gemüse gibt es reichlich und in guter Qualität: prachtvolle Pfirsiche, saftige Kirschen, Granatäpfel und inzwischen auch (natürlich importierte) Bananen und Kiwis. Berühmt sind die riesigen Wasser- und Honigmelonen, die im Spätsommer lastwagenweise aus Usbekistan heranrollen. Im Winter bekommt man nur Lagerfähiges: Kohl, Kartoffeln, Möhren, Zwiebeln und Äpfel.

Längst sind die Basare keine traditionellen Bauernmärkte mehr, sondern bieten auch Importware an.

Die Flohmärkte sind beliebt wegen ihres Reichtums an Autoersatzteilen (nur für russische Modelle), aber auch Werkzeug und anderem Nützlichen; Antiquitäten in unserem Sinne findet man so gut wie nie, aber das

Verkauf von Sonnenblumenkernen

eine oder andere Souvenir mit sozialistischem oder folkloristischem Einschlag. Diese Märkte dienen ebenfalls als Info-Börse für den Reisenden, der einen Mechaniker oder eine Mitfahrgelegenheit sucht. Auf dem Land sollte man Ausschau halten nach Stühlen, die am Straßenrand stehen und einen Eimer mit Obst oder ein Fladenbrot tragen. So machen Privatleute für die Waren Werbung, die sie an Passanten verkaufen. Die Hirten, die den Sommer auf ihren Hochweiden verbringen, können dort mit Geld wenig anfangen, da sie wochenlang kein Geschäft besuchen. Sie tauschen gerne Kleidungsstücke oder Nahrungsmittel – Milch und Fleisch – gegen Haltbares wie Zucker, Mehl oder Tee.

Elektrizität

In Kirgistan kommt Strom mit 220 Volt und 50 Hertz aus der Steckdose. Da das Netz veraltet und unzuverlässig ist, schwankt die Spannung aber öfter oder es kommt manchmal zu Stromausfällen. Die Öffnungen in den Steckdosen haben denselben Abstand, aber einen kleineren Durchmesser, so dass Stecker mit dicken Stiften nur mit Adaptern passen. Diese bekommt man für wenig Geld auf dem Basar.

Feiertage

21. März – Navruz, das islamische Neujahrsfest
05. Mai – Tag der Verfassung
31. August – Unabhängigkeitstag (Nationalfeiertag)

Fahrzeug

Will man von Kirgistan etwas sehen, kommt als Reisefahrzeug nur ein Geländewagen in Frage. Die Straßen lassen sich unter normalen Bedingungen mit einem gewöhnlichen Pkw bewältigen, wie es die oft schwerbepackten Kleinwagen russischer Bauart der Einheimischen beweisen. Ein Fahrzeug mit Allradantrieb und großer Bodenfreiheit ermöglicht aber auch da das Weiterkommen, wo ein anderes Auto umkehren müßte oder sich nicht mehr aus eigener Kraft befreien könnte. Da man in Kirgistan wild campen muss, sind viele Übernachtungsplätze abseits der Straße nur mit Geländewagen erreichbar.
Ein bis an die Grenze beladener Pkw ist anfälliger für die Materialzerrüttung durch die schlechten Straßen und geht so tief in die Federn, dass von Bodenfreiheit keine Rede mehr sein kann. Dieses Problem ließe sich zwar (bedingt) durch Verlagerung der Fracht auf einen Anhänger lösen, doch dieser hüpft schon auf ›guten‹ kirgisischen Straßen dem Auto hinterher wie ein Ziegenbock, was weder dem Anhänger noch der Fracht gut tut. Und geländegängiger wird das Zugfahrzeug damit auch nicht. Die steilen Pässe, an denen man unzählige Male schalten muss, setzen die Kupplung eines überladenen Pkw ohne untersetzte Kraftübertragung hohem Verschleiß aus.
Die Eigenschaften eines Geländewagens sind für eine Kirgistanreise besonders vorteilhaft: Robustheit, untersetzte Kraftübertragung, hohe Zuladekapazität, reichlich angebotene Zusatzausstattung.
Aus der umfangreichen Auswahl von praktischen und weniger praktischen Extras sind nachfolgend einige grundsätzliche genannt, die bei den zu erwartenden Fahr- und Betriebs-

bedingungen und in gewissen Situationen nützlich, zum Teil sogar unentbehrlich sind:

- Reifen mit M+S-Profil
- Zusatztank (immer mit Vorrat fahren – es gibt wenig Tankmöglichkeiten in abgelegenen Gegenden). Gegen einen Zusatztank spricht allerdings nicht nur der hohe Preis. Oft muss man beim Tanken aus ungewöhnlichen ›Quellen‹ sowieso Kanister benutzen, um die getankte Menge abzumessen. Und solche Mengen an Treibstoff erhält man in Kirgistan nur selten, dass auch der Zusatztank voll wird.
- zweiter Treibstofffilter (Treibstoff oft verunreinigt)
- Ansaugschnorchel für Luftfilter, Zyklonvorfilter (starke Staubbelastung)
- Unterboden-Schutzbleche (tiefe Auswaschungen und Felsbrocken auf schlechten Straßen)
- Spritzschürzen hinter allen Reifen (um Fahrzeugverschmutzung und Steinschlag in Grenzen zu halten)
- Klimaanlage (verringert die Staubbelastung im Fahrgastraum und erhöht die Ausdauer des Fahrers, leider auch den Spritverbrauch)
- Ein Rammschutz schützt Scheinwerfer und Kühler, wenn ein Tier vor den Wagen läuft. Bei der Übersichtlichkeit der Straßen Kirgistans dürfte dieser Fall aber vermeidbar sein. Sinnvoller sind Schutzgitter vor den Scheinwerfern gegen Steinschlag.

Verzichten sollte man auf ausladende Kotflügelverbreiterungen, Trittbretter und unter der Stoßstange hängend angebrachte Scheinwerfer. Bei Geländefahrten behindern solche Anhängsel und werden leicht beschädigt. Dabeihaben sollte man:

In Kirgistan muß man oft aus ungewöhnlichen Quellen tanken: zwei Zusatztanks eines Düsenjägers

- Verschleißteile (Luft-/Treibstoff-/Ölfilter, Glühbirnen, Luftschläuche, Keilriemen ...)
- normales Bord- und Spezialwerkzeug (zum Beispiel Filter-, Drehmomentschlüssel)
- Reifen-Flickzeug, Schellen, Schrauben mit Scheiben und Muttern, Textilklebeband für improvisierte Reparaturen
- Handlampe für Reparaturen
- Werkstatthandbücher
- Berge-Gerät (langer Gurt, Schäkel, Hebezug, Anfahr- oder Sandbleche. Praktisch ist ein Ballonwagenheber, der überall am Fahrzeug ansetzbar ist, mit Auspuffgasen blitzschnell aufgeblasen wird und auf weichem Untergrund nicht einsinkt.)
- Kanister (auch wenn das Fahrzeug einen Zusatztank haben sollte: zum Einfüllen und Nachmessen beim Fass-Tanken!)
- Trichter mit großer Einfüllöffnung
- Mobile Pumpe für Treibstoff
- Perlonstrumpf (zum Herausfiltern grober Verunreinigungen beim Tanken)
- Treibstoffadditiv (zur Erhöhung der Klopffestigkeit bei Benzin bzw. Zünd-freudigkeit bei Diesel)

Erfahrene Fernreisende werden diese Liste sicher zu kurz finden. Die einschlägigen Ausstatter helfen kauffreudigen Reisenden aber gerne weiter.

Grenzübergänge

Der Grenzübertritt zwischen den zentralasiatischen Republiken ist auf dem Landweg problemlos. Allerdings sollte man auch für das jeweilige Zielland gültige Visa im Pass haben. Die eigentlich zwischen den Ländern bestehende Regelung, dass man sich beispielsweise mit einem kirgisischen Visum 72 Stunden in Usbekistan als Transitreisender aufhalten kann, scheint aufgrund der Spannungen zwischen den einzelnen Staaten zunehmend zu bröckeln. Teilweise wird das bestehen einer solchen Regelung von auf ›Bakschisch‹ versessenen Grenzbeamten einfach geleugnet. Die betrifft vor allem das Ferganabecken, wo die Landesgrenzen ineinandergeschachtelt sind wie ein Puzzlespiel und auf kurzen Distanzen Grenzen überqueren.
Der kirgisisch-chinesische Grenzübergang Erkečtam (östlich von Sary-Taš) ist seit 20. Mai 2002 für den internationalen Verkehr geöffnet. Die Straße ist nur mit robusten Fahrzeugen zu bewältigen. Montags bis freitags können Reisende die Grenze vormittags von Kirgistan nach China und nachmittags in umgekehrter Richtung überschreiten. An Samstagen, Sonntagen und den folgenden Feiertagen ist die Grenze geschlossen:

Kirgisische Feiertage	*Chinesische Feiertage*
01.–03.01.	05.–19.02.
08./16./21.03.	01.05.
01./05./09./28.05.	01.06.
31.08.	01.07.
	01./02.08.
	12.09.
	01./02.10.

Dieselben Öffnungszeiten gelten für den Grenzübergang am Torugart-Pass.
(Siehe auch ›Visum und Einreise‹)

Kriminalität und Sicherheit
Tagsüber ist Bischkek zumindest im Zentrum eine sichere Stadt. Allenfalls vor Taschendieben ist Vorsicht geboten. Im Schutz der Dunkelheit aber kommen gelegentlich Raubüberfälle – teilweise sogar begangen von Personen in Milizuniformen – vor. Leider sind Ausländer besonders gefährdet. Gelegentlich erpressen Polizeikontrollen vor allem an Busbahnhöfen unter verschiedenen Vorwänden von westlichen Reisenden Schmiergelder von bis zu mehreren hundert Dollar. Berüchtigt in dieser Hinsicht ist der Zentrale Busbahnhof in Bischkek.
Im Gebirge zwischen Issyk-Kul und Almaty, wo häufig westliche Touristen trekken, sind Überfälle vorgekommen. Reisen in die Nähe der tadschikischen Grenze und in die Batken-Region (Südkirgistan) sollten nur nach Erkundigung bei den Behörden oder der Botschaft in Bischkek über die dortige Sicherheitslage unternommen werden. In der Batken-Region wurden vom usbekischen Militär auch Antipersonenminen verlegt.

Motorradfahren
Eine Enduro hat gegenüber einem Auto Vor- und Nachteile: Der Fahrer wird nicht so durchgeschüttelt und ist auf den Spitzkehren der Pässe wendiger. Allerdings hat ein Motorrad keinen Wetterschutz und weniger Zuladekapazität. Möglicherweise entscheidet man sich deshalb als Zweiradfahrer, die Reise mit einem Begleitfahrzeug als Lastesel anzutreten. Da Motorräder nur mit Benzin fahren, sind die Probleme mit schlechtem Treibstoff für dieses Fortbewegungsmittel prekärer. Ein Mitreisender des Autors hatte deshalb seine Maschine auf Doppelzündung umgerüstet (siehe ›Fahrzeug‹, ›Straßen‹, ›Tankstellen‹, ›Verkehrsregeln‹).

Öffentliche Verkehrsmittel
Den öffentlichen Personennahverkehr in Bischkek bestreiten Trolleybusse (mit Oberleitung) und Kleinbusse. Die niedrigen Fahrpreise sind unabhängig von der Entfernung und werden in bar beim Fahrer gezahlt. Taxis sind zahlreich und ebenfalls nicht teuer – der Zustand der meist altersschwachen Autos würde höhere Preise auch nicht rechtfertigen. Eine Taxifahrt im Zentrum von Bischkek kostet umgerechnet etwa 1 Euro, eine Busfahrt die Hälfte.
Die billigste Möglichkeit, über Land zu reisen, ist der Bus. Die Gefährte stammen überwiegend noch aus der Sowjetzeit und sind russischer oder ungarischer Bauart. Dementsprechend mangelt es an Komfort und Sicherheit. Nicht selten verlängern Pannen die ohnehin gemächliche Fahrt. Dafür bekommt man hautnahe Einblicke in die landesübliche Art zu

reisen. Teurer, aber dafür schneller sind die ebenfalls auf festen Routen fahrenden Minibusse. Für einen kleinen Zuschlag setzt der Fahrer Passagiere auch etwas abseits der Strecke ab. Für eine Gruppe könnte es sich sogar rechnen, einen solchen Bus komplett anzumieten. Noch etwas mehr muss man für Überlandtaxis ausgeben, dafür kann man den Verlauf der Reise selbst bestimmen.
Autovermietungen stellen ihre Fahrzeuge nur mit Fahrer zur Verfügung. Das kann entspannend sein, weil man sich nicht auf die schwierigen Straßen konzentrieren muss und die Landschaft bestaunen kann; oder je nach Fahrstil des Chauffeurs auch nervenaufreibend.
Was Kirgistan an Eisenbahnstrecken zu bieten hat, ist schnell erzählt: im ganzen Land gibt es nur 370 Schienenkilometer, die im flachen Umland des Tien-Schan verlaufen. Von Bischkek aus kommt man mit diesem Verkehrsmittel aber konkurrenzlos billig und gar nicht so unbequem an den Issyk-Kul.(Siehe ›Straßen‹).

Post

Zentrales Post- und Telegrafenamt: Prospekt Čui 114, Bischkek. Geöffnet werktags von 7 bis 19 Uhr, Sonntags von 9 bis 17 Uhr.
DHL, UPS und FedEx haben in Bischkek Büros im Stadtzentrum.

Presse

In Bischkek erscheinen zahlreiche kirgisischsprachige Zeitungen. In Russisch findet man örtliche sowie aus Russland importierte Veröffentlichungen. Als einziges fremdsprachiges Blatt ist die englische ›Times of Central Asia‹ an Kiosken und in Hotels erhältlich. Sie ist auch im Internet präsent: www.times.kg (außer den Schlagzeilen allerdings kostenpflichtig).

Reiseveranstalter

Veranstalter in Deutschland, Österreich und der Schweiz:

▸ DAV Summit Club GmbH
Am Perlacher Forst 186,
81454 München,
Tel. +49/89/64 24 00,
Fax +49/89/64 24 01 00,
www.dav-summit-club.de.
Bergsteigen auf die Siebentausender in Tien-Schan und Pamir, Trekking.

▸ CreaTravel
Bluntschlisteig 1, Postfach 624,
8027 Zürich, Tel. +41/1/281 22 44,
e-mail: creatravel@creatravel.ch,
www.creatravel.ch.
Ambitionierte Themenreisen, z. B. auf den Spuren von Čingis Ajtmatov oder auf den Spuren der Nomaden.

▸ Hauser Exkursionen international GmbH
Marienstr. 17, 80331 München,
Tel. +49/89/235 00 60,
Fax +49/89/291 37 14,
www.hauser-exkursionen.de, e-mail:
hauser@hauser-exkursionen.de.
Trekking-Reisen und Bergsteigen.
Vertretung in der Schweiz:
b&b travel, Bellerivestr. 217,

8008 Zürich,
Tel. +41/1/380 43 43,
Fax +41/1/380 43 44,
e-mail: info@baudbtravel.ch.
Vertretung in Österreich:
SK-Tours, Favoritenstr. 70,
1040 Wien,
Tel. +43/1/505 03 46,
Fax +41/1/505 49 42,
e-mail: sk-tours@aon.at.

▶ Knop Reisen GmbH
Hollerlander Weg 77, 28355 Bremen,
Tel. 04 21/988 50 30,
Fax 04 21/350 96 28,
www.knop-reisen.de,
e-mail: knop-reisen@t-online.de.
Individuell organisierte Touren entlang der Seidenstraße und durch die zentralasiatischen Republiken.

▶ BaikalExpress Sibirienreisen
Unterholz 3, D-79235 Vogtsburg,
Tel. 076 62/94 92 94,
Fax 076 62/94 92 95,
e-mail: info@baikal-express.de,
www.baikal-express.de.
Trekkingreisen, naturkundliche Reisen sowie Organisation von Gruppen- und Individualreisen.

▶ GO EAST Reisen GmbH
Bahrenfelder Chaussee 53,
22761 Hamburg,
Tel. 040/896 90 90,
Fax 040/89 49 40,
www.go-east.de.
Städtereisen, Sprach- und Studienreisen, Geschäftsreisen, individuelle Einzel- und Gruppenplanung, Firmenservice.

▶ RTS – Rucksack Travel Service
Manfred Weis
Rüppurer Str. 8 F, 76137 Karlsruhe,
Tel./Fax +49/07 21/273 21,
email: rucksack-travel@freenet.de,
www. people.freenet.de/rucksack-travel.
Unter anderem Trekking- und Mountainbiketouren im Tien-Schan mit Weiterreise nach China und Pakistan. Die Firma tritt als Vermittler für Organisatoren in den jeweiligen Ländern sowie die englische Firma KE Adventure Travel auf.

▶ ›biss‹ – Berliner Informations- und Studienservice e. V.
Freiligrathstraße 3,
10967 Berlin,
Tel. +49/30/693 65 30,
Fax +49/30-694 18 51,
www.biss-reisen.de.
Bietet Reisen wie die Kirgisen, nämlich zu Pferde, mit einer geführten Wander-Reittour am Issyk-Kul.

▶ TSA Travel Service Asia
Schmelzweg 10,
88400 Biberach/Riß,
Tel. +49/7351/37 32 10, 37 32 77,
Fax +49/7351/37 32 11,
www.travel-service-asia-de,
e-mail: tsa-reisen@t-online.de.

▶ Schulz aktiv Reisen international
Bautzener Straße 39,
01099 Dresden,
Tel. +49/351/266 25 11,
Fax +49/351/26 62 56,
www.schulz-aktiv-reisen.de,
e-mail: info@schulz-aktiv-reisen.de.

▶ Ventus Reisen GmbH
Krefelder Straße 8,
10555 Berlin,

Tel. +49/30/39 10 03 32, -33,
Fax +049/30/399 55 87,
www.ventus.com,
e-mail: office@ventus.com. Gruppen- und Individualreisen in Zentralasien.

▸ Lernidee-Reisen
Eisenacher Straße 11,
10965 Berlin,
Tel. +49/30/786 00 00,
www.lernidee.de,
e-mail: team@lernidee.de.
Erlebnis- und Studienreisen in Zentralasien.

Veranstalter in Kirgistan:
Eine lange, aber übersichtliche Liste findet man im Internet über die Portalseite www.elcat.kg unter der Rubrik Tourismus (Туризм). Die meisten Angebote sind in Russisch; wo auch eine englische Fassung existiert, ist dies vermerkt. Im folgenden einige erfahrene Veranstalter, die auch bei der Beschaffung von Erlaubnissen zum Aufenthalt in Grenzgebieten oder im Hochgebirge behilflich sind:

▸ ›IMC‹ International Mountaineering Camp Pamir
133 Kiev Köčösü, Apt. 30,
720001 Bischkek,
Tel. +996/312/66 04 64, 66 04 68,
Fax +996/312/66 04 65,
www.elcat.kg/imcpamir/index.html,
e-mail: imcpamir@imfiko.bishkek.su.
Das Richtige für Gipfelstürmer, veranstaltet seit 25 Jahren Besteigungen und hat die Accesslager zum Pamir privatisiert.

▸ Dostuck Trekking Ltd. Kyrgyz-British Joint Venture:
18th Linea St. 42-1,
720005 Bischkek,
Tel. +996/312/54 54 55, 42 74 71, 54 02 37, Fax +996/312/54 54 55, 55 90 90, www.dostuck.com.kg,
e-mail: dostuk@elcat.kg. Bergsteigen, Trekking, Mountainbike-Touren, Heli-Ski, Reiten, Rafting.

▸ ECOTOUR Ltd.
Frau Samira Kalmakova, Moskva Köčösü 145, 720017 Bischkek,
Tel./Fax +996/312/21 34 70,
e-mail: ecotour@infotel.kg, Die Firma unterhält ein eigenes Jurtencamp in der Steppe am Südufer des Issyk-Kul und bietet auch ornithologische und botanische Reisen an. Anmeldung in Deutschland: Frau Elke Mahlke, Ruppiner Str. 13, 15738 Zeuthen,
Tel. +49/337 62/205 95,
Fax +49/337 62/205 96,
www.ecotour.de,
e-mail: Elke.Mahlke@t-online.de.

▸ Novi Nomad
Frau Gulsara Karabasheva, Togolok Moldo Köčösü 28, 720001 Bischkek,
Tel. +996/312/22 13 35, 60 05 99,
Fax +996/312/22 14 15,
www.novinomad.com,
e-mail: novinomad@elcat.kg. Das Unternehmen versteht sich nicht nur als Reiseveranstalter, sondern als Tourismusentwicklungs-Firma und unterhält Vertretungen in Balykči, Karakol und Naryn. Die Firma beschäftigt deutschsprachige Führer, organisiert Reisen mit Geländewagen oder Pferden zu Hirten und Falknern und erfüllt auch Sonderwünsche für Reisende, die besonderes Interesse

an kirgisischer Kultur haben (Manas-Sänger, Teilnahme an Hochzeiten, Erlernen kirgisischer Handarbeiten). Im Programm ist auch eine achttägige Reise, die sich besonders an Frauen richtet.

▶ Turkestan Travel Company
Toktogul Köčösü 273, 722360 Karakol, Tel./Fax +996/39 22/595 86, www.karakol.kg, e-mail: psi@karakol.su. Umfangreiches Angebot für Reisen und Bergsport.

▶ Valentine Yak-Tours
Gagarin Köčösü 10, 722360 Karakol. Dieser Veranstalter kennt sich bestens in der Issyk-Kul-Gegend aus. Reisende loben die preiswerten Unterkünfte und das gute Essen.

▶ C.A.T. Corporation
Prospekt Čui 124, Bischkek, Tel. +996/312/66 36 64, 660277, Fax +996/312/66 32 19, 66 07 85, www.catcorp.kg, e-mail: travel@cat.elcat.kg. Zweigstelle Oš: Sulaimanova Köčösü 3, Oš, Tel. +996/32 22/555 30, Fax +996/32 22/574 40, e-mail: catosh@infotel.kg. Büro Almaty/Kasachstan: Seyfullina Ave. 537, 480012 Almaty, Tel. +732/32/50 10 70, Fax +732/32/50 17 07, e-mail: fvk@centralasiatourism.com.

Straßen

Die Orientierung auf Kirgistans Landstraßen ist manchmal schwierig, vor allem in abgelegenen Landesteilen. Hinweisschilder sind selten, jedenfalls weniger häufig als die Überbleibsel sowjetischer Propaganda, und oft bis zur Unkenntlichkeit verwittert. Die Auskünfte Einheimischer, welcher Weg der gesuchte ist, sind ebenfalls manchmal unzuverlässig. Landkarten waren immer (und sind) rar. Die meisten scheinen ihre Heimat noch nie auf einem Plan gesehen zu haben. Entsprechend schwer tun sie sich mit der Bestimmung von Richtungen, Entfernungen und Fahrtzeiten. Meistens kennen sie sich gut in ihrer näheren Umgebung aus, können aber nur mit vagen Informationen über weiter entfernte Ziele dienen. Auf Landkarten aus sowjetischer Zeit sind Straßen wie folgt eingestuft:

1. Gesamtstaatliche Bedeutung (auf die Sowjetunion bezogen)
2. Republikanische Bedeutung
3. Sonstige

Über den Zustand sagt diese Skala wenig aus. Die Karten sind auch nicht immer genau – manche Verbindungen fehlen einfach oder sind nur durch eine Linie gekennzeichnet, die dem Verlauf grob entspricht. Eine in englischer Sprache herausgegebene kirgisische Zeitung brachte es einmal etwas überspitzt zum Ausdruck: »In Kyrgyzstan there are no roads, there are only general directions«.

Von den 30 300 Straßenkilometern Kirgistans (Alpen: 400 000 Kilometer) sind etwa zwei Drittel befestigt, aber überall mit markerschütternden Schlaglöchern gespickt. Selbst die wichtige Hauptverkehrsstraße M 41 ist in so schlechtem Zustand, dass sie

mit Entwicklungshilfe saniert wird. Daran ist wahrscheinlich schon die Bauausführung schuld. Asphaltiert sind nur Fahrbahnen in Niederungen und Tälern. Für Straßen über die Pässe, deren Überquerung Teil jeder Kirgistan-Reise ist, wurde der Gebirgsschutt verdichtet. Diese Oberfläche leidet durch Frost im Winter und starken Schmelzwasserabfluss im Frühjahr, der oft Berghänge ins Rutschen bringt. Besonders schädigend wirken die Lastwagen, die wegen Treibstoffmangels überladen auf den Weg geschickt werden und die starken Fröste im Gebirge. Noch zur Jahresmitte können an ungünstigen Stellen liegengebliebene Schneereste die Weiterfahrt über einen Pass verhindern. Leider merkt man häufig erst an der Stelle, wo es nicht mehr weitergeht, dass ein Pass unbefahrbar ist, denn Hinweisschilder fehlen und der Bevölkerung ist der Zustand der Strecke nicht nur unbekannt, sondern gleichgültig.
Die Bedeutung einer Pass-Straße entscheidet, wie schnell sie wieder befahrbar gemacht wird, falls Geröll und Schneereste beseitigt werden müssen. Oft wartet man, bis sich das Problem durch Abtauen von selbst gelöst hat. Erfahrungsgemäß fällt die Zeit der Räumungen in den Juni. Dann spielen die eingesetzten Bulldozer Fähre und ziehen Wagen an Trossen (oder dem weislich mitgeführten Bergegurt) über Geröllhalden und Matsch.
Völlig abgeschnitten ist ab dem Frühjahr kein Teil des Landes mehr, der mit dem Auto zu erreichen ist. Möglicherweise muss man aber wegen gesperrter Pässe seine Route ändern. Das Erklimmen mancher Pässe verlangt eine gewisse Nervenstärke. Über reißende Bäche führen Brücken aus rohen Baumstämmen. Neben Schnee- und Geröllfeldern fallen Böschungen tief ab. Haarnadelkurven und Kuppen machen die Strecke unübersichtlich. Der Lohn für die langen, anstrengenden Auf- und Abfahrten sind Aussichten, wie sie sonst nur Steinadler zu sehen bekommen.

Tankstellen

Tankstellen waren zu Sowjetzeiten eine solche Seltenheit, dass sie auf Karten der jeweiligen Republik allesamt verzeichnet waren. Dieselzapfsäulen erkennt man an der schwarzen, durchtränkten Erde ringsum, da Zapfpistolen fehlen oder die Schläuche porös sind. Die Versorgung mit Treibstoff hat sich nach einem schweren Einbruch nach der Unabhängigkeit verbessert. An ehemals vernagelten Tankstellen sprudeln wieder Benzin und Diesel, und die steigende Zahl von Privatautos bezeugt: Es gibt Sprit. Jedenfalls in den Städten. Auf dem Land, wo die Hirten sich nur zu Pferde fortbewegen und der ganze Fuhrpark einer Kolchose aus einem Laster besteht, sucht man oft lange und manchmal vergebens nach Treibstoff. Wenn man eine Tankgelegenheit findet, sollte man dann so

viel aufnehmen, wie man bekommt. An Tankstellen muss man dem Tankwart angeben, wieviel Liter man braucht – er stellt dann die Menge auf einer rückwärts laufenden Zähluhr ein. Die Pumpe arbeitet so lange, bis die Uhr wieder auf Null steht. Verschätzt man sich, quillt der überschüssige Treibstoff aus dem Tank, da es keine Zapfpistolen mit Stopventil gibt.
Die Qualität von Diesel und Benzin ist gleichermaßen schlecht. Bleifreier Treibstoff ist nicht erhältlich. Die Aufschrift auf den Zapfsäulen verspricht ›A-93‹, doch ist möglicherweise schon lange kein hochoktaniges Benzin mehr durch sie geflossen – wer weiß, auf wieviel und womit die Flüssigkeit heruntergepanscht wurde. Dieselmotoren sind unempfindlicher, aber wenn man sie – wie es dem Autor in Tadschikistan widerfuhr – mit Terpentin o.ä. füttert, nehmen sie es auch krumm. Diesel ist oft verunreinigt. Im Treibstoffilter sammeln sich Wasser und Schmutz, und aus dem Auspuff quellen blaue Wolken (auch wegen unvollständiger Verbrennung in großen Höhen). Was nicht ausgefiltert wird, nagt an den Einspritzdüsen. Dies verursacht möglicherweise weitere Schäden, zum Beispiel wenn unverbrannter Diesel aus dem Zylinder in den Ölsumpf abgestreift wird und ein Kolbenfresser droht.
Die gröbsten Verschmutzungen lassen sich beim Tanken mit einem über den Trichter gezogenen Perlonstrumpf auffangen. Dieselfilter sollte man oft entwässern und vielleicht sogar mit Benzin auswaschen. Minderwertigen Sprit kann man durch Additive verbessern.

Taxi

Neben offiziellen Taxis mit Schildern werden Wagen aller Fabrikate und Farben von Privatleuten als Taxi eingesetzt. Als Erkennungsmerkmal dienen deshalb hinter die Frontscheibe geklemmte Schachbretter oder aufs Dach geklebte Plastikbecher. Am besten stellt man sich an den Bordstein und macht mit der Hand eine abwärts wedelnde Bewegung, so als würde man einen Basketball springen lassen. Es wird nicht lange dauern, bis ein Auto anhält. Ist einem der Fahrer nicht geheuer oder sitzen schon andere Fahrgäste im Wagen, sollte man sicherheitshalber nicht zusteigen. Nach Einbruch der Dunkelheit ist es sehr ratsam, nur über den Taxiruf herbeigeholte Taxis zu nutzen. Den Fahrpreis sollte man unbedingt vor dem Einsteigen aushandeln. Vom Manas-Flughafen nimmt man sich am besten ein Taxi (etwa 10 US-Dollar). Taxiruf: 002.

Telefonnummern, wichtige:

Polizeinotruf: 102
Ärztlicher Notdienst: 103
Feuerwehr: 101
Telefonauskunft: 109

Trinkgeld

Die Preise in Kirgistan sind niedrig,

die Löhne und der Lebensstandard sind es ebenfalls. Trinkgelder werden deshalb in den üblichen Berufsgruppen – Hotels, Restaurants – gern angenommen. Taxifahrer erwarten in Kirgistan kein Trinkgeld.

Unterkunft

In Kirgistan ist Tourismus noch auf dem Wege entwickelt zu werden, und außer den großen Hotels in der Hauptstadt entsprechen die Unterkunftsmöglichkeiten im Land nicht internationalem Standard. Nur in den Orten an den Hauptstrecken findet man ein beschränktes Angebot an Pensionen oder einfachen Hotels. Die Zimmer sind bestenfalls äußerst schlicht und passabel sauber, es mag nur zeitweise Wasser und Strom geben. Die Mitbewohner verhalten sich zu keiner Tages- und Nachtzeit rücksichtsvoll. Das Essen in den Restaurants ist eintönig, die Bedienung desinteressiert, und die abendliche Tanzmusik dröhnt wie eine startende MiG.
Hinzu kommt, dass die Orte und Städte nachts nicht sicher sind. Ab Einbruch der Dunkelheit gerät man auf den schwach beleuchteten Straßen leicht in schlechte Gesellschaft. Schlimmstenfalls bekommt man sogar auf dem Hotelzimmer ungebetenen Besuch, oder das Auto wird um einige Souvenirs erleichtert. Auch bewachte Parkplätze bieten dagegen keine Garantie – die Wächter mögen bestochen oder bedroht werden.
Kirgistan hätte Einnahmen aus dem Tourismus dringend nötig, doch solange das oben beschriebene Bild vorherrscht, sind Übernachtungen in den Hotels kein Glanzpunkt. Es ist eine Erfahrung, einmal die Überbleibsel der sowjetischen Touristenabfertigung zu erleben. Schöner jedoch ist es, die unbegrenzten Möglichkeiten Kirgistans auszunutzen, in freier Natur zu nächtigen. Hier läßt sich aus der Not eine Tugend machen. Wegen der dünnen Besiedlung besteht fast überall die Möglichkeit, ungestört in wunderbarer Umgebung zu campen – wild, versteht sich. Das bedeutet, dass man die nötige Ausrüstung dabei haben muss und sich der Natur gegenüber rücksichtsvoll verhalten sollte – kein Spülwasser oder Shampoo in Bäche laufen lassen, Essensreste vergraben und Abfälle mitnehmen.
In den sogenannten Pensionaten, die hauptsächlich am Nordufer des Issyk-Kul liegen, kann man campen und gleichzeitig gewisse zivilisatorische Errungenschaften genießen – Toiletten, Gemeinschaftsduschen, Speisesäle und gelegentlich ein Video-›Kino‹ oder eine ›Discothek‹. Wer möchte, mietet eins der auf den gartenähnlichen Geländen erbauten Ferienhäuschen mit Herd und Kühlschrank. Die unter ›Reiseveranstalter‹ genannten kirgisischen Firmen bieten auch Übernachtungen in sogenannten ›Jurt-Inns‹ an.
Die Helvetas – Schweizer Gesellschaft für internationale Zusammenarbeit

unterstützt das ›Shepherd's Life‹-Programm, in dessen Rahmen in abgelegenen Regionen Reisende bei Privatleuten Unterkunft finden können. Anschrift: St. Moritzstr. 15, 8042 Zürich, Tel. +41/1/368 65 00, Fax +41/1/368 65 80, www.helvetas.ch. Auskünfte über die Unterkünfte erhält man im Internet unter www.tourism.elcat.kg.

Verhaltensregeln

Kirgistan ist ein moslemisches Land, in dem allerdings der überwiegende Teil der Bevölkerung eine wenig strenge Form des Glaubens praktiziert. Verschleierte Frauen und Alkoholverbot sind hier unbekannt. Für die Kenntnis der guten Sitten sollte man wissen, dass die linke Hand als unrein gilt und zum Beispiel nicht mit Speisen in Berührung kommen soll und dass Männer nicht in kurzen Hosen unter die Leute gehen.
Bietet ein Kirgise einem Reisenden seine Gastfreundschaft an und dieser kann aber aus Zeitgründen nicht bleiben, gilt es als höflich, vor der Tür ein Stück des angebotenen Brots abzubrechen und es zu essen. Kirgisen behandeln Nahrungsmittel mit nahezu heiliger Achtung und erachten es als wichtig, diese mit ihren Gästen zu teilen.
Nimmt man eine Einladung an, bringt man als Gastgeschenk am besten haltbare Nahrungs- und Genussmittel und für Kinder Schreibzeug, Süßigkeiten oder Spielzeug mit. Auch Kleidungsstücke werden gern angenommen. Man sollte darauf vorbereitet sein, dass man mit ziemlicher Sicherheit von den musikliebenden Kirgisen gebeten wird, zum Nachtisch ein Volkslied aus seiner Heimat zum besten zu geben!
Dass Kirgistan zwar gern ›zentralasiatische Schweiz‹ genannt wird, aber nicht so wohlhabend ist wie der Namenspate, ist wohl jedem klar. Dies kann ein etwas heikles Gesprächsthema zwischen Einheimischen und Besuchern sein. Wie gibt man jemandem, der mit vielleicht weniger als 30 Euro im Monat seine Familie ernähren muss, eine akzeptable Antwort auf die Frage nach dem eigenen Verdienst? Man könnte erklären, was man für sein Geld in Europa bekommt und welche Ausgaben dort anfallen, von denen man im kirgisischen Alltag wahrscheinlich nichts weiß.

Verkehrsregeln

Die Verkehrsregeln und -schilder sind in Kirgistan fast die gleichen wie international üblich. Die Einheimischen fahren gerne forsch und manchmal irritierend. Daran sind auch die schlechten Straßen schuld. Es gilt: ›Wer geradeaus fährt, muss betrunken sein‹ (weil er sein Auto durch die Schlaglöcher prügelt).
An Stadtgrenzen und Hauptkreuzungen muss man Posten der Verkehrspolizei (russische Abkürzung: GAI/ГАИ – kirgisisch: MAI/МАИ) passieren. Oft kündigen Schilder diese Posten an. Geschwindigkeitsbegrenzungen, Schranken und Bremsbuckel

veranlassen dazu, langsam zu passieren. Wird man durch unmißverständliches Winken mit einem schwarzweiß gestreiften Knüppel gestoppt, liegt dem meist kein Fehlverhalten zugrunde – die Beamten interessieren sich verständlicherweise für exotisch wirkende Touristen und ihre Fahrzeuge. In einsamen Gegenden ersetzt dem Polizisten sein Signalknüppel das Dienstfahrzeug: Er hält jemanden an und läßt sich mitnehmen. Einem Ausländer wird das nicht oft passieren, aber bevor man sich ausgenutzt fühlt, sollte man bedenken: Mit einem Milizionär im Auto hat man freie Fahrt, und vielleicht revanchiert er sich sogar mit einer spontanen Einladung. Auf offener Strecke sind Verkehrskontrollen selten – die geringe Verkehrsdichte lohnt nicht.

Stets ist damit zu rechnen, dass plötzlich Tiere oder ganze Viehherden auftauchen, die von den Hirten wegen der Unwegsamkeit des Geländes die Straßen entlanggetrieben werden. Erhöhte Vorsicht ist in Ails (Dörfern) geboten, die sich oft langgezogen entlang der Landstraßen erstrecken. In geschlossenen Ortschaften darf sogar mit 60 km/h gefahren werden, was aber nicht zu empfehlen ist. Das Risiko, mit einem Tier oder gar einem Kind zusammenzustoßen, ist hier besonders groß.

Nachtfahrten sollte man vermeiden. Das Unfallrisiko ist hoch: Hindernisse und Straßenschäden sind schwer zu erkennen. Entgegenkommende Autos blenden meistens ihre (oft zudem verkehrt eingestellten) Scheinwerfer nicht ab, Fußgänger, Tiere und unbeleuchtete Fahrzeuge tauchen plötzlich aus dem Dunkel auf. Fahrbahnmarkierungen fehlen – wer Ausweichstellen auf Pässen mit der Straße verwechselt, wird von keiner Leitplanke aufgefangen. Man kann sich bei Dunkelheit schlecht orientieren, und wahrscheinlich ist niemand unterwegs, den man nach dem Weg fragen könnte. Überdies ist die Landschaft zu schön, um blind durch sie hindurchzufahren. Und wer den Tag hinter dem Steuer verbracht hat, dürfte froh sein, eine Nacht zum Ausruhen zu haben. Eine Strecke von 300 Kilometern am Tag ist auf Kirgistans rauhen Straßen schon ein gutes Pensum.

Kirgische Nebenstrecke

Auch wenn man versichert ist, ist die Einigung bei Unfällen heikel, da den Einheimischen Autohaftpflichtversicherungen fremd sind. Von einem Ausländer, der sich trotz eventuellen Verschuldens aus dem Staub machen könnte, erwartet man deshalb eine Regelung in bar an Ort und Stelle. Der Reisende wird es umgekehrt wahrscheinlich auch so praktizieren müssen.

Visum und Einreise

Das für die Einreise nach Kirgistan erforderliche Visum sollte vor Antritt der Reise bei der kirgisischen Botschaft im Heimatland eingeholt werden (dies empfiehlt sich auch für die Nachbarländer). Auf die früher übliche Einladungsprozedur wird inzwischen informell verzichtet. Ein Touristenvisum berechtigt maximal zu einem einmonatigen Aufenthalt. Je nach Dringlichkeit und Gültigkeitsdauer kostet die Ausstellung etwa 30 bis 140 Euro. Die Möglichkeit, bei Ankunft am Manas-Flughafen das Visum in den Pass stempeln zu lassen, wird nicht empfohlen.

Binnen drei Tagen nach der Einreise war die einst die Registrierung bei der örtlichen Meldebehörde (OVIR) vorgeschrieben. Wer die Reise über einen Veranstalter gebucht hatte oder in einem Hotel abstieg, brauchte dies nicht selbst zu erledigen. Im März 2002 hat das kirgisische Außenministerium für die Bürger von 28 Staaten (sämtliche europäischen Länder, USA und Commonwealth) die Verpflichtung zu einer OVIR-Registrierung aufgehoben. Dies ist bei weitem noch nicht überall bekannt; selbst Homepages aus Kirgistan weisen noch auf diese überholte Regelung hin.

Auf ihrer Internetseite gibt die kirgisische Botschaft in Deutschland die folgenden Informationen:

Für die Einreise in die Kirgisische Republik ist ein gültiges Visum erforderlich, das für einen bestimmten Zeitraum erteilt wird. Für eine rechtzeitige Bearbeitung des Visumantrags sind folgende Unterlagen vorzulegen: Reisepass (keine Kopie, da das Visum in Form eines Stempels erteilt wird, der Pass muss ein Jahr über die Ausreise hinaus gültig sein); ein ausgefülltes und unterschriebenes Antragsformular; ein Lichtbild, das auf den Visumantrag aufzukleben ist; ein von der Bank bestätigten Einzahlungsbeleg über die Visumbearbeitungsgebühren (siehe Gebührentabelle); bei brieflicher Beantragung: ein frankierter Rückumschlag für Einschreibebrief; die Quittung über die Krankenversicherungsprämie (siehe Gebührentabelle).

Für die Erteilung eines Gruppenvisums (ab 7 Personen) sind folgende Unterlagen vorzulegen:

Gruppenliste in 3-facher Ausfertigung in alphabetischer Reihenfolge mit folgenden Angaben: Name, Vorname, Geburtsdatum, Paßnummer, Staatsangehörigkeit, Ein- und Ausreisedaten; Pass des Gruppenleiters im Original und leserliche Kopien der Reisepässe der übrigen Teilnehmer.

Bearbeitungszeit	*Einmalige Einreise für 14 Tage*
bis 7 Tage	45 Euro
bis 3 Tage	60 Euro
bis 1 Tag	90 Euro

Krankenversicherungsprämie 15 Euro

Bearbeitungszeit	*Einmalige Einreise für 1 Monat*
bis 7 Tage	50 Euro
bis 3 Tage	75 Euro
bis 1 Tag 1	25 Euro

Krankenversicherungsprämie 20 Euro

Bearbeitungszeit	*Einmalige Einreise für 2 Monate*
bis 7 Tage	90 Euro
bis 3 Tage	105 Euro
bis 1 Tag	140 Euro

Krankenversicherungsprämie 25 Euro

Bearbeitungszeit	*Gruppenvisum für 1 Monat* (nur mit Einladung, ab 7 Pers.)
bis 7 Tage	30 Euro
bis 3 Tage	50 Euro
bis 1 Tag	60 Euro

Krankenversicherungsprämie 15 Euro

Bearbeitungszeit	*Einmaliges Transitvisum*
bis 7 Tage	30 Euro
bis 3 Tage	40 Euro
bis 1 Tag	50 Euro

Krankenversicherungsprämie 15 Euro

Bearbeitungszeit	*Zwei- und mehrmaliges Transitvisum*
bis 7 Tage	60 Euro
bis 3 Tage	70 Euro
bis 1 Tag	80 Euro

Krankenversicherungsprämie 15 Euro

Bei Änderung des Einreisedatums wird ein neues Visum erteilt. In dem Fall werden die Gebühren wie für eine neue Visumausstellung erhoben. Bei brieflicher Beantragung läuft die Bearbeitungsfrist des Visums ab dem Eintreffen der Unterlagen an. Bankverbindung: Botschaft der Kirgisischen Republik, Konto 05 19 89 99 00, BLZ 100 800 00, Dresdner Bank, Berlin.
Der Krankenversicherungsbeitrag ist wie folgt einzuzahlen: Firma Aljans-Asia-West, Konto 09 80 87 60 00, BLZ 500 800 00, Dresdner Bank; Vermerk: ›Aljans‹. Die Krankenversicherungspolice wird bei der Visaerteilung ausgestellt.
Während des Aufenthalts in Kirgistan sollte man stets den Pass (zumindest eine Kopie) mitführen. Die Polizei hat das Recht, Reisende zu verhaften, die keinen Pass vorweisen können. Das Visum kann in Bischkek beim zentralen OVIR (Kievskaja Köč. 58) verlängert werden. Visumsverlängerungen sind kostenpflichtig, die Gebühren sind vorab bei der Staatsbank einzuzahlen (Gosudarstvennij Bank, Frunze Köčösü/Prospekt Erkindik, Bischkek).

Ein kirgisischer 200-Som-Schein

Zahlungsmittel

Die Währung Kirgistans ist der Som, unterteilt in 100 Tiyin. Der Wechselkurs betrug Ende 2002 etwa 47 Som zum US-Dollar und etwa 45 Som zum Euro. Der Dollar wird als Zahlungsmittel allenfalls bei größeren Geschäften mit Privatleuten angenommen. In der Provinz dürfte man beim Wechseln von oder gar Einkaufen mit Dollars Schwierigkeiten haben – die Leute sind unsicher, weil sie die Tauschrate nicht kennen oder befürchten, Falschgeld angedreht zu bekommen. In Bischkek kann man auch problemlos die Währungen der Nachbarländer sowie russische Rubel eintauschen.

Zeitzonen

Der Zeitunterschied zwischen Mitteleuropa und Kirgistan beträgt vier Stunden. Dies gilt für das ganze Jahr, da auch in Kirgistan die Sommerzeit beachtet wird.

Zoll

Devisen dürfen in unbegrenzter Höhe eingeführt werden. Die bei der Einreise auszufüllende Zollerklärung über mitgeführte Zahlungsmittel und Wertsachen muss aufbewahrt und bei der Ausreise vorgelegt werden. Für manche Souvenirs ist möglicherweise vorab eine Ausfuhrgenehmigung des Kulturministeriums einzuholen, so zum Beispiel für größere Teppiche oder Gegenstände, die als Antiquität oder Kunstschatz gelten könnten. Große Messer im Gepäck können je nach Laune des Zöllners als Andenken durchgehen oder als gefährlicher Gegenstand beschlagnahmt werden.

Kirgistan im Internet

www.wandern-in-kirgisien.de
Allgemeine Informationen über das Land, viele Reisetips

www.travelkirgistan.com
allgemeine Reiseinfos, Fotogalerie

http://eng.gateway.kg
viele Links zu jedem Thema Kirgistan betreffend

www.kyrgyzinvest.org
Nachrichten aus Kirgistan und Zentralasien (in Englisch)

www.times.kg
Website der englischsprachigen Zeitung ›The Times of Central Asia‹. Guter Länderguide.

www.rambling.online.kg
Ausführliche Informationen und Tourbeschreibungen für Wanderer (in Englisch)

www.german-embassy.elcat.kg
Website der deutschen Botschaft Bischkek

http://numismondo.com/papermoney/kyrgyzstan oder www.banknotes.com
Abbildungen von Geldscheinen der Kirgisischen Republik

www.kyrgyzstan.org/music
Zahlreiche Hörproben moderner und traditioneller kirgisischer Musik

www.schneeleopard.de
NABU-Projekt zum Schutz der bedrohten Großkatze

www.asiacooking.narod.ru/kulinar/kirg/
Ein Kochbuch mit einer beeindruckenden Sammlung kirgisischer Rezepte. Auf der Homepage sind auch die Küchen der anderen zentralasiatischen Länder ausführlich vorgestellt.

Landkarten

▸ Autokarte Zentralasien (1 : 1,75 Mio.), Freytag & Berndt 2001
▸ Fliegerkarten TPC (Tactical Pilot Charts):
F-6C (Ost-Kirgistan), F-6D (West-Kirgistan), G-6B (Alaj/Pamir)
▸ Sowjetische Generalstabskarten (in Russisch) erhältlich über:
Därr Expeditionsservice GmbH
Theresienstr. 66
80333 München
Tel. +49/89-280 91 70
Fax +49/89-28 25 25
www.daerr.de
▸ Därr führt auch einen in Russland herausgegebenen Autoatlas der Republiken der Ex-UdSSR.
▸ In Bischkek erhält man Karten im Maßstab 1:200 000 von der Kirgisischen Staatlichen Kartographischen Agentur (Kiev köčösü 107) für 2,5 US-Dollar pro Blatt. Wer Wanderungen im Gebirge plant, sollte nach den Spezialkarten für Bergtourismus fragen. Geöffnet Montags bis Freitags von 8 bis 16.30 Uhr, Mittagspause: 12.30 bis 13.30 Uhr. Tel. 0312/21 07 47.
▸ Stadtkarten sind an einigen Zeitungskiosken erhältlich.

Brücke über den Čatkal

Literatur

Reiseführer

Lin Jinguyen: The Basic Bishkek Book and A Bit Beyond, 2000 Babushka and Baike, Bischkek. Vor Ort erhältlich.

Mayhew/Plunkett/Richmond: ›Central Asia‹, 2000 Lonely Planet Publications, Hawthorn/Australien. Sehr aktuell, umfassend und gründlich, Unmengen nützlicher Adressen und Tips, viel Hintergrundwissen. Deckt außer den ehemaligen Sowjetrepubliken auch Sinkiang ab. Aktuelle Informationen im Internet (www.lonely-planet.com).

Prior, Dan: ›Bishkek Handbook – Inside and Out‹, 1995 Accent, Bischkek. Erschöpfender Führer für Kirgistans Hauptstadt, leider nur vor Ort erhältlich.

Bishkek Guide 2000, The Times of Central Asia. Ebenfalls nur vor Ort erhältlich.

Stewart, Rowan/Weldon, Susie: Kyrgysztan, 2002 Airphoto International Ltd., Hongkong

Whittell, Giles: ›Central Asia – The Practical Handbook‹, 1993 Cadogan Books Ltd., London. Nicht so ausführlich wie der ›Lonely Planet‹ und älter, aber immer noch brauchbar und gut geschrieben.

Knobloch, Edgar: ›Turkestan‹, 1999 Prestel, München. Ausführlicher Geschichts- und Kulturführer, der den gesamten kulturell und historisch zusammengehörigen Raum abdeckt (mit Westchina und Nordafghanistan).

Maier, Frith: ›Trekking in Russia and Central Asia‹, 1994 The Mountaineers, Seattle. Beschreibungen und Karten von Wander- und Hochtouren, sehr umfangreiche Hinweise, Ratschläge und Adressenverzeichnisse.

Pander, Klaus: ›Zentralasien‹, 1996 DuMont, Köln, (revidierte Fassung des Buches ›Sowjetischer Orient‹ von 1982). Bislang ausführlichster deutschsprachiger Reiseführer für dieses Gebiet mit Schwerpunkt Geschichte und Kulturdenkmäler; Kirgistan wird recht kurz abgehandelt. Praktische Tips sind nicht sehr aktuell und beschränken sich auf Kleinigkeiten, die an die Hand genommenen Pauschaltouristen die Reise angenehmer machen.

Schmidt, Wolfgang: ›Trans-Alatoo: Von Alma-Ata zum Issyk-Kul‹, Outdoor Handbuch Nr. 33, 1996 Conrad Stein Verlag, Kronshagen. Handlicher Wanderführer für einen der populärsten Treks im Tien-Schan.

Reiseberichte

Akchurin, Marat: ›Red Odyssey‹, 1992 Secker & Warburg, London. Pessimistische Darstellung der tristen Lebensverhältnisse und des sozialen Sprengstoffs in der Ex-Sowjetunion.

Kaplan, Robert: ›Reisen an die Grenzen der Menschheit‹, 1996 Droemer Knaur, München. Enthält einige Kapitel über die ökologischen und wirtschaftlichen Probleme Zentralasiens.

Maillart, Ella: ›Turkestan Solo‹, Goldmann, München. Fesselndes, erstaunlich aktuell klingendes Reisetagebuch einer abenteuerlustigen Schweizerin aus den 1930ern.

Neidhardt, Christoph: ›Nach dem Kollaps – die ehemaligen Sowjetrepubliken‹, 1993 Diogenes, Zürich. Zu jeder Republik ein Kapitel. Schwerpunkt: das Leben der Menschen

Terzani, Tiziano: ›Gute Nacht, Herr Lenin‹, 1993 Hoffmann und Campe, Hamburg. Reise eines Journalisten durch Zentralasien und den Kaukasus unmittelbar nach dem Augustputsch 1991.

Thubron, Colin: ›The Lost Heart of Asia‹, 1994 Penguin Books, London. Melancholische Reise zu Zentralasiens Menschen und Städten.

Whittell, Giles: ›Extremely Continental – Blowing Hot and Cold. Through Central Asia‹, 1995 Indigo, London. Unterhaltsamer Reisebericht des Autors des Reiseführers ›Central Asia‹.

Natur

Knystautas, Algirdas: ›Naturparadies UdSSR‹, 1988 Süddeutscher Verlag, München. Kundige, schön bebilderte Beschreibung der Naturschutzgebiete auf dem Gebiet der ehemaligen Sowjetunion.

Shoumatoff, Nicholas u. Nina (Hrsg.): ›Around the Roof of the World‹, 1996 The University of Michigan Press, Detroit. Sammlung von Reiseberichten und Naturbetrachtungen in der Bergwelt Zentralasiens. Lesenswert wegen der unübertroffenen Ortskenntnisse der überwiegend einheimischen Verfasser.

Sparks, John: ›Das Reich des russischen Bären‹, 1993 vgs, Köln. Bildband zur gleichnamigen Fernsehserie über das Tierleben in einigen Naturzonen der Ex-SU.

Politik und Landeskunde

Grotzky, Johannes: ›Konflikt im Vielvölkerstaat‹, Serie Piper 1409, 1991 Piper, München. Zutreffende Prognose des Endes der UdSSR aufgrund ihrer Nationalitätenkonflikte.

Hoppe, Thomas: ›Die ethnischen Gruppen Xinjiangs: Kulturunterschiede und interethnische Beziehungen‹, 1995 Mitteilungen des Instituts für Asienkunde Nr. 258, Hamburg. Beschäftigt sich zwar mit Westchina, jedoch trifft die Beschreibung der Kultur dort ansässiger Kirgisen und sonstiger Völker auch auf diejenigen in der ehemaligen UdSSR zu

Trutanow, Igor: ›Zwischen Coca-Cola und Koran‹, 1994 Aufbau Taschenbuch Verlag, Berlin. Politik und Islam in den moslemischen ehemaligen Sowjetrepubliken.

WOSTOK Special ›Kyrgysstan‹, 1998

Киргизкая Советская Социалистическая Республика - Энциклопедия; (Kirgisische SSR: Enzyklopädie); 1982 Hauptredaktion der Kirgisischen Sowjetischen Enzyklopädie, Frunze. In russisch und kirgisisch erschienen. Für den sprachkundigen Zahlenfanatiker, der wirklich alles über Kirgistan wissen will (einschließlich der Geschichte der Kommunistischen Partei), lohnt sich vielleicht die Suche nach einem Restexemplar.

Geschichte

Hambly, Gavin (Hrsg): ›Zentralasien‹, Fischer Weltgeschichte Bd. 16. 1966 Fischer Taschenbuch Verlag, Frankfurt am Main.

Haussig, Hans-Wilhelm: ›Die Geschichte Zentralasiens und der Seidenstraße in islamischer Zeit‹, 1988 Wissenschaftliche Buchgesellschaft, Darmstadt.

Hopkirk, Peter: ›The Great Game‹, 1990 Oxford University Press, Oxford. Das russisch-englische Tauziehen um die Vormacht in Zentralasien Ende des 19. Jahrhunderts – spannend geschrieben wie ein Thriller.

Legg, Stuart: ›The Barbarians of Asia‹, 1995 Barnes & Noble Books, New York (Originaltitel ›The Heartland›, 1970).

Bildbände

Kürzinger, Georg: Ferne Heimat Kirgisien, 1999 Knesebeck. Fotos aus dem Leben der Kirgisen mit Texten aus den Büchern Čingis Ajtmatovs.

Schütz, Christoph: Issyk-Kul, 28 Porträts und Landschaften, 2000 Wostok, Berlin.

Schütz, Christoph: Kirgistan – Eine Republik in Zentralasien. 2001 Wostok, Berlin.

Über den Autor

Thomas Scholl, Jahrgang 1968, machte nach dem Schulabgang eine Ausbildung im Justizdienst. Nach einigen Jahren als Justizangestellter wechselte er nach einer nebenberuflichen Weiterbildung in Fremdsprachen in das Auswärtige Amt und wurde an die Botschaft in Taschkent/Usbekistan versetzt. In dieser Zeit unternahm er zahlreiche Reisen in die umliegenden Länder und besonders nach Kirgistan. Später erfolgte ein Einsatz an der deutschen Botschaft in Tokyo. Zur Zeit arbeitet er an der Deutschen Botschaft in Tbilissi/Georgien.

Danksagung

Der Autor dankt der Familie Malden für die Organisation und Durchführung der Reisen, ohne die das Buch nicht entstanden wäre. Ingrid Malden darüber hinaus besonderer Dank für die Auswahl von Fotos. Hierfür auch ein großes Dankeschön an Claude Rapaud und Andrea Layer.
Für Nachfragen war Herr Sergey I. Pyshnenko von ›Turkestan Ltd.‹ in Karakol ein hilfreicher Ansprechpartner.

Ortsregister

Sach- und Personenregister

Kartenregister

Liste russisch/kirgisischer Schreibweisen

russisch/kirgisisch (usbekisch)

Ahangaran-Fluss/Ohangaron (usb.)
Ak-Beyit-Pass/Ak-Bejit
Alamedin-Fluss/Alamüdün
Amu-Darja/Amudaryo (usb.)
Andižan/Andižon (usb.)
Arslanbob/Arsganbap

Balykči/Balykčy
Bischkek/Biškek

Choresm/Xorazm (usb.)

Čatyr-Kul-See/Čatyr-Köl
Čatkal/Čotkol (usb.)
Čust/Chust (usb.)
Džalalabad/Žalal-Abad
Džany-Bazar/Žany-Bazar
Džeti-Oguz/Žeti-Öguz

Issyk-Ata-Canyon/Ysyk-Ata-Canyon
Issyk-Kul-See/Ysyk-Köl
Issyk-Kurgan/Ysyk-Kurgan

Kamčik-Pass/Kamchik (usb.)
Kara-Tau/Kara-Too
Karakul-See/auch: Karaköl
Karavan/Kerven (usb.)
Kasan-Saj/Kosonsoy (usb.)
Kashgar (China)/Kaxgar
Ketmen-Kul-See/Ketmen-Köl
Ketmen-Tjube-Tal/Ketmen-Töbö
Kěk-Art-Pass/Kök-Art
Khan-Tengri/Han Fengri
Kirgiskij-Alatoo/Kyrgyz-Alatoo
Kokand/Qo'qon (usb.)
Kungej-Alatoo/Küngöj-Alatoo
Kyzyl-Oj/Kyzyl-Aj
Kyzyl-Unkjur/Kyzyl-Ünkür

Orto-Tokoi-Reservoir/Örto-Tokoi
Otmjok-Pass/Ötmök-Pass

Pik Čatkalskij/Pik Čatkal
Džengiš Čokusu/Žengis

Sary-Džas/Sary-Žas
Song-Kul/Song-Köl
Šachimardan/Shohimardon (usb.)
Syr-Darja (Fluss)/Sirdaryo (usb.)

Talaskij-Alatoo/Talas-Alatoo
Taschkent/Toshkent (usb.)
Taš-Kumir/Taš-Kömür
Tien-Schan/Tjan-Šan
Tjup/Tüp
Tjuz-Bel-Pass/Tüz-Bel-Pass
Tokmak/Tokmok
Torugart-Pass/Torug-Art-Pass

Uč-Sejt/Üč-Sejt
Uzgen/Özgön

Zaalaiskij-Alatoo/Arka-Alaj-Berge

BaikalExpress
Kirgisien · Mongolei · Baikalsee · Sibirien
Gruppenreisen und Individuelle Arrangements
Studienreisen, Erlebnisreisen,
Naturkundliche Reisen, Expeditionen,
Bahnreisen, Flusskreuzfahrten,
Spezialist für Radtouren und Trekking,
Botanische und Geologische Reisen,
Hotels, Privatunterkünfte, Gastfamilien
BaikalExpress Sibirienreisen
Unterholz 3 D-79235 Vogtsburg
Tel: 07662-949294 Fax: -949295
info@baikal-express.de www.baikal-express.de

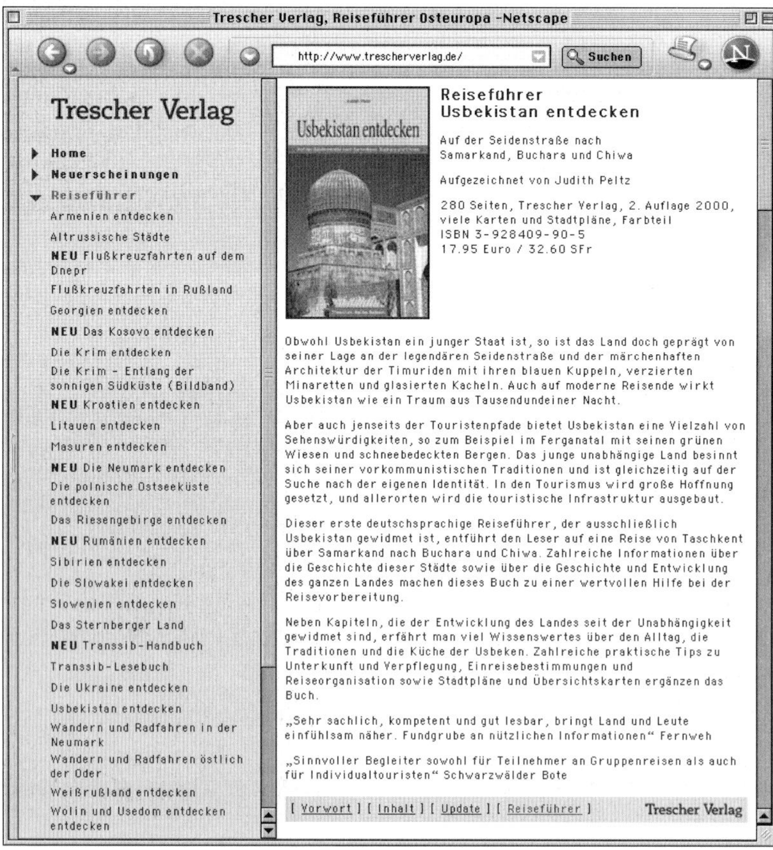
Trescher Verlag, Reiseführer Osteuropa -Netscape
http://www.trescherverlag.de/
Suchen
Trescher Verlag
Home
Neuerscheinungen
Reiseführer
Armenien entdecken
Altrussische Städte
NEU Flußkreuzfahrten auf dem Dnepr
Flußkreuzfahrten in Rußland
Georgien entdecken
NEU Das Kosovo entdecken
Die Krim entdecken
Die Krim - Entlang der sonnigen Südküste (Bildband)
NEU Kroatien entdecken
Litauen entdecken
Masuren entdecken
NEU Die Neumark entdecken
Die polnische Ostseeküste entdecken
Das Riesengebirge entdecken
NEU Rumänien entdecken
Sibirien entdecken
Die Slowakei entdecken
Slowenien entdecken
Das Sternberger Land
NEU Transsib-Handbuch
Transsib-Lesebuch
Die Ukraine entdecken
Usbekistan entdecken
Wandern und Radfahren in der Neumark
Wandern und Radfahren östlich der Oder
Weißrußland entdecken
Wolin und Usedom entdecken entdecken
Usbekistan entdecken
Reiseführer
Usbekistan entdecken
Auf der Seidenstraße nach Samarkand, Buchara und Chiwa
Aufgezeichnet von Judith Peltz
280 Seiten, Trescher Verlag, 2. Auflage 2000, viele Karten und Stadtpläne, Farbteil
ISBN 3-928409-90-5
17.95 Euro / 32.60 SFr
Obwohl Usbekistan ein junger Staat ist, so ist das Land doch geprägt von seiner Lage an der legendären Seidenstraße und der märchenhaften Architektur der Timuriden mit ihren blauen Kuppeln, verzierten Minaretten und glasierten Kacheln. Auch auf moderne Reisende wirkt Usbekistan wie ein Traum aus Tausendundeiner Nacht.
Aber auch jenseits der Touristenpfade bietet Usbekistan eine Vielzahl von Sehenswürdigkeiten, so zum Beispiel im Ferganatal mit seinen grünen Wiesen und schneebedeckten Bergen. Das junge unabhängige Land besinnt sich seiner vorkommunistischen Traditionen und ist gleichzeitig auf der Suche nach der eigenen Identität. In den Tourismus wird große Hoffnung gesetzt, und allerorten wird die touristische Infrastruktur ausgebaut.
Dieser erste deutschsprachige Reiseführer, der ausschließlich Usbekistan gewidmet ist, entführt den Leser auf eine Reise von Taschkent über Samarkand nach Buchara und Chiwa. Zahlreiche Informationen über die Geschichte dieser Städte sowie über die Geschichte und Entwicklung des ganzen Landes machen dieses Buch zu einer wertvollen Hilfe bei der Reisevorbereitung.
Neben Kapiteln, die der Entwicklung des Landes seit der Unabhängigkeit gewidmet sind, erfährt man viel Wissenswertes über den Alltag, die Traditionen und die Küche der Usbeken. Zahlreiche praktische Tips zu Unterkunft und Verpflegung, Einreisebestimmungen und Reiseorganisation sowie Stadtpläne und Übersichtskarten ergänzen das Buch.
„Sehr sachlich, kompetent und gut lesbar, bringt Land und Leute einfühlsam näher. Fundgrube an nützlichen Informationen" Fernweh
„Sinnvoller Begleiter sowohl für Teilnehmer an Gruppenreisen als auch für Individualtouristen" Schwarzwälder Bote
[Vorwort] [Inhalt] [Update] [Reiseführer]
Trescher Verlag